Ox 12/13 LT -

HISTORIAS DE
LA REVOLUCIÓN MEXICANA

Luis Barrón
HISTORIAS DE
LA REVOLUCIÓN MEXICANA

Prólogo de
Friedrich Katz

CIDE
30 años

cfe

CENTRO DE INVESTIGACIÓN Y DOCENCIA ECONÓMICAS

FONDO DE CULTURA ECONÓMICA

Primera edición, 2004

Barrón, Luis
    Historias de la Revolución mexicana / Luis Barrón. —
México : FCE, CIDE, 2004
        212 p. ; 21×12 cm — (Colec. Historia)
        ISBN 968-16-7323-9

        1. México — Historia — Revolución I. Ser. II. t.

LC F1234   Dewey 972. 081 6 B133r

Coordinadores de la serie: Clara García Ayluardo
y Luis Barrón Córdova
Coordinadores administrativos: Armando Ruiz Aguilar
y Paola Villers Barriga
Asistente editorial: Javier Buenrostro Sánchez

Comentarios y sugerencias: editor@fce.com.mx
www.fondodeculturaeconomica.com
Tel. (55) 5227-4672 Fax (55) 5227-4694

Diseño de portada: Francisco Ibarra
Diseño de interiores: Teresa Guzmán

D. R. © 2004, Centro de Investigación y Docencia Económicas, A. C.
Carretera México-Toluca núm. 3655, Col. Lomas de Santa Fe,
C. P. 01210 México, D. F.
publicaciones@cide.edu

D. R. © 2004, FONDO DE CULTURA ECONÓMICA
Carretera Picacho-Ajusco, 227; 14200 México, D. F.

ISBN 968-16-7323-9

Impreso en México • *Printed in Mexico*

ÍNDICE

∽
PRÓLOGO

FRIEDRICH KATZ

La enorme bibliografía que este libro contiene es una muestra clara no sólo del inmenso interés que dentro y fuera de México todavía existe por la Revolución mexicana, sino de la legitimidad que todavía tiene esa Revolución. A primera vista, esta afirmación parece difícil de entender, pues tomó 90 años desde el inicio de la Revolución (con una sola excepción durante la presidencia de Madero) para que hubiera elecciones genuinamente libres y abiertas en México. Además, todavía hay una enorme cantidad de pobreza en el país, y la desigualdad en la distribución del ingreso y la riqueza es una de las más significativas en el continente americano.

La mejor manera de entender por qué la Revolución mexicana todavía goza de legitimidad es comparándola con otra importante revolución que ocurrió y se desarrolló aproximadamente al mismo tiempo: la Revolución rusa, que estalló en 1917 y terminó con la desintegración de la Unión Soviética y la caída de los regímenes comunistas europeos en 1989. Esa Revolución parece haber perdido toda legitimidad para la gran mayoría del pueblo ruso. A un nivel simbólico, esto se refleja en la eliminación de los nombres de los líderes revolucionarios de las calles, pueblos y ciudades en Rusia. Por ejemplo, después de un referéndum, el nombre de Leningrado fue cambiado por el de San Petersburgo. Nada remotamente similar ha pasado en México. No sólo las calles y las ciudades han preservado los nombres que hacen referencia a la Revolución o a sus héroes, sino que muchos movimientos populares han tomado los nombres de destacados líderes revolucionarios.

La diferencia en legitimidad entre las dos revoluciones puede ser atribuida, parcialmente, al hecho de que en México la Revolución no tuvo algunas de las consecuencias que sí tuvo la Revolución rusa. Ningún gobierno posrevolucionario en México, por ejemplo, ha sido totalitario, y el terror masivo que fue tan característico de la Revolución rusa no tuvo lugar en México. Sin embargo, la ausencia de tan horrendas consecuencias en México no sería suficiente para explicar la legitimidad actual de la Revolución mexicana. Esa legitimidad también fue parcialmente producto de que en México, durante un tiempo, surgieron gobiernos populares —a nivel local primero y a nivel federal después— que estuvieron realmente comprometidos con una idea de justicia social. Ésos fueron los casos, por ejemplo, del Morelos zapatista, del brevísimo gobierno villista en Chihuahua y, sobre todo, del gobierno federal de Lázaro Cárdenas en los años treinta. Todas estas experiencias inspiraron —y continúan inspirando— movimientos populares en México.

Más allá de estos gobiernos y movimientos populares, parece haber un consenso bastante amplio entre los mexicanos de que los gobiernos surgidos del PRI —como quiera que uno los considere— fueron mejores que los gobiernos prerrevolucionarios. Mientras la actitud de la dictadura porfiriana hacia las clases populares fue de desprecio y represión, la de los gobiernos posrevolucionarios fue una de cooptación primero y, sólo cuando fallaba ésta, de represión después. Esto significó un grado mucho mayor de concesiones en términos sociales y económicos a las clases populares y, por un tiempo, un intento genuino de permitir a miembros de esas clases el ascenso en la jerarquía social. También significó un mayor grado de tolerancia hacia la oposición durante los gobiernos posrevolucionarios que durante la dictadura de Porfirio Díaz. Finalmente, otra consecuencia de la Revolución mexicana para muchos mexicanos que siguieron los acontecimientos en el resto de América Latina durante el siglo XX, fue el hecho de que ninguna salvaje dictadura militar —como las que surgieron en Argentina, Chile y Brasil— se dio en México.

En su ensayo introductorio, Luis Barrón se propone tres tareas. Primero, clasificar y ordenar el gran número de nuevas publicaciones sobre la Revolución mexicana. Esa clasificación requiere mucho valor, pues puede ser un ejercicio ingrato: es prácticamente inevitable que algunos de los autores no estén de acuerdo con la manera en que su trabajo es clasificado y evaluado.

La segunda tarea es discutir los continuos debates historiográficos que la Revolución ha generado. El autor evalúa claramente los debates entre revisionistas y antirrevisionistas; entre quienes creen que la Revolución mexicana fue primordialmente anti-americana en su carácter y quienes descartan esa hipótesis. Pero sobre todo, el autor recalca un debate que ha sido bastante conflictivo: el de la importancia de la metodología y el proyecto de la historia cultural.

La tercera tarea se refiere a lo que el autor considera como uno de los más importantes desarrollos de la historiografía de la Revolución en los últimos años: la historia regional. Éste es un aspecto de la historiografía revolucionaria mexicana en el que yo mismo, sin duda, haría hincapié. La historia regional va mucho más allá de lo que su nombre indica. No solamente muestra la historia de las diferentes regiones de México durante la Revolución, sino que destaca la heterogeneidad del proceso revolucionario. La historia regional ha intentado mostrar los profundos cambios sociales, culturales y económicos que impulsaron a algunas regiones a la revolución, pero que impidieron la participación de otras —o incluso su rechazo abierto— en el proceso.

Otro importante aspecto de la historia regional es que no se limita a evaluar, describir o analizar a los revolucionarios, sino que trata de hacerlo para toda la población de una cierta área como un todo. ¿Cómo afectó la Revolución la vida diaria de la gente que quedó atrapada en ella? ¿Cómo afectó a las familias y a las relaciones entre los géneros? ¿Acaso la Revolución fortaleció las conciencias y las identidades regionales o, por el contrario, contribuyó a desarrollar una conciencia nacional en México? ¿Qué clase de cambios poblacionales provocó la Revolución?

No es coincidencia que la historia regional se haya desarrollado en una etapa ya tardía de la historiografía de la Revolución. Por muchos años, las fuentes de archivo necesarias para hacer este tipo de historia no estuvieron accesibles para los historiadores. Los historiadores tuvieron, por décadas, poco acceso a los archivos regionales —igual que a archivos nacionales—. Fue un grupo de académicos, liderados por Daniel Cosío Villegas en El Colegio de México, quienes abrieron archivos nacionales para los investigadores. Los catálogos detallados de los archivos de la Secretaría de Relaciones Exteriores para el periodo revolucionario —elaborados por Berta Ulloa— y el catálogo de los archivos de la Defensa —elaborado por Luis Muro— abrieron posibilidades enteramente nuevas para los investigadores. La apertura de archivos olvidados o extraviados, una vez que Alejandra Moreno Toscano se hizo cargo del Archivo General de la Nación complementó ese proceso inicial. Y esos cambios a nivel nacional inspiraron a las autoridades regionales a reexaminar sus propios archivos, muchas veces con ayuda del Archivo General de la Nación, para clasificarlos y ponerlos a disposición de los investigadores.

El desarrollo de la historia regional también estuvo fuertemente marcado por la creación de los colegios regionales —como El Colegio de Michoacán—, por la expansión de las universidades estatales y por la creación de institutos como el Centro de Investigaciones y Estudios Superiores en Antropología Social (CIESAS), que tiene planteles en muchas partes de México. El resultado de esta historiografía regional ha sido una visión muy diferente de lo que la Revolución mexicana representó a nivel nacional.

En fin, el libro que el lector tiene en sus manos es importante tanto como una interpretación historiográfica de la Revolución, como por ser una gran guía para los investigadores.

Chicago, Illinois, mayo de 2004

NOTA PARA EL LECTOR

Luis Barrón

Hacer una historiografía de la Revolución mexicana es un reto monumental. Cuando empecé este trabajo, dicha sea la verdad, no tenía una idea clara del problema en el que me estaba metiendo. Simplemente hacer una selección de los textos que analizan o narran la Revolución —historiográficos y literarios— plantea ya muchos problemas: la producción historiográfica es tan amplia y tan variada —tanto en términos metodológicos como en los del uso de las fuentes o de los diferentes paradigmas disponibles en las ciencias sociales— que inevitablemente acaba uno haciendo injusticias. Además, la Revolución como concepto ha sido tan debatida y tan politizada —dentro y fuera de la academia— que aunque uno no quiera, acaba dentro de la polémica. Es decir, habiendo ya realizado este trabajo, ahora estoy convencido de que no se puede hacer una historiografía "neutral" de la Revolución.

Sin embargo, creo que por muy problemático y defectuoso que haya resultado este ejercicio, también ha resultado muy formativo para mí y, ojalá, útil para los posibles lectores. Este trabajo no es de historia de las ideas; tampoco es una historia detallada de cómo y por qué se produjeron los principales trabajos sobre el tema. No se discuten a fondo los argumentos de los textos ni se hace una crítica cabal de ellos. En parte, hay que decirlo, ésos nunca fueron objetivos tan importantes como proporcionar al estudiante que se aproxima por primera vez al estudio de la Revolución una herramienta bibliográfica.

En este trabajo se intenta hacer un ordenamiento comentado de la historiografía de la Revolución; uno de los muchos ordenamientos que se podrían hacer de lo que se ha escrito sobre el tema junto con algunas ideas mías que justifican, creo, dicho ordenamiento. No pretende, de ninguna manera, ser un trabajo definitivo. No se incluyen —estoy seguro— todos los libros, artículos, ensayos o tesis (las novelas quedaron fuera, salvo muy contadas excepciones) que se han escrito sobre la Revolución, ni se les da a los que sí se incluyen una interpretación definitiva. Este trabajo sólo pretende ser una guía para quien empieza una investigación sobre la Revolución mexicana. De hecho, es muy recomendable, para quien se meta a fondo en el tema por primera vez, trabajar las colecciones de las bibliotecas Daniel Cosío Villegas en El Colegio de México, de la Biblioteca Nacional y de la Hemeroteca Nacional, por ejemplo, una vez que se haya leído y analizado este trabajo. Estoy seguro de que, una vez que se hayan examinado el texto y la bibliografía que se presenta al final del mismo, el lector podrá proponer una jerarquía diferente, un ordenamiento alternativo y otra —u otras— interpretaciones para los textos que en este trabajo se comentan. Más aún, éste será el caso, sin duda, de quienes ya son especialistas del tema: ojalá este trabajo sea más útil para sus estudiantes —con su ayuda y con su guía, por supuesto— que para ustedes.

Durante los meses en que trabajé en este texto y en su bibliografía tuve la suerte de poder compartir mis ideas con numerosos colegas, tanto en seminarios cerrados como en conferencias abiertas al público. Agradezco al CIDE —institución que me alberga en su división de Historia desde que regresé a México— todos los recursos que ha puesto a mi disposición, pero especialmente el financiamiento para que pudiera presentar parte de este trabajo en la conferencia anual del Rocky Mountain Council for Latin American Studies, en Tempe, Arizona. Agradezco también la oportunidad que el Instituto Nacional de Estudios Históricos de la Revolución Mexicana (INEHRM) me brindó para presentar una parte del trabajo en el foro "Retos de la Historia y Cambios Políticos", y la distinción de otorgarme una beca de investigación que sirvió para financiar parcialmente la elaboración de este trabajo. De igual forma agradezco al Centro Cultural Vito Alessio Robles de Saltillo, Coahuila, y muy especialmente a su director, Javier Villarreal Lozano, quien me abrió un espacio para presentar una versión muy resumida del trabajo en su coloquio internacional de historia "La Revolución mexicana desde la perspectiva del siglo XXI".[1]

Esas oportunidades, definitivamente, me han abierto puertas, pero también me han puesto en una posición difícil, pues pocas veces uno tiene la suerte de recibir los comentarios desinteresados de un conjunto tan notable de historiadores y científicos sociales, tanto especialistas como no especialistas en la Revolución. Recibí tantos comentarios y aprendí tanto que es difícil hacer justicia a todos aquellos que me ayu-

[1] El texto de esa versión es Luis Barrón, "Historiografía de la Revolución mexicana", *Provincias Internas* II, núms. 7-8 (2003), pp. 33-56.

daron con sugerencias concretas, con ideas para mejorar la bibliografía, con comentarios que guiaron mis reflexiones y, a veces, incluso, con lecciones particulares de historia contemporánea de México. Seguramente, quienes leyeron versiones previas de este trabajo seguirán notando ausencias, omisiones, desequilibrios e inexactitudes, y tal vez alguien considere que incluso subsisten errores garrafales, ya sea en la bibliografía o en su interpretación. Al lector, como es costumbre, le advierto que todos los errores son completamente míos. Espero, sin embargo, que quienes me ayudaron noten también alguna mejoría, por muy parcial que sea, en esta última versión del trabajo, que seguramente no será la final, pues como ya lo dije anteriormente, lo que aquí pongo en manos del lector no pretende ser, de ninguna manera, un trabajo definitivo.

Agradezco los comentarios de quienes participaron en los seminarios en los que presenté el trabajo: José Antonio Aguilar, Antonio Annino, Perla Chinchilla, Aurora Gómez, Rebeca Inclán, Jane-Dale Lloyd, Luis Medina Peña, Cecilia Noriega, Manuel Olimón, Erika Pani, Ugo Pipitone, José Prieto, Beatriz Rojas, Rafael Rojas, Antonio Saborit y Jesús Velasco. Espero que vean reflejadas en este trabajo las discusiones que tuvimos acerca de lo que debería ser, en general, un trabajo historiográfico. Emma Nakatani, Esteban Manteca, Armando Ruiz, Francisco Alonso, Nuty Cárdenas Alaminos, Javier Buenrostro y Sandra Robles colaboraron conmigo en la elaboración de la bibliografía, aunque cualquier error que haya subsistido es enteramente mío. Ya el lector se podrá dar cuenta del estupendo trabajo que realizaron, a pesar de la magnitud de la labor. Estoy en deuda con ustedes. Paola Villers, del CIDE, y nuestros editores en el Fondo de Cultura Económica soportaron mi flemática forma de escribir siempre con buena cara, por lo que les agradezco enormemente su paciencia y su apoyo.

Marcos Tonatiuh Águila, Alberto Arnaud, Víctor Díaz Arciniega, Mónica Blanco, Gabriela Cano, Clara García, Javier Garciadiego, Rafael Torres, Ignacio Marván, Jean Meyer, Enrique Plasencia, Alicia Salmerón, Elisa Servín y Pablo Yankelevich leyeron versiones previas del trabajo y fueron críticos agudos y concienzudos, muy sugerentes y constructivos. Fueron tantos y tan profundos sus comentarios, que ante todo me hicieron abrir los ojos para que viera el gran problema en el que me había —y sigo— metido. Seguramente no verán incluidas en este trabajo todas las sugerencias que amablemente me hicieron, en algunas ocasiones porque simplemente tenemos visiones distintas de lo que es la historiografía de la Revolución, pero en otras porque definitivamente rebasaron mis capacidades.

A Enrique Florescano, decano de la historiografía de México, además de sus comentarios le agradezco profundamente que me haya invitado a colaborar con él escribiendo la versión original de este texto. Sin su confianza, este trabajo nunca se habría comenzado.[2] Claudio Lomnitz fue quien originalmente, después de muchos trabajos, me convenció de la importancia de aprender a leer la "nueva historia cultural" y de entender ese proyecto. Ojalá que haya logrado hacerles justicia, tanto a los valiosos comentarios de Claudio, como a quienes han contribuido a impulsar el proyecto de la nueva historia cultural, en México y en los Estados Unidos.

Quiero agradecer de manera especial al doctor Friedrich Katz y a Clara García. El doctor Katz no sólo leyó varias veces el trabajo, sino que lo influyó de manera definitiva con sus conversaciones, sus conferencias, sus comentarios, sus sugerencias y, sobre todo, con sus enseñanzas. Le debo al doctor Katz mi pasión por la historia de México en general y por la historia de la Revolución en particular. Espero que este trabajo refleje en algo esas deudas. Y sin Clara García, la colección de la que este libro forma parte nunca se habría hecho realidad. Ojalá y le haya quedado energía después de trabajar conmigo para seguir impulsando proyectos que benefician a todos los alumnos interesados en la historia.

Finalmente, quiero agradecer los comentarios y el apoyo de Laura Sour, a quien dedico este trabajo: no sólo me has dado las dos personitas que más quiero en el mundo, Santiago y Nicolás, sino que ha sido sólo gracias a ti que he podido dedicarme al estudio de la historia.

[2] De hecho, una versión previa del trabajo completo también fue entregada para su publicación en un volumen editado: Enrique Florescano (ed.), *Historiografía mexicana. Pasado y presente,* que espero que algún día vea la luz. Agradezco el permiso del doctor Florescano para publicar esta versión, más extensa y más completa pero que conserva el espíritu del trabajo original.

～
INTRODUCCIÓN

PROBLEMAS EN EL ESTUDIO
DE LA HISTORIOGRAFÍA DE LA REVOLUCIÓN

LA HISTORIOGRAFÍA de la Revolución —es decir, lo que se ha escrito sobre ella— es casi tan vieja como la Revolución misma. Todavía Francisco Madero no iniciaba su presidencia constitucional, cuando ya Luis Cabrera —uno de los intelectuales más brillantes de la Revolución en general y del carrancismo en particular— había publicado ya su ensayo "La Revolución es la Revolución", en julio de 1911.[1] En ese ensayo —un clásico de la historiografía militante— Luis Cabrera daba por terminada lo que para él era la Revolución. "Las revoluciones —decía— se componen de dos etapas perfectamente definidas: la primera, que constituye la faz meramente destructiva, y que puede llamarse la revolución propiamente dicha, y la segunda, que constituye la faz reconstructiva, y que en muchos casos está enteramente fuera del periodo revolucionario".[2] Para Luis Cabrera, el gobierno provisional de León de la Barra después de la caída de Porfirio Díaz era "la Revolución misma adueñada del poder y en pleno periodo destructivo",[3] mientras que el de Madero sería ya un gobierno *constitucional,* fuera del periodo revolucionario: "Suponiendo que la Revolución de San Luis tarde todavía en concluir su tarea destructiva de aquí a noviembre, habrá empleado en ella un año entero. Bien podemos darnos por satisfechos con que en otros tres años se efectúe la reconstrucción".[4]

Además de ser un ensayo sumamente interesante, bien escrito y con argumentos claros de un militante en defensa de la revolución de Madero, el trabajo de Luis Cabrera nos permite plantear una serie de preguntas que dan en el centro de los problemas que el investigador enfrenta cuando estudia la historiografía de la Revolución. ¿Qué es, por ejemplo, una revolución? ¿Cómo definirla? ¿Qué marca su inicio y qué marca su fin? Y más allá de la teoría, ¿cómo estudiar la

[1] Luis Cabrera, "La Revolución es la Revolución", en *Obras completas. III. Obra política* (México, Oasis, 1975, pp. 255-278).
[2] *Ibid.,* p. 266.
[3] *Ibid.,* p. 275.
[4] *Ibid.,* p. 276. Obviamente, Luis Cabrera se refiere aquí al año que va del 20 de noviembre de 1910, fecha en que Madero llamó al pueblo a levantarse en armas, a noviembre de 1911, mes en que el gobierno provisional entregaría el poder al gobierno constitucionalmente electo.

Revolución mexicana en particular? Aunque Luis Cabrera proporciona una definición muy clara y concisa,[5] ésa no es la única definición que se ha utilizado para estudiar la Revolución mexicana. Los académicos interesados en estudiar las revoluciones sociales las han definido de otras maneras.[6] Diferentes definiciones implican diferentes *corpus* historiográficos.

Distintas definiciones implican, también, cronologías diferentes: para Cabrera, que escribía en el verano de 1911, la Revolución se podía encajonar en los doce meses entre el Plan de San Luis y el regreso al orden constitucional con la toma de posesión de Madero. En cambio, los historiadores académicos nunca se han podido poner de acuerdo en cuanto a la periodización de la Revolución. Algunas historias académicas consideran el periodo 1910-1920, pues en ese último año la violencia generalizada prácticamente terminó, al mismo tiempo que el ejército retomaba el control del Estado.[7] Otras comienzan en 1910, pero argumentan que la Constitución de 1917 puso fin al periodo revolucionario.[8] Otras no están de acuerdo en que 1910 marca el inicio de la Revolución, y aunque la violencia generalizada haya terminado en 1920, consideran que los cambios revolucionarios siguieron, al menos, hasta 1940, cuando el proyecto cardenista de cambio social llegó formalmente a su fin.[9] Y todavía otras argumentan que la Revolución fue en realidad "interrumpida", cuando los ejércitos de Pancho Vi-

[5] Con el tiempo, Cabrera la fue refinando y ajustando, de acuerdo con lo que iba pasando en la política nacional. Véanse también Luis Cabrera, "La herencia de Carranza", en *Obras completas. III. Obra política* (México, Oasis, 1975, pp. 441-538) y Luis Cabrera, "El balance de la Revolución", en *Obras completas. III. Obra política* (México, Oasis, 1975, pp. 649-705).

[6] Hacia finales de los años sesenta, en el contexto del auge del marxismo en las instituciones académicas —sobre todo en los Estados Unidos—, y como respuesta a la guerra en Vietnam, empezó un debate en el que historiadores, sociólogos y politólogos trataron de definir lo que era una revolución. Ese debate todavía continúa hoy, y hay un cuerpo de literatura muy extenso sobre el tema. Sin embargo, salvo notables excepciones, la Revolución mexicana no se ha estudiado de manera comparada. Un libro que resume el debate y contiene una amplia bibliografía comentada sobre el tema es Jeff Goodwin, *No Other Way Out. States and Revolutionary Movements, 1945-1991* (Cambridge, Cambridge University Press, 2001). Véase también, en la bibliografía final de este trabajo, el apartado "La Revolución comparada con otras revoluciones".

[7] Por ejemplo, Alan Knight, *The Mexican Revolution,* 2 vols. (Lincoln, University of Nebraska Press, 1986).

[8] Véase Comisión Nacional para las Celebraciones del 175 Aniversario de la Independencia Nacional y 75 Aniversario de la Revolución Mexicana (ed.), *Así fue la Revolución mexicana,* Senado de la República-Secretaría de Educación Pública (México, Consejo Nacional de Fomento Educativo, 1985).

[9] Hans Werner Tobler, *La Revolución mexicana, transformación social y cambio político, 1876-1940* (presentación de Friedrich Katz), trad. Juan José Utrilla y Angélica Scherp (México, Alianza Editorial, 1994).

lla y Emiliano Zapata fueron derrotados en 1915, para continuar luego de la muerte de Venustiano Carranza en 1920, radicalizándose en el sexenio cardenista para finalmente detenerse en 1940.[10] La *Historia de la Revolución mexicana*, que es quizá la obra académica colectiva más importante sobre el tema, editada por El Colegio de México y coordinada por don Luis González y González, sugiere que la Revolución en realidad siguió hasta los años sesenta.[11]

Estos conflictos de periodización, en el fondo, también reflejan las diferentes maneras de entender lo que *fue* o lo que *es* la Revolución mexicana en particular. Es decir, más allá de la reflexión teórica, está la batalla por definir *la* Revolución mexicana como concepto, y por apropiarse de ella como mito legitimador de cierta ideología y del gobierno. Por eso, la Revolución mexicana no sólo es historia, sino también memoria, y en la medida en que es memoria, también es mito e idea (y ligada esta última al proceso político, también es ideología). Enrique Semo es uno de los historiadores que lo ha expresado con más claridad, por lo que vale la pena citarlo en toda su extensión:

Para mí, el concepto de Revolución Mexicana tiene varios sentidos. Es historia, memoria e ideología. El primero se refiere a un gran movimiento social que duró de los años de 1910 a 1939. Como tal, produjo cambios epocales que cambiaron profundamente al país. Como memoria, la Revolución vive en la tradición, en la forma de pensar y sentir de millones de personas. No siempre corresponde a lo que realmente pasó, la verdad se mezcla con mitos, pero representa un aspecto importante de la cultura popular. El último significado sirve para designar una ideología

---

[10] Adolfo Gilly, *La Revolución interrumpida. México 1910-1920: una guerra campesina por la tierra y el poder* (México, El Caballito, 1970). Recientemente, un historiador ha propuesto que la Revolución debería considerarse como un proceso que inicia en 1910 y termina en 1946, pues con Miguel Alemán llegó al poder una generación que en realidad ya era posrevolucionaria. Ésta es la tesis de William Beezley. Ponencia presentada en la Conferencia Anual de la Rocky Mountain Council for Latin American Studies, febrero de 2003, en Tempe, Arizona. De acuerdo con Beezley, esa periodización también permitiría un mejor tratamiento de la historia urbana y de las mujeres.

[11] El proyecto original para la *Historia de la Revolución* de El Colegio de México incluía 23 volúmenes, pero algunos de ellos nunca se escribieron. Véase en la bibliografía final el apartado "Historias generales y artículos que forman parte de historias generales escritas colectivamente".

que fue usada como ideología oficial y dominante en los años 1940-1982 por gobiernos que no pertenecían ya a la Revolución, sino a esa contrarrevolución iniciada en 1940 [...]. Esos gobiernos siguieron usando el nombre y las ideas de la Revolución, transformadas en mito para amparar una política que era, en realidad, todo lo contrario. Mientras en cada discurso oficial se celebraba a la Revolución y se enaltecía a sus héroes, los gobiernos llevaban a la práctica políticas que empobrecían a las mayorías, ahogaban al ejido, vulneraban los derechos a las libertades de expresión, manifestación y organización.[12]

La historiografía de la Revolución refleja, por lo tanto, esta misma complejidad. Del gran universo de escritos sobre la Revolución, unos intentan referirse exclusivamente a los hechos, es decir, a la Revolución como historia (1910-1939, según Semo); otros estudian cómo esa historia se convirtió en memoria y cómo se ha transformado esa memoria con el tiempo (incluso hasta hoy mismo); y otros estudian cómo se ha utilizado esa memoria para sustentar ciertas ideologías (en particular la del PRI, diría Semo, entre 1940 y 1982). ¿Cuál de estas cronologías debe considerarse al hacer una historiografía de la Revolución?[13]

La disputa por apropiarse de la Revolución como concepto también empezó relativamente temprano y, con ella, también comenzó un debate que hace transparente otro problema historiográfico: ¿cuál es la diferencia entre la historia de la Revolución y la del siglo XX? Después de la guerra civil entre las facciones villista, zapatista y carrancista, el presidente Carranza hizo un esfuerzo por justificar su régimen trazando una línea de unión clara entre éste y el del presidente Madero (cuyo asesinato dio una razón legal a la Revolución

---

[12] Enrique Semo, "Izquierda, sí; cardenismo, no", *Proceso*, agosto 17 de 2003, pp. 12-13.

[13] Claro, aunque algunos textos estudien únicamente los hechos, no están exentos de ideología: los hechos que se escogen para narrar, las fuentes que se escogen para respaldar la narración, la cronología que se elige, etc., reflejan en buena medida la ideología del historiador. Y claro, además están los cuentos y las novelas que, si bien contienen elementos de la imaginación del escritor, también reflejan, en parte, cómo fue la realidad de la Revolución para personas de carne y hueso. Dos buenos y recientes ejemplos para quien disfruta de la literatura son Ángeles Mastretta, *Mal de amores. Dos pasiones entretejidas en una revolución* (México, Alfaguara, 1995), y Francisco Martín Moreno, *México secreto. ¿Por qué México fue el detonador de la primera Guerra Mundial?* (México, Joaquín Mortiz, 2002).

constitucionalista).[14] Detrás de dicha justificación estaba una historia particular de la Revolución, una lectura de la historia que por primera vez se basaba en la idea de que sólo había una Revolución, y que Carranza y sus intelectuales trataron de establecer como la versión "oficial".[15]

Después del asesinato de Carranza, durante la presidencia de Álvaro Obregón, José Vasconcelos estuvo a cargo de construir y socializar la idea de una "Revolución" con mayúscula. A través de su proyecto educativo y su apoyo incondicional a los muralistas mexicanos, a los escritores, a las instituciones educativas, y con sus conferencias tanto en los Estados Unidos como en América del Sur, Vasconcelos logró transmitir dentro y fuera de México el mito de que la Revolución mexicana había sido una —democrática, nacionalista y popular—, lo que contribuyó en mucho a legitimar un régimen que había surgido de una revuelta militar en contra del presidente Carranza.[16]

Igualmente, después del asesinato de Obregón en 1928 (cuando era ya, nuevamente, presidente electo), el presidente Plutarco Elías Calles tuvo que redefinir lo que, en adelante, sería el culto a la Revolución. Durante los siguientes años —con Calles ya bien establecido como el "Jefe Máximo"— se inició la construcción del Monumento a la Revolución en la ciudad de México, por ejemplo, iniciando así la consolidación de lo que sería el mito que, durante más de 60 años, fue la base de la legitimidad de un régimen que muy rara vez la obtendría a través del voto.[17]

Éstos son sólo tres ejemplos de cómo los distintos grupos revolucionarios que accedieron al poder lucharon por apropiarse de la Revolución como concepto, y que naturalmente se basaban en la idea de que la Revolución era una y que estaba viva. Pero ese mito también fue duramente cuestiona-

---

[14] Venustiano Carranza, "Informe presentado ante la Cámara de Diputados el 15 de abril de 1917", en *Venustiano Carranza. Plan de Guadalupe, decretos y acuerdos 1913-1917* (México, Secretaría de Gobernación, 1981).
[15] Véase Eugenia Meyer, "Cabrera y Carranza: hacia la creación de una ideología oficial", en Roderic Ai Camp *et al.* (eds.) *Los intelectuales y el poder en México* (México, El Colegio de México-University of California, Los Ángeles, 1991).
[16] Véase Claude Fell, *José Vasconcelos: los años del águila, 1920-1925. Educación, cultura e iberoamericanismo en el México postrevolucionario* (México, UNAM, 1989).
[17] Thomas Benjamin, "La revolución hecha monumento", *Historia y Grafía*, núm. 6 (1996). Un excelente ensayo es el de Guillermo Palacios, "Calles y la idea oficial de la Revolución mexicana", *Historia Mexicana*, XXII, núm. 3 (1973).

do. Entre otros, Luis Cabrera y José Vasconcelos, quienes habían contribuido a su creación, escribieron cuestionando la legitimidad del grupo que se adueñó del poder después de la muerte de Obregón a través del Partido Nacional Revolucionario.[18] En la década de los cuarenta, otros destacados intelectuales, como Daniel Cosío Villegas y Jesús Silva Herzog, también cuestionaron la legitimidad de los gobiernos de "la Revolución", y argumentaron que ésta había entrado "en crisis" o, incluso, que finalmente era ya "un hecho histórico".[19] En los años sesenta, el historiador norteamericano Stanley Ross editó un volumen en el que se preguntaba ya explícitamente si la Revolución mexicana había muerto.[20] Y Lorenzo Meyer, un destacado historiador y ensayista mexicano, hizo eco al libro de Ross un poco más de un cuarto de siglo después con su *La segunda muerte de la Revolución mexicana*.[21]

Estos cuestionamientos ilustran bastante bien el problema que los historiadores enfrentan cuando tratan de diferenciar la Revolución de la historia del siglo XX. "Las grandes revoluciones —dice el historiador Eric Van Young— crían historiografías apologéticas [...] lo que no es sorprendente ni particularmente corrupto [...] Por eso, la historia de México, como casi siempre se escribe [...] parece desembocar en, o seguir siempre a, la Revolución de 1910". La revolución es, en la mayor parte de la historiografía, "un gran *tsunami*" que cam-

---

[18] Véanse Luis Cabrera y José Vasconcelos, *Cómo opinan de la revolución algunos de los que la hicieron. Hablan los licenciados Luis Cabrera (Blas Urrea) y José Vasconcelos* (México, s. e., 1936); Luis Cabrera, "El balance de la Revolución", y José Vasconcelos, "A Mexican's Point of View", en *American Policies Abroad. Mexico* (Chicago, University of Chicago Press, 1928).

[19] Daniel Cosío Villegas, "La crisis de México", *Cuadernos Americanos*, VI (1947). Jesús Silva Herzog, "La Revolución mexicana es ya un hecho histórico", *Cuadernos Americanos*, XLVII (1949). Véanse también Daniel Cosío Villegas, "The Mexican Revolution, Then and Now", en *Change in Latin America: The Mexican and Cuban Revolutions. 1960 Montgomery Lectureship on Contemporary Civilization* (Lincoln, University of Nebraska Press, 1961), y Felicitas López Portillo, "La revolución institucionalizada y sus censores", *Cuadernos Americanos*, VI, núm. 31 (1992), quien analiza los ensayos de Cosío Villegas y Silva Herzog y llega a la conclusión de que sus argumentos siguen vigentes.

[20] Stanley Robert Ross (ed.), *Is the Mexican Revolution Dead?* (Nueva York, Knopf, 1966). Ross publicó una segunda edición del libro en 1975 en la que incluyó una nueva sección presentando textos que continuaban el debate.

[21] Lorenzo Meyer, *La segunda muerte de la Revolución mexicana* (México, Cal y Arena, 1992). El debate aún sigue, y se siguen publicando textos que intentan poner fin a la Revolución. Sandra Kuntz Ficker, "Qué nos dejó la Revolución mexicana?", *Universidad de México*, núm. 617 (2002); Enrique Semo, "La cuarta vida de la Revolución mexicana", *Sólo Historia*, enero-marzo de 2000; Santiago Portilla G., "¿Debemos seguir reflexionando sobre la Revolución mexicana?", *Sólo Historia*, enero-marzo de 2000.

bió a México permanentemente, aun cuando siempre ha habido críticos.[22] En otras palabras, como toda gran revolución cuya propiedad está en disputa, la mexicana lo ha abarcado todo, todo el tiempo, lo que hace prácticamente imposible poner límites a lo que se puede considerar la "historiografía de la Revolución". No debe sorprender, entonces, que aún se siga discutiendo si la Revolución ha muerto, o no.

Así, prácticamente, desde que Carranza tomó el poder, el discurso oficial implicó una interpretación "monolítica" del proceso revolucionario. Es decir, en el discurso oficial, la Revolución era una, un solo proceso de principio a fin, nacionalista, antiimperialista, agrarista y popular (que quedó plasmada en la Constitución de 1917), y del que, con el tiempo, había nacido una sola "familia revolucionaria" que se encargaría de proteger y, desde 1929, "institucionalizar" la Revolución.[23] Ese discurso, que puso mayúscula a la Revolución, fue impulsado también por toda una generación de historiadores y escritores para los que la violencia entre 1910 y 1920 también había sido una lucha popular, nacionalista y agrarista, de pueblos desposeídos contra latifundistas; de trabajadores mexicanos oprimidos contra empresarios e inversionistas foráneos que, además de explotarlos, los discriminaban en relación con sus colegas extranjeros; de una nación pequeña, pero soberana, frente al imperialismo de las grandes potencias.

Sin embargo, como ya dije, desde que el régimen de la llamada "familia revolucionaria" se consolidó, esa interpretación de la Revolución no dejó de estar cuestionada. Para finales de los años sesenta —en medio del auge del marxismo en las universidades y de la profesionalización de la historia regional— la interpretación revisionista, la de una lucha inútil, la de una revolución en el mejor de los casos "inconclusa" o "interrumpida", era ya, si no dominante, suficientemente extendida como para impulsar una serie de estudios que cambiarían por completo esa imagen monolítica de la Revolución. Y a partir de los años setenta comenzó una pulverización, por decirlo de alguna manera, de la Revolución (con mayúscula),

[22] Eric Van Young, "Making Leviathan Sneeze: Recent Works on Mexico and the Mexican Revolution", *Latin American Research Review*, XXXIV, núm. 3 (1999), p. 144. Véase también el excelente ensayo de Charles A. Hale, "Los mitos políticos de la nación mexicana: el liberalismo y la Revolución", *Historia Mexicana*, XLVI, núm. 4 (1979).
[23] Véase Enrique Florescano, *Historia de las historias de la nación mexicana* (México, Taurus, 2002).

para descomponerla en diferentes etapas y diferentes procesos regionales que permitían una interpretación más matizada del proceso en su conjunto. Una vez quebrado el monolito, empezó también una "revisión del revisionismo", y la década de los ochenta vio venir las grandes obras de síntesis, tanto de los revisionistas como de sus críticos, quienes matizaron la interpretación de la primera generación de historiadores y narradores de la Revolución, pero conservándola. Estas síntesis fueron producto de esfuerzos individuales y de proyectos colectivos, de mexicanos y de extranjeros.[24]

Durante los últimos años se han seguido añadiendo fuentes, metodologías e hipótesis a este ya añejo estudio de la Revolución. Si bien la Revolución ha sido quizá el campo de estudio más fecundo para los historiadores de México (tanto por el interés del gobierno por apoyarlo, como por el mismo interés de los historiadores mexicanos y extranjeros),[25] cabe preguntarse cómo afectará el cambio de régimen en México a la historiografía de la Revolución. Por un lado, dado que la historia casi siempre se hace preguntando cosas al pasado desde el presente, podríamos suponer que la historia política tendrá un nuevo auge, en aras de poder entender nuestra transición a la democracia y los retos que ésta supone. Por otro lado, hoy también vemos que diversos movimientos populares —como el del Ejército Zapatista y el del Frente Popular Francisco Villa— apelan al imaginario colectivo que alberga cierta idea de la Revolución para cuestionar la legitimidad del gobierno. Por eso, una corriente historiográfica de análisis de la Revolución —la llamada "nueva historia cultural"— intenta hacer "historia desde abajo", alejándose de lo político y del Estado para poder poner en el centro de su análisis lo social y los grupos populares. Quizá la nueva historia cultural se convierta, in-

---

[24] Aquí me refiero nada más a las síntesis escritas por historiadores académicos, aunque sí hubo historiadores académicos extranjeros que escribieron durante los setenta. Dos ejemplos son Charles Cumberland, *Mexican Revolution. Genesis under Madero* (Austin, University of Texas Press, 1952), así como su continuación, Charles Cumberland, *Mexican Revolution. The Constitutionalist Years* (Austin, University of Texas Press, 1972), y Jean Meyer, *La revolution mexicaine, 1910-1940* (París, Calmann-Levy, 1973).

[25] El Instituto Nacional de Estudios Históricos de la Revolución Mexicana (INEHRM), por ejemplo, se fundó en 1953, y fue adscrito a la Secretaría de Gobernación. En cuanto al interés de los investigadores extranjeros, aunque tan añejo quizá como la Revolución misma, no cabe duda de que éste aumentó luego del triunfo de la Revolución cubana, pues inmediatamente se volvió casi una obsesión explicar la diferencia en cuanto al camino que siguieron las dos revoluciones: una el socialista y la otra no.

cluso, en una de las armas más útiles para quienes desde los círculos académicos cuestionan al gobierno. Por eso, vale la pena, creo yo, analizar cómo y por qué surge la nueva historia cultural.

En este ensayo se resumen los rasgos más sobresalientes de la historiografía producida hasta antes de 1990,[26] para luego hacer un análisis de lo producido en México y en los Estados Unidos durante los últimos años. El ensayo finaliza con una reflexión de lo que puede ser en los primeros años del siglo XXI la historiografía del proceso revolucionario con el que México comenzó el siglo XX.

[26] Los trabajos historiográficos sobre la Revolución son numerosos. Varios historiadores de México y del extranjero han tratado de resumir los derroteros de la investigación sobre la Revolución cuando menos desde finales de los años setenta. Algunos de los ensayos más sobresalientes son: Stanley Robert Ross, "Aportación norteamericana a la historiografía de la Revolución mexicana", *Historia Mexicana*, X, núm. 2 (1960); Gregory Oswald, "La Revolución mexicana en la historiografía soviética", *Historia Mexicana*, XII, núm. 2 (1963); David Bailey, "Revisionism and the Recent Historiography of the Mexican Revolution", *Hispanic American Historical Review*, LVIII, núm. 1 (1978); John Womack, Jr., "The Mexican Economy During the Revolution, 1910-1920: Historiography and Analysis", *Marxist Perspectives*, I, núm. 4 (1978); William Dirk Raat, *The Mexican Revolution: an Annotated Guide to Recent Scholarship* (Boston: G.K. Hall, 1982); William Dirk Raat, "La revolución global de México: tendencias recientes de los estudios sobre la Revolución mexicana en Japón, el Reino Unido y Europa continental", *Historia Mexicana*, XXXII, núm. 3 (1983); Romana Falcón Vega, "Las revoluciones mexicanas de 1910", *Mexican Studies / Estudios Mexicanos*, I, núm. 2 (1985); Arnaldo Córdova *et al.*, "Vieja revolución ¿nueva historiografía?", *Revista de la Universidad de México*, XLVI, núm. 466 (1989); Alan Knight, "Interpretaciones recientes de la Revolución mexicana", *Secuencia*, núm. 13 (1989); Enrique Florescano, "La Revolución mexicana bajo la mira del revisionismo histórico", en *El nuevo pasado mexicano* (México, Cal y Arena, 1991); Catherine Heau-Lambert y Enrique Rajchenberg, "La leyenda negra y la leyenda rosa en la nueva historiografía de la Revolución mexicana", *Revista Mexicana de Sociología*, LIV, núm. 3 (1992), y Álvaro Matute Aguirre, "Orígenes del revisionismo historiográfico de la Revolución mexicana", *Signos*, II, núm. 3 (2000).

CAPÍTULO 1

LA REVOLUCIÓN Y SUS INTÉRPRETES

El proceso que hasta hoy hemos conocido como *"la* Revolución mexicana" fue sujeto de interpretación histórica desde sus propios inicios.[1] Pero se puede considerar como conjunto una primera generación de interpretaciones escritas por los mismos participantes del proceso y por observadores —tanto mexicanos como extranjeros— que trataron de hacer sentido, de una forma muy pragmática, de lo que ocurría en México luego de la caída del régimen de Porfirio Díaz. Entre este primer conjunto de obras destacan, por ejemplo, las de participantes en el proceso revolucionario como Manuel Calero (diputado federal y subsecretario durante el régimen de Porfirio Díaz, ministro durante el gobierno de transición y secretario de Relaciones de Madero), Jorge Vera Estañol (último secretario de Instrucción Pública y Bellas Artes de Porfirio Díaz y titular de la misma secretaría en el gobierno de Victoriano Huerta) y Manuel Bonilla Gaxiola (quien se unió al maderismo primero, luego al carrancismo unido frente a Huerta, y finalmente a Villa, con quien combatió a Carranza).[2] Entre las obras de observadores están, desde luego, las de Frank Tannenbaum y Ernest Gruening (ambos extranjeros), y las de Francisco Bulnes y Alfonso Taracena (mexicanos), por ejemplo.[3]

Los trabajos de Vera Estañol, de Bulnes y de Gruening son representativos del grupo de participantes y observadores que en mayor o menor medida escribieron para condenar tanto lo que la Revolución representaba, como el cambio

---

[1] Un ejemplo es la temprana obra de Roque Estrada, *La Revolución y Francisco I. Madero, primera, segunda y tercera etapas* (Guadalajara, Imprenta Americana, 1912).

[2] Manuel Calero y Sierra, *Un decenio de política mexicana* (Nueva York, Middleditch Co., 1920). Jorge Vera Estañol, *La Revolución mexicana: orígenes y resultados* (México, Porrúa, 1957). Manuel Bonilla, *Diez años de guerra: Sinopsis de la historia verdadera de la Revolución mexicana. Primera parte 1910-1913* (Mazatlán, 1922).

[3] Frank Tannenbaum, *The Mexican Agrarian Revolution* (Washington D. C., The Brookings Institution, 1929). Frank Tannenbaum, *Peace by Revolution: Mexico After 1910* (Nueva York, Columbia University Press, 1933). Ernest Gruening, *Mexico and His Heritage* (Nueva York, New York Century Co., 1928). Francisco Bulnes, *The Whole Truth about Mexico* (Nueva York, M. Bulnes Book Co., 1916). Francisco Bulnes, *El verdadero Díaz y la Revolución* (México, Eusebio Gómez de la Puente, 1920). Alfonso Taracena, *La verdadera Revolución mexicana*, 11 vols. (México, JUS, 1960-1966). Aunque Bulnes ocupó varios puestos públicos durante el gobierno de Porfirio Díaz además de ser diputado y senador, sólo tuvo una participación indirecta como periodista durante la Revolución.

de régimen. Y de entre los demás, que en general simpatiza-
ron con el movimiento revolucionario iniciado por Madero, el
caso de Frank Tannenbaum es particularmente interesante,
pues su obra es representativa de toda una corriente historiográfica —la primera, se podría decir— de interpretación de
la Revolución.

Para Tannenbaum —quien tuvo a su disposición
muy poca evidencia además de lo que pudo observar él mismo— la Revolución fue un auténtico levantamiento popular,
agrarista y nacionalista, obra de la gente común y corriente
del campo y la ciudad, que no tenía ni un plan ni un programa revolucionario originalmente. Tannenbaum vio una clase
popular homogénea y, por lo tanto, en su interpretación, la
Revolución es una, un proceso con continuidad desde el principio hasta el fin, en donde la lucha es de las clases populares
para librarse del régimen elitista que se había logrado consolidar durante el Porfiriato. Es una lucha que marca un parte-
aguas en la historia de México, una transformación del Estado y un cambio de la clase en el poder.

Algunos ejemplos de quienes "mantuvieron la interpretación de la Revolución que había consagrado Tannenbaum,
sin participar [de su] entusiasmo personal" son Jesús Silva
Herzog, Manuel González Ramírez, Anita Brenner, Eric Wolf,
Howard Cline, Charles Cumberland, Stanley Ross y Robert
Quirk.[4] Todos ellos, a diferencia de aquella primera generación de quienes vivieron o narraron el proceso revolucionario,
estudiaron la Revolución desde el punto de vista del historiador profesional, y basaron sus investigaciones en fuentes primarias o secundarias que hasta entonces se habían utilizado
poco, por lo que su obra sirvió para hacer popular esa visión
de lo que había sido la Revolución.

[4] Enrique Florescano, "La Revolución mexicana bajo la mira del revisionismo
histórico", en *El nuevo pasado mexicano* (México, Cal y Arena, 1991), pp. 72-73.
Anita Brenner, *The Wind that Swept Mexico. The History of the Mexican Revolution 1910-1942* (Austin, University of Texas Press, 1971). Manuel González
Ramírez, *La revolución social de México*, 2 vols. (México, Fondo de Cultura Económica, 1960). Jesús Silva Herzog, *Breve historia de la Revolución mexicana*, 2
vols. (México, Fondo de Cultura Económica, 1960). Eric Wolf, *Peasant Wars of
the Twentieth Century* (Nueva York, Harper & Row, 1969). Howard F. Cline, *México: Revolution to Evolution, 1940-1960* (Nueva York, Oxford University Press,
1962). Charles Cumberland, *Mexican Revolution. Genesis under Madero* (Austin, University of Texas Press, 1952). Charles Cumberland, *Mexican Revolution.
The Constitutionalist Years* (Austin, University of Texas Press, 1972). Stanley
Robert Ross, *Francisco I. Madero. Apostle of Mexican Democracy* (Nueva York,
Columbia University Press, 1955). Robert E. Quirk, *The Mexican Revolution,*

Sin embargo, esa interpretación de un movimiento verdaderamente popular —y además triunfante— tuvo que competir con aquélla de quienes observando la realidad comenzaron a cuestionar, desde el final de los años veinte, que la Revolución verdaderamente hubiera cumplido con un programa de reformas sociales y que hubiera dado a luz un sistema político democrático.[5] Otros, unos años después, se preguntaron cómo era posible hacer compatible la visión del gran levantamiento popular con un México en donde la mayoría seguía hundida en la pobreza, mientras una élite —si bien surgida de la Revolución— controlaba la economía, la producción cultural y el poder político, muy a la manera en que se había hecho durante el Porfiriato.[6] Para este primer revisionismo, al que Álvaro Matute se ha referido como "decididamente político", el "objeto no era precisar interpretaciones históricas, sino discutir el rumbo que estaba tomando el país".[7] En pocas palabras, para esta primera ola de revisionistas, los renglones torcidos de la realidad no eran sino una consecuencia de la muerte de la Revolución,[8] y la tragedia del 2 de octubre en 1968 sólo vino a ser la prueba más contundente de su fracaso y de la ruina del llamado "Estado revolucionario".[9]

Del mismo modo, un revisionismo ya propiamente historiográfico[10] empezó a madurar a partir de la profesionalización de la historia regional;[11] de que importantes archivos como el General de la Nación y el de la Secretaría de Relacio-

1914-1915: The Convention of Aguascalientes (Bloomington, Indiana University Press, 1960).

[5] Véanse Luis Cabrera, "El balance de la Revolución", en *Obras completas*. III. *Obra política* (México, Oasis, 1975), y José Vasconcelos, "A Mexican's Point of View", en *American Policies Abroad*. *México* (Chicago, University of Chicago Press, 1928).

[6] Véase, por ejemplo, Daniel Cosío Villegas, "La crisis de México", *Cuadernos Americanos*, VI (1947).

[7] Álvaro Matute Aguirre, "Orígenes del revisionismo historiográfico de la Revolución mexicana", *Signos*, II, núm. 3 (2000). Véase también Luis Medina Peña, "Historia Contemporánea de México. ¿Tema de historiadores?", en Gisela von Wobeser (ed.), *Cincuenta años de investigación histórica en México*, (México, UNAM-Universidad de Guanajuato, 1998).

[8] Véase el prólogo de Lorenzo Meyer a su libro, *La segunda muerte de la Revolución mexicana* (México, Cal y Arena, 1992). Un ensayo de Moisés González Navarro sugiere esta misma idea. Moisés González Navarro, "La ideología de la Revolución mexicana", *Historia Mexicana*, X, núm. 4 (1961).

[9] Véase Javier Rico Moreno, *Pasado y futuro en la historiografía de la Revolución mexicana* (México, Universidad Autónoma Metropolitana-INAH, 2000).

[10] Álvaro Matute Aguirre, "Orígenes del revisionismo historiográfico de la Revolución mexicana".

[11] Ensayos de historiografía regional son Douglas W. Richmond, "Regional Aspects of the Mexican Revolution", *New Scholar*, I-II, núm. 7 (1979); Barry Carr, "Recent Regional Studies of the Mexican Revolution", *Latin American Research*

nes Exteriores —así como archivos locales más pequeños— se hicieron accesibles para los investigadores; de la consolidación del paradigma marxista en las ciencias sociales, y del auge de la ideología marxista en las universidades después de la guerra de Vietnam. Este revisionismo le dio aliento a la historia social, que antes sólo le hacía sombra a la historia política, y motivó a los historiadores a preguntarle nuevas cosas al pasado, a pensarlo y analizarlo de manera distinta.[12] En esta segunda ola revisionista, el argumento era diferente: los reglones torcidos de la realidad no eran prueba de la muerte de la Revolución; sólo indicaban que ésta había sido una cosa muy distinta de lo que originalmente se había pensado. Éste fue el caso, sobre todo, de los historiadores marxistas, quienes vieron en la violencia a partir de 1913 una lucha de clases que terminó en una revolución burguesa. John Womack, Adolfo Gilly, Arnaldo Córdova, Jean Meyer y James Cockcroft son ejemplos de historiadores que no sólo compartieron la visión marxista en esos años —cuyas obras ahora son ya clásicas—, sino que fueron los historiadores profesionales pioneros en desacreditar la visión que Tannenbaum y el discurso oficial habían popularizado.[13] Incluso historiadores soviéticos trataron desde la década de los sesenta de explicar la Revolución desde el marxismo.[14]

Review, xv, núm. 1 (1980); Romana Falcón Vega, "Las revoluciones mexicanas de 1910," *Mexican Studies / Estudios Mexicanos*, I, núm. 2 (1985); Anita B. Hall, "The Mexican Revolution and its Aftermath. Perspectives from Regional Perspectives", *Mexican Studies / Estudios Mexicanos*, II, núm. 3 (1987); Paul J. Vanderwood, "Building Blocks but yet no Building: Regional History and the Mexican Revolution", *Mexican Studies / Estudios Mexicanos*, II, núm. 3 (1987); Thomas Benjamin, "Regionalizing the Revolution. The Many Mexicos in Revolutionary Historiography", en Thomas Benjamin y Mark Wasserman (eds.), *Provinces of the Revolution: Essays on Regional Mexican History, 1910-1929* (Albuquerque, University of New Mexico Press, 1990); Heather Fowler-Salamini, "The Boom in Regional Studies of the Mexican Revolution: Where is it leading?" *Latin American Research Review*, XXVIII, núm. 2 (1993); Peter V. N. Henderson, "Recent Economics and Regional Histories of the Mexican Revolution", *Latin American Research Review* XXX, núm. 1 (1995); Pablo Serrano Álvarez, "Historiografía local y regional sobre la Revolución mexicana. Estado actual y perspectivas", *Sólo Historia*, octubre-diciembre de 2000.

[12] Dos clásicos son González Ramírez, *La revolución social de México*, y Jean Meyer, *La Cristiada* (México, Siglo XXI, 1973).

[13] John Womack, Jr., *Zapata and the Mexican Revolution* (Nueva York, Knopf, 1968). Adolfo Gilly, *La Revolución interrumpida. México 1910-1920: una guerra campesina por la tierra y el poder* (México, El Caballito, 1970). Arnaldo Córdova, *La ideología de la Revolución mexicana. La formación del nuevo régimen* (México, Era, 1973). Jean Meyer, *La revolution mexicaine, 1910-1940* (París, Calmann-Levy, 1973). James Cockcroft, *Intellectual Precursors of the Mexican Revolution, 1900-1913* (Austin, University of Texas Press, 1968).

[14] N. M. Lavrov, *La Revolución mexicana, 1910-1917* (México, Ediciones de Cul-

Para estos revisionistas, en primer lugar, la Revolución había sido producto no de un movimiento popular, sino de un desacuerdo entre diferentes grupos de la élite. Y en segundo lugar, cuando efectivamente un movimiento popular apareció (y por cierto, no en todas las regiones ni de igual manera), o bien éste fue "raptado" por las clases medias —que lo dirigieron casi a su antojo y no precisamente para luchar por las reformas que los grupos populares exigían— o bien fue simple y llanamente derrotado. Por tanto, no sólo el sistema de producción capitalista subsistió a la crisis revolucionaria, sino que además no hubo cambios fundamentales en la distribución del ingreso y la riqueza (con excepciones muy contadas y localizadas), y lejos de ser una ruptura, la Revolución significó en mucho la continuidad del mal llamado Antiguo Régimen. En resumen, tomando prestadas las palabras de Romana Falcón: "Se dudó lo mismo de su carácter democrático que del popular y esencialmente del agrario. Se cuestionó que sus beneficiarios, e incluso sus principales protagonistas, hayan provenido de los sectores desheredados del pueblo".[15]

La historia regional comenzó a confirmar irreversiblemente la tesis revisionista a partir de los setenta.[16] Esto no quiere decir que las narraciones locales o subnacionales aparecieran sólo entonces. Desde los años treinta, pero sobre todo a partir de la segunda Guerra mundial, comenzó el re-

tura Popular, 1972). M. S. Alperovich, N. M. Lavrov y B. T. Rudenko, *La Revolución mexicana (Cuatro estudios soviéticos)* (México, Ediciones Los Insurgentes, 1960). M. S. Alperovich y B. T. Rudenko, *La Revolución mexicana de 1910-1917 y la política de los Estados Unidos* (México, Ediciones de Cultura Popular, 1960). También Gregory Oswald, "La Revolución mexicana en la historiografía soviética", *Historia Mexicana*, XII, núm. 2 (1963). Tiempo después, los mismos historiadores soviéticos reconocieron que su análisis original era ideológico, y que carecía de todo rigor académico. Véase M. S. Alperovich, "La Revolución mexicana en la interpretación soviética del periodo de la 'Guerra Fría'", *Historia Mexicana*, XLIV, núm. 4 (1995). Además, no sólo los soviéticos aportaron visiones desde afuera. Otros lo hicieron antes, como el español Luis Araquistain, *La revolución mejicana, sus orígenes, sus hombres, su obra* (Madrid, Renacimiento, 1929).

[15] Romana Falcón Vega, "El revisionismo revisado", *Estudios Sociológicos*, V, núm. 14 (1987), p. 344. Véase también Luis Anaya Merchant, "La construcción de la memoria y la revisión de la Revolución", *Historia Mexicana*, XLIV, núm. 4 (1995), que hace un análisis muy útil de las ideas de Adolfo Gilly, de Arnaldo Córdova (en los libros citados en la nota 13) y de Ramón Eduardo Ruiz (en el libro citado más adelante en la nota 30).

[16] Una breve pero muy lúcida historia de la historia regional en México es Beatriz Rojas Nieto, "Historia regional", en Gisela von Wobeser (ed.), *Cincuenta años de investigación histórica en México* (México, UNAM-Universidad de Guanajuato, 1998).

descubrimiento de archivos estatales y municipales abando-
nados, y la proliferación de centros académicos e institutos de-
dicados a la historia regional.[17] No obstante, a decir de Thomas Benjamin,

> entre los treinta y los sesenta la mayoría de los historia-
> dores de la provincia en México fueron por lo general pe-
> riodistas provincianos, políticos, anticuarios [y] hombres
> de letras [...] Estos historiadores aficionados de provincia
> pocas veces llegaron más allá de la mera crónica, tampo-
> co sometieron las interpretaciones prevalecientes de la Re-
> volución a un riguroso análisis y, cuando consultaron una
> amplia serie de fuentes documentales, sólo utilizaron sus
> hallazgos como notas de pie de página y bibliografías.[18]

Es más, hasta los años setenta, en la historia regional también se mantuvo la interpretación de que la Revolución había sido un solo movimiento —popular y nacional—
que había traído beneficios a todos los rincones del país.[19]

Pero al confluir la profesionalización de la historia
regional con la represión del movimiento estudiantil en el 68
y los cuestionamientos que desde la fundación del partido oficial se le venían haciendo al "Estado revolucionario", los estudios regionales se convirtieron en una fuente inagotable de
evidencia para sustentar la tesis del fracaso de la Revolución:
en las distintas regiones se descubrieron distintas revoluciones (con minúscula), y se hallaron las múltiples contradiccio-
nes y a veces terribles consecuencias de la Revolución (con
mayúscula). Los trabajos de Mark Wasserman (Chihuahua),
Romana Falcón y Soledad García (San Luis Potosí y Veracruz), Thomas Benjamin (Chiapas), Gilbert Joseph (Yucatán),
William Meyers (La Laguna), Héctor Aguilar Camín, Barry
Carr (ambos sobre Sonora), Raymond Buve (Tlaxcala), Ian
Jacobs (Guerrero), John Womack (Morelos) y Paul Garner
(Oaxaca) por nombrar sólo a los más destacados, fueron en
mayor o menor medida estudios que, basándose en la historia

---

[17] La obra que se considera madre de la microhistoria en México es, por supuesto, el ya clásico estudio de Luis González y González, *Pueblo en vilo. Microhistoria de San José de Gracia* (México, El Colegio de México, 1968), que, por cierto, sirvió de mucho para el esfuerzo revisionista.
[18] Thomas Benjamin, "Regionalizing the Revolution. The Many Mexicos in Revolutionary Historiography", *op. cit.*
[19] *Ibid.*

regional, resultaron piezas clave para llevar a cabo la empresa del revisionismo.[20] Una vez que se pudo colocar sistemáticamente a la Revolución bajo el lente de la microhistoria, las insuficiencias y los fracasos del movimiento iniciado en 1910 salieron a la luz.[21]

Además, el revisionismo implicó también un uso distinto de las fuentes, el rescate de muchos de los personajes negros de la historia oficial, el estudio de los grupos revolucionarios —y ya no de sus caudillos— y un cierto abandono de la historia conmemorativa.[22] Durante años, la historia la hicieron los mismos revolucionarios, por lo que inmediatamente después de la muerte de Madero empezaron a aparecer libros apologéticos del "apóstol de la democracia".[23] Y después, cuando en el gobierno de Lázaro Cárdenas se permitió el regreso de los carrancistas exiliados y su salida del ostracismo, empezó a florecer una historiografía carrancista, por ejem-

[20] Mark Wasserman, "The Social Origins of the 1910 Revolution in Chihuahua", *Latin American Research Review*, XV, núm. 1 (1980). Romana Falcón Vega, *Revolución y caciquismo: San Luis Potosí, 1910-1938* (México, El Colegio de México, 1984). Romana Falcón Vega y Soledad García, *La semilla en el surco. Adalberto Tejeda y el radicalismo en Veracruz, 1883-1960* (México, El Colegio de México, 1986). Thomas Benjamin, "Revolución interrumpida. Chiapas y el interinato presidencial, 1911", *Historia Mexicana*, XXX, núm. 1 (1980). Gilbert M. Joseph, "Revolution from Without: the Mexican Revolution in Yucatan, 1915-1924" (tesis doctoral, Universidad de Yale, 1978). William K. Meyers, *Interest Group Conflict and Revolutionary Politics; a Social History of La Comarca Lagunera, México, 1880-1911* (Chicago, University of Chicago Press, 1980). Héctor Aguilar Camín, *La frontera nómada: Sonora y la Revolución mexicana* (México, Siglo XXI, 1977). Barry Carr, *The Peculiarities of the Mexican North, 1880-1928: An Essay in Interpretation* (Glasgow, University of Glasgow Press, 1971). Raymond Buve, "Peasant Movements, Caudillos and Land-Reform During the Revolution, 1910-1917: Tlaxcala, Mexico", *Boletín de Estudios Latinoamericanos y del Caribe*, núm. 18 (1975). Raymond Buve, " 'Neither Carranza nor Zapata!': The Rise and Fall of a Peasant Movement that Tried to Challange Both, Tlaxcala, 1910-1919", en *Riot, Rebellion and Revolution: Rural Social Conflicts in Mexico*, ed. Friedrich Katz (Princeton, Princeton University Press, 1988). Ian Jacobs, *Ranchero Revolt: the Mexican Revolution in Guerrero* (Austin, University of Texas Press, 1982). John Womack, *Zapata and the Mexican Revolution*, Nueva York, Knopf, 1968. Paul Garner, *La revolución en la provincia. Soberanía estatal y caudillismo en las montañas de Oaxaca (1910-1920)* (México, Fondo de Cultura Económica, 1988).

[21] En este ensayo se usan los términos historia regional, historia local, historia subnacional y microhistoria como sinónimos, aunque en un sentido teórico más estricto no son equivalentes. Véanse los diversos ensayos sobre este tema contenidos en Eric Van Young (ed.), *Mexico's Regions. Comparative History and Development* (La Jolla, Center for U.S.-Mexican Studies, 1992).

[22] Por ejemplo, se intentó rescatar a Félix Díaz, a Pascual Orozco e incluso a Victoriano Huerta. Luis Liceaga, *Félix Díaz* (México, JUS, 1958). Michael C. Meyer, *Mexican Rebel: Pascual Orozco and the Mexican Revolution, 1910-1915* (Lincoln, University of Nebraska Press, 1967). Michael C. Meyer, *Huerta. A Political Portrait* (Lincoln, University of Nebraska Press, 1972).

[23] Por ejemplo, Rafael Martínez y Carlos Samper, *Páginas de verdad y de justicia. Madero, el sembrador de ideales. Alborada Democrática. La decena roja.*

plo.[24] Pero con el revisionismo se abandonó a Carranza como objeto de estudio y se dio prioridad a la Revolución constitucionalista, igual que al maderismo, al zapatismo o al villismo.[25]

La década de los ochenta fue la de las grandes síntesis académicas.[26] Aun cuando desde mucho antes habían aparecido importantes síntesis de la Revolución,[27] tanto los revisionistas académicos como aquellos que seguían comprometidos con una visión "a la Tannenbaum", buscaron sintetizar lo que la Revolución había sido y lo que había significado.[28] Pero los revisionistas pegaron primero, y aprovechándose de la inercia que la historia regional les proporcionaba y de las crisis eco-

Epílogo de una infamia. Ante la historia (Laredo, Laredo Publishing Co., 1913). También véase el clásico de Manuel Márquez Sterling, *Los últimos días del presidente Madero* (La Habana, Imprenta Nacional de Cuba, 1917). Márquez Sterling fue el embajador de Cuba en México durante la decena trágica, y luchó hasta el final para salvarle la vida al presidente mártir. Esta tendencia, en el caso de Madero, siguió hasta los cincuenta. Véase el clásico de Stanley Robert Ross, *Francisco I. Madero. Apostle of Mexican Democracy*.

[24] Algunos carrancistas escribieron desde mucho antes, como Luis Cabrera, "La herencia de Carranza", en *Obras completas*. III. *Obra política* (México, Oasis, 1975), publicado originalmente en 1920. Véanse también Francisco Luis Urquizo, *Don Venustiano Carranza: El hombre, el político, el caudillo* (Pachuca, Ediciones del Instituto Científico y Literario, 1935); Juan Gualberto Amaya, *Venustiano Carranza, caudillo constitucionalista: Segunda etapa, febrero de 1913 a mayo de 1920* (México, s. e., 1947), y la extensísima obra de Isidro Fabela, *Biblioteca Isidro Fabela*, 17 vols. (Toluca, Instituto Mexiquense de Cultura, 1994).

[25] Como por ejemplo en Cumberland, *Mexican Revolution. Genesis under Madero*, y *Mexican Revolution. The Constitutionalist Years*.

[26] Una síntesis colectiva hecha por académicos en esos años —aunque dirigida al público en general—, muy bien ilustrada con mapas y diagramas es Comisión Nacional para las Celebraciones del 175 Aniversario de la Independencia Nacional y 75 Aniversario de la Revolución mexicana (ed.), *Así fue la Revolución mexicana*, Senado de la República-Secretaría de Educación Pública (México, Consejo Nacional de Fomento Educativo, 1985). Ésta es una obra especialmente recomendable para quien intenta el estudio serio de la Revolución por primera vez. Además, la colección incluye un volumen con la cronología de los sucesos más importantes entre 1904 y 1917 y otro con ensayos biográficos de los protagonistas de la Revolución que son extremadamente útiles. Otra más reciente e igual de útil está en los tomos IV y V de la *Gran historia de México ilustrada*. Javier Garciadiego Dantán (ed.), *Gran historia de México ilustrada*, vol. IV (De la Reforma a la Revolución (México, Planeta DeAgostini-Conaculta-INAH, 2002) y en Soledad Loaeza (ed.), *Gran historia de México ilustrada*, vol. V (El siglo XX mexicano. El siglo del cambio, de 1920 a nuestros días) (México, Planeta DeAgostini-Conaculta-INAH, 2002).

[27] Sobre todo, se debe destacar la obra monumental de José C. Valadés, *Historia general de la Revolución mexicana,* 10 vols. (México, Quesada Brandi, 1963-1967). Valadés es particularmente importante porque fue uno de los primeros en utilizar extensivamente archivos mexicanos para examinar con detenimiento los aspectos sociales de la Revolución. Junto con el de Valadés, también fueron importantes los trabajos de José Mancisidor, *Historia de la Revolución mexicana* (México, Libro-Mex Editores, 1959); Silva Herzog, *Breve historia de la Revolución mexicana,* y González Ramírez, *La revolución social de México,* México, Fondo de Cultura Económica, 1960.

[28] Alan Knight ya ha destacado el interesante hecho de que los extranjeros han producido la mayoría de las síntesis. Esto se debe, según él, a que "tienen me-

nómicas constantes que se producirían después de 1976, algunos llevaron su interpretación al extremo. Según ellos, había que decirlo: "el capitalismo mexicano es el fruto de una revolución popular traicionada, como si dijéramos un producto de las desviaciones del proyecto original de la Revolución mexicana y no su consecuencia histórica cabal".[29] En pocas palabras, la Revolución, a fin de cuentas, ni a revolución llegaba: había sido sólo una "gran rebelión",[30] y una vez "puestos juntos todos los ingredientes —del Constituyente de 1917 a la Reforma Política, de Madero a López Portillo, de Emiliano Zapata a la CNC, de los Batallones Rojos al Congreso del Trabajo, de Limantour a Espinoza Iglesias, de Diego Rivera a José Luis Cuevas— de nada se ha tratado a largo plazo en el México posrevolucionario sino de la construcción del capitalismo".[31]

En ese sentido, una colección de ensayos, la obra colectiva de El Colegio de México, *Historia de la Revolución mexicana,* los libros de Ramón Eduardo Ruiz y François-Xavier Guerra y un magnífico ensayo de John Womack sirven como buenos ejemplos para mostrar hasta dónde había llegado el revisionismo.[32] Los historiadores que participaron en la *Historia de la Revolución mexicana* de El Colegio de México coordinada por Luis González y González, por primera vez, en un esfuerzo de síntesis desde el punto de vista académico, rompieron la interpretación monolítica de la Revolución, se pro-

nos acceso a las fuentes primarias [sobre todo los europeos]; por lo tanto se inclinan hacia la síntesis". Alan Knight, "Interpretaciones recientes de la Revolución mexicana", *Secuencia,* núm. 13 (1989), p. 28.

[29] Héctor Aguilar Camín, "Ovación, denostación y prólogo", en *Interpretaciones de la Revolución mexicana* (México, UNAM-Nueva Imagen, 1979), p. 12.

[30] La expresión es de Ramón Eduardo Ruiz, *The Great Rebellion Mexico, 1905-1924* (Nueva York, W. W. Norton, 1980).

[31] Héctor Aguilar Camín, "Ovación, denostación y prólogo", *op. cit.,* p. 13. Véanse también Héctor Aguilar Camín y Lorenzo Meyer, *A la sombra de la Revolución mexicana* (México, Cal y Arena, 1989) y una colección muy útil, editada por Jaime E. Rodríguez O. (ed.), *The Revolutionary Process in Mexico: Essays on Political and Social Change, 1880-1940* (Los Ángeles, University of California Los Angeles-University of California Irvine, 1990).

[32] Adolfo Gilly *et al., Interpretaciones de la Revolución mexicana* (México, UNAM, 1979); Ramón Eduardo Ruiz, *The Great Rebellion Mexico, 1905-1924;* François-Xavier Guerra, *México: del antiguo régimen a la Revolución,* 2 vols. (México, Fondo de Cultura Económica, 1988), publicado originalmente en francés en 1985, y John Womack, Jr., "The Mexican Revolution, 1910-1920", en *Mexico since Independence,* ed. Leslie Bethell (Cambridge, Cambridge University Press, 1991). El historiador Alan Knight entró en una polémica muy interesante tanto con Ruiz como con Guerra. Véanse sus dos ensayos: Alan Knight, "La révolution mexicaine: révolution minière ou révolution serrano?", *Annales, E.S.C.,* XXXVIII, núm. 2 (1983) que responde a los argumentos de Guerra, y "The Mexican Revolution: Burgeois? Nationalist? Or just a Great Rebellion?", *Bulletin of Latin American Research,* IV, núm. 2 (1985), que responde a los argumentos de Ruiz.

pusieron analizarla por partes y llegaron a la conclusión de que, efectivamente, no siempre las fuerzas populares habían tenido el control del proceso revolucionario, y de que los resultados, una vez domados los grupos revolucionarios más violentos, no habían sido los que los radicales hubiesen deseado.[33] Ramón Eduardo Ruiz, igual, concluyó que las fuerzas conservadoras de las clases medias y altas habían terminado por imponer su lógica reformista (y hasta restauracionista) a las clases menos favorecidas. François-Xavier Guerra, siguiendo los argumentos que ya François Furet había desarrollado para la Revolución francesa, concluyó que eran más las continuidades entre el Antiguo Régimen y la revolución maderista que las rupturas, quitándole mucho crédito a la interpretación "clásica" de Tannenbaum. Y John Womack escribió para el *Cambridge History of Latin America* quizá la pieza más acabada de la síntesis revisionista en tan sólo 75 páginas. En pocas palabras, Womack concluye que:

> Lo que realmente sucedió fue una lucha por el poder, en la cual las diferentes facciones revolucionarias no contendían únicamente contra el antiguo régimen y los intereses extranjeros, sino también, y más a menudo aún, las unas contra las otras, por cuestiones tan profundas como la clase social y tan superficiales como la envidia: la facción victoriosa consiguió dominar los movimientos campesinos y los sindicatos laborales para favorecer a empresas selectas, tanto norteamericanas como nacionales. Las condiciones económicas y sociales cambiaron poco de acuerdo a políticas específicas, pero mucho según las fluctuaciones de los mercados internacionales, las contingencias de la guerra y los intereses facciosos y personales de los líderes regionales y locales que predominaban transitoriamente, de tal modo que las relaciones en todos los niveles eran mucho más complejas y fluctuantes de lo que las instituciones oficiales indicaban. El Estado constituido en 1917 no era amplia ni hondamente popular, y sometido a las presiones de los Estados Unidos y de sus rivales nacionales sobrevivió apenas hasta que la facción que

---

[33] Por ejemplo, véanse Álvaro Matute Aguirre, *La carrera del caudillo, Historia de la Revolución mexicana*, vol. 8 (México, El Colegio de México, 1980), y Jean Meyer, Enrique Krauze y Cayetano Reyes, *Estado y sociedad con Calles, Historia de la Revolución mexicana*, vol. 11 (México, El Colegio de México, 1977).

lo apoyaba se escindió, dando origen a una facción nueva suficientemente coherente como para negociar su consolidación. Por eso han surgido las nuevas periodizaciones, siendo quizá la más plausible la que encasilla a la Revolución entre 1910 y 1920, año en que se dio la última rebelión exitosa.[34]

Sin lugar a dudas, el impacto de las distintas corrientes revisionistas sobre la historiografía de la Revolución fue grande. A partir de finales de los setenta ya nadie —o al menos ningún historiador serio— pretendió volver a la tesis de Tannenbaum sin matizarla y modificarla para incluir el gran cúmulo de evidencia que los revisionistas habían acopiado. Pero sí hubo quienes estuvieron dispuestos a "revisar el revisionismo".[35] La interpretación sería diferente de la "clásica", de la de una revolución monolítica y popular, pero al fin y al cabo mantendría que lo ocurrido durante la segunda década del siglo XX había sido una auténtica revolución social, que había traído serias consecuencias tanto para la sociedad como para el Estado. Hans Werner Tobler, John Hart, Friedrich Katz y Alan Knight produjeron sendos volúmenes que tenían como fin explícito demostrar cómo, cuándo y dónde la Revolución había sido un auténtico levantamiento popular, agrarista o nacionalista.[36]

Tobler, por ejemplo, argumenta que "es evidente que la Revolución Mexicana, por sus condiciones estructurales, pero también por su desarrollo, corresponde más a las 'grandes revoluciones' (...) de Rusia o China..." que a la categoría de una simple rebelión.[37] Por su parte, John Hart se concentró en demostrar —con gran detalle, por cierto— que el nacionalismo había sido una de las fuerzas motoras de los movi-

[34] John Womack, Jr., "The Mexican Economy During the Revolution, 1910-1920", *Marxist Perspectives*, I, núm. 4 (1978), pp. 80-104.
[35] La frase es de Falcón Vega, "El revisionismo revisado".
[36] Hans Werner Tobler, *La Revolución mexicana. Transformación social y cambio político, 1876-1940* (presentación de Friedrich Katz), trad. Juan José Utrilla y Angélica Scherp (México, Alianza Editorial, 1994), publicado originalmente en alemán en 1984. John Mason Hart, *Revolutionary Mexico: The Coming and Process of the Mexican Revolution* (Berkeley, University of Berkeley Press, 1987). Friedrich Katz, *The Secret War in Mexico: Europe, the United States, and the Mexican Revolution* (Chicago, University of Chicago Press, 1981). Alan Knight, *The Mexican Revolution*, 2 vols. (Lincoln, University of Nebraska Press, 1986).
[37] Hans Werner Tobler, *La Revolución mexicana. Transformación social y cambio político, 1876-1940* (presentación de Friedrich Katz), p. 25. Tobler aquí distingue entre las revoluciones sociales —como la mexicana, la china y la rusa— y las revoluciones burguesas —como la francesa y la estadunidense.

mientos populares en la Revolución.[38] El libro de Katz, entre muchas otras cosas, resultó una prueba fehaciente de que si bien el régimen carrancista había tenido tintes conservadores en cuanto a lo social, había resultado revolucionario en su nacionalismo y en su defensa de la soberanía.[39]

No obstante, quizá fue la monumental obra de Alan Knight la que en la década de los ochenta retó con más fuerza a los revisionistas. Knight había entrado ya en un debate abierto con Guerra y con Ruiz, por ejemplo.[40] Pero en *The Mexican Revolution*, Knight expone con contundencia y claridad la tesis de una Revolución auténticamente popular, en donde la masa de la gente ejerce una profunda influencia sobre los acontecimientos. De hecho, Knight se considera a sí mismo un "anti-revisionista", y argumenta que "Tannenbaum y su generación entendieron bien el carácter básico de la Revolución de 1910: popular, agrarista, el precursor necesario de la revolución 'estatista' posterior a 1920".[41] *The Mexican Revolution* es también, en cierta forma, una respuesta a los argumentos que, sobre la base de la historia regional, habían desarrollado los revisionistas: Knight explícitamente intentó lograr una historia *nacional* pero que tomara en cuenta las variaciones regionales,[42] y que resultó en un gran mosaico construido a partir de las decenas de azulejos locales que la historia regional había descubierto. Para Knight, el cambio social informal, sin planear y sin legislar, fue mucho más significativo que los cambios formales, discutidos y codificados en las leyes, que sería además una necedad negar.[43]

[38] Hart llega al extremo de decir que "La defensa de la soberanía y de la economía de los regímenes nacional, estatal y local de México fue la esencia de la revolución social de 1910 y de los levantamientos provinciales que la precedieron". John Hart, *Revolutionary Mexico: The Coming and Process of the Mexican Revolution*, Berkeley, Berkeley University Press, 1987, p. 1.

[39] Katz dice que "Carranza había mostrado en muchas ocasiones que estaba abierto al compromiso con respecto a la aplicación de la Constitución de 1917, la cual él nunca había aprobado del todo. Pero a lo largo de toda su carrera se había rehusado a aceptar cualquier limitación a la soberanía de México...". Friedrich Katz, *The Secret War in Mexico: Europe, the United States, and the Mexican Revolution*, Chicago, Chicago University Press, 1981, p. 529. Véase también el ensayo introductorio de Javier Garciadiego a su colección documental, que también resulta en extremo útil para quien se aproxima por primera vez al estudio de la Revolución, tanto por su interpretación como por la colección de documentos comentados que reúne. Javier Garciadiego Dantán (ed.), *La Revolución mexicana. Crónicas, documentos, planes y testimonios* (México, UNAM, 2003).

[40] Véase la nota 32.

[41] Alan Knight, *The Mexican Revolution*, I, op. cit., p. xi.

[42] *Ibid.*, I, p. x.

[43] Véase sobre todo la última sección del libro: "What Changed?"

Esos años vieron también la proliferación de estudios sobre las distintas fases de la Revolución, mismos que matizaron —y en algunas ocasiones corrigieron— lo que la interpretación ideológica original del gran monolito había popularizado.[44] Esos estudios, por ejemplo, analizaron las diferencias entre los grupos revolucionarios y sus distintas posturas cuando se congregaron en la Convención, y encontraron que había más divergencia que coincidencia —lo que en cierta medida estaría a tono con una postura un tanto revisionista—. Pero también concluyeron, junto con los que "revisaban a los revisionistas", que la Constitución de 1917 no había provenido de una pequeña minoría, sino de la mayoría, y que "el contenido de los artículos 27, 123, 3 y 130 definió un nuevo proyecto de Estado, colocó en un lugar de primer rango las demandas de la población más desprotegida, y le atribuyó al Estado la facultad de intervenir en el desarrollo económico y de conciliar los intereses sociales a favor del interés más alto del conjunto de la nación".[45]

Se produjeron también estudios sobre historia militar, diplomática, regional, laboral y cultural. Sobre historia militar, prolija en décadas anteriores, se avanzó poco, pero el ensayo de Alicia Hernández Chávez "Militares y negocios en la Revolución mexicana" fue un claro avance que se construyó sobre lo que el artículo seminal "Las paradojas del ejército revolucionario: su papel en la reforma agraria mexicana, 1920-1935" de Tobler había empezado.[46] Y en historia diplomática —de la que ya había mucho y muy bueno— el libro ya citado de Friedrich Katz fue una muy notable contribución. *La Guerra secreta* devela "el tejido de intereses políticos, económicos y diplomáticos internacionales que confluyeron en el escenario de la Revolución mexicana, un escenario suficientemente convulsionado y ramificado para que en él se pusieran a prueba las más diversas estrategias ideadas por las grandes po-

---

[44] Los párrafos siguientes se basan en Enrique Florescano, "La Revolución mexicana bajo la mira del revisionismo histórico", *op. cit.* Este ensayo de Florescano es un buen resumen de lo producido sobre estos temas en la década de los ochenta.

[45] *Ibid.,* p. 87.

[46] Alicia Hernández Chávez, "Militares y negocios en la Revolución mexicana", *Historia Mexicana,* XXXIV, núm. 134 (1984). Hans Werner Tobler, "Las paradojas del ejército revolucionario. Su papel social en la reforma agraria mexicana 1920-1935", *Historia Mexicana,* XXI, núm. 1 (1971). Véase también el artículo de Alicia Hernández Chávez, "Origen y ocaso del ejército porfiriano", *Historia Mexicana,* XXXIX, núm. 1 (1989).

tencias para definir su hegemonía en el escenario mundial" y en el proceso mismo de la Revolución.[47]

La historia regional se siguió practicando durante los ochenta, y continuó proporcionando evidencia tanto a los revisionistas como a quienes redescubrieron los movimientos radicales populares en la Revolución. Mark Wasserman encontró pruebas de que la élite porfiriana resultó ser mucho más resistente y persistente de lo que se había pensado, sobre todo si se toma en cuenta que sus estudios se basan en uno de los estados revolucionarios por excelencia: Chihuahua.[48] Y Ramón Eduardo Ruiz llegó a conclusiones similares en *The People of Sonora and Yankee Capitalists*.[49] Pero Romana Falcón y Soledad García, por ejemplo, encontraron que el radicalismo agrario siguió vivo por mucho tiempo en estados como Veracruz.[50]

La producción de historia laboral —que nunca ha sido particularmente escasa— pasó por las mismas etapas: una época en la que generalmente se ensalzaba al movimiento obrero por su participación en la Revolución —considerada entonces definitoria— y en la construcción del nuevo Estado; y una en la que se le niega todo carácter revolucionario y se le considera sólo como una herramienta más del partido que permaneció por más de 70 años en el poder para mantener su dominio (paradójicamente, incluso sobre los trabajadores).[51] Y, finalmente, la historia cultural, aunque dejó asuntos pendientes, también progresó. Durante los ochenta aparecieron estudios sobre el nacionalismo, el cine, los corridos y la músi-

[47] Enrique Florescano, "La Revolución mexicana bajo la mira del revisionismo histórico", *op. cit.*, p. 92.
[48] Mark Wasserman, *Persistent Oligarchs: Elites and Politics in Chihuahua, Mexico, 1910-1940* (Durham, Duke University Press, 1993).
[49] Ramón Eduardo Ruiz, *The People of Sonora and Yankee Capitalists* (Tucson, University of Arizona Press, 1988). Aunque el estudio de Ruiz se concentra en el Porfiriato, uno de sus argumentos es que la economía capitalista de Sonora ya estaba completamente formada para antes de 1910. Según él, si bien la Revolución trajo consigo una expansión de la élite, definitivamente la forma de producción capitalista no cambió.
[50] Romana Falcón Vega y Soledad García, *La semilla en el surco. Adalberto Tejeda y el radicalismo en Veracruz, 1883-1960*, México, El Colegio de México, 1986.
[51] Véase *75 años de sindicalismo mexicano* (México, INEHRM, 1986), pero también Barry Carr, *El movimiento obrero y la política en México, 1910-1929* (México, Era, 1981); Barry Carr, "Marxism and Anarchism in the Formation of the Mexican Communist Party: 1910-1919", *Hispanic American Historical Review*, LXIII, núm. 2 (1983). John Mason Hart, *Anarchism and the Mexican Working Class, 1860-1931* (Austin, University of Texas Press, 1978), y Nicolás Cárdenas García, "Trabajadores y lucha por el poder político en el gobierno de Carranza. Los orígenes de la acción múltiple", *Secuencia*, núm. 6 (1986).

ca de la Revolución,[52] y Carlos Monsiváis contribuyó con un muy sugestivo ensayo sobre la cultura de la Revolución.[53]

En resumen, desde las primeras obras aparecidas luego del estallido revolucionario de 1910 hasta el principio de la década de los noventa, la historiografía primero mitificó la Revolución hasta convertirla en el fundamento político de quienes gobernaron el México posrevolucionario, para que después los revisionistas —en una primera instancia siguiendo también una agenda política— argumentaran que la Revolución

no fue portadora de transformaciones importantes en la estructura social y económica, no modificó sustancialmente la estructura del antiguo estado, y a pesar de la presencia de las masas campesinas, de los sectores obreros nacientes y de la agitación movilizadora de las clases medias inconformes, los principales logros de la Revolución se resumen en la consolidación del desarrollo capitalista y de un Estado manipulado por una nueva clase gobernante estrechamente vinculada a la burguesía.[54]

Pero, ¿hacia dónde ha marchado la historiografía en los últimos años? ¿Qué fue del revisionismo y de esa historiografía que desmitificó la imagen que la Revolución había creado de sí misma? En la próxima sección se hace un recuento de lo producido tanto en México como en los Estados Unidos —principalmente— para el estudio de la Revolución durante los últimos años.

[52] Algunos ejemplos son Aurelio de los Reyes, *Medio siglo de cine mexicano (1896 a 1947)* (México, Trillas, 1987); Gabriel Ramírez, *Crónica del cine mudo mexicano* (México, Cineteca Nacional, 1989); Carlos J. Mora, *Mexican Cinema: Reflections of a Society, 1896 to 1980* (Berkeley: University of California Press, 1982). Julio Estrada (ed.), *La música de México. Periodo nacionalista* (México, UNAM, 1984). María Elvira Mora y Clara Inés Ramírez, *La música en la Revolución*, Cuadernos Conmemorativos (México, INEHRM, 1985).
[53] Carlos Monsiváis, "La aparición del subsuelo. Sobre la cultura de la Revolución Mexicana", *Historias*, núm. 8-9 (1995).
[54] Enrique Florescano, "La Revolución mexicana bajo la mira del revisionismo histórico", *op. cit.*, p. 146.

CAPÍTULO 2

NUEVAS PREGUNTAS, NUEVAS METODOLOGÍAS

En los últimos años, la historiografía de la Revolución se caracterizó tanto por un cambio muy significativo en la manera de hacer preguntas al pasado, como por una notable disminución en el ritmo de su producción. De acuerdo con Guillermo Palacios, "el conjunto de los estudios recientes y los proyectos presentados por aspirantes a posgrados [en México] muestran una disminución notable del interés por el periodo de la Revolución. Se siente una especie de agotamiento del tema, por lo menos de las maneras tradicionales de tratarlo, sin que aparezcan sin embargo, todavía, con el vigor que era de esperarse, nuevos enfoques..."[1] No es difícil estar en desacuerdo con esta apreciación, pues es debatible que luego de la década de los ochenta en verdad se haya dado una especie de agotamiento metodológico del tema. Además, una revisión a la producción historiográfica de los últimos años sobre la Revolución revela que el (re)surgimiento de la historia cultural ha proporcionado una salida a dicho agotamiento.[2] En las siguientes secciones de este trabajo se aborda el debate sobre lo que a muchos les ha dado por llamar la "nueva historia cultural", su metodología, sus preguntas y los problemas a los que se enfrenta, para luego analizar cómo se ha aplicado esta nueva metodología al análisis de la Revolución mexicana y lo que esto ha significado en términos de la producción historiográfica sobre dicho acontecimiento.

---

[1] Guillermo Palacios, "Estado de las ciencias sociales y de las humanidades en el fin de siglo mexicano: el caso de la historia", en Miguel J. Hernández Madrid y José Lameiras Olvera (eds.), *Las ciencias sociales y humanas en México* (Zamora, El Colegio de Michoacán, 2000), p. 63. Palacios sugiere también que el desinterés por el tema se debe además a que la Revolución como concepto se ha ido retirando "del discurso del Estado".

[2] Una muestra de 90 tesis de posgrado sobre la Revolución producidas durante los años noventa —21 de maestría o doctorado en la UNAM, seis de maestría o doctorado de la Universidad Iberoamericana, seis de doctorado en el Colegio de México y 57 de doctorado en universidades de los Estados Unidos— revela dos cosas muy interesantes: primero, que aunque el interés por la Revolución ciertamente ha caído en México, esto no es totalmente cierto para el caso de los Estados Unidos. Pero más interesante, que la historia cultural ha sido definitivamente una alternativa metodológica en los Estados Unidos, pero no en México: al menos 32 de las tesis producidas en los Estados Unidos utilizan la "nueva historia cultural", mientras que apenas cuatro lo hacen de las producidas en la UNAM, en la Iberoamericana y en el Colegio de México. Sobra decir que estos datos no son el resultado de una lectura cuidadosa de todos los trabajos, sino de un análisis de sus títulos y de las descripciones que los mismos autores hacen de sus tesis.

La "nueva" historia cultural

Si bien sería necio argumentar que la historia cultural es un invento de los años noventa,[3] ciertamente durante los últimos años este tipo de historia ha tenido cierto auge en general, pero muy marcadamente en los departamentos de estudios latinoamericanos en las universidades de los Estados Unidos.[4] En el caso de la historiografía de México, no es sino hasta después de 1990 cuando se puede identificar claramente la influencia de esta nueva corriente historiográfica, representada por un grupo de historiadores que comparten ideas semejantes acerca de cómo hacer historia, con un *corpus* de obras que ya tiene un peso relativo, y en el que se usa un lenguaje, una metodología y una serie de referencias teóricas que son muy particulares de este subgénero historiográfico.[5] Y en el caso específico de la historia de la Revolución, de acuerdo con la historiadora Mary Kay Vaughan —quien ha sido una de las defensoras más explícitas de esta corriente en general y de la historia de la mujer en particular— sólo a partir de los años ochenta se dieron los cuatro procesos que prepararon el campo para la semilla de la historia cultural, misma que maduró durante los noventa. Primero, como ya se señaló antes, la historia regional contribuyó a romper el mito de una Revolución monolítica, y de paso demostró que el campo no era una gran región homogénea poblada por campesinos fácilmente manipulables. Segundo, los historiadores comenzaron a utilizar nuevos conceptos para entender y describir a las comunidades campesinas, al mismo tiempo que los antropólogos y los etnógrafos estudiaban con más detenimiento la cultura, la familia y la vida diaria de los campesinos para explicar las relaciones entre éstos y el Estado. Tercero, a partir de los ochenta hubo un cambio de paradigma en la historia social, de uno

---

[3] Véanse, por ejemplo, Peter Burke, *Varieties of Cultural History* (Ithaca, Cornell University Press, 1997). Lynn Hunt (ed.), *The New Cultural History. Essays* (Berkeley, University of California Press, 1989); Roger Chartier, *Cultural History: Betweeen Practices and Representations* (Ithaca, Cornell University Press, 1988) y Carlo Ginzburg, "Revisar la evidencia: el juez y el historiador", *Historias*, núm. 26 (1991).

[4] En México, el departamento de historia de la Universidad Iberoamericana es el que lleva la batuta, aunque una discusión muy interesante de las posibles razones por las que este debate ha sido casi ignorado en México está en Pablo Piccato, "Conversación con los difuntos: una perspectiva mexicana ante el debate sobre la historia cultural", *Signos históricos*, núm. 8 (2002).

[5] Por eso, algunos académicos se refieren a esta corriente como la "nueva" historia cultural. Eric Van Young, "The New Cultural History Comes to Old Mexico", *The Hispanic American Historical Review*, LXXIX, núm. 2 (1999): p. 221.

predominantemente económico y estructuralista (marxista) a uno más sensible a lo cultural. Y finalmente, todo esto se juntó al cuestionamiento que la sociedad mexicana comenzó a hacerle al PRI en varias arenas (sobre todo la electoral), lo que reveló que la relación que se construyó entre el Estado y la población después de la Revolución había sido muy diferente de lo que se había pensado.[6]

¿Cuáles son entonces los objetivos y la metodología que distinguen a esta corriente? ¿Y cuál ha sido su aportación a la historia de la Revolución?[7] En realidad, la nueva historia cultural en los estudios latinoamericanos es un proyecto derivado de otro que apareció en circunstancias completamente diferentes en la India, y que dio sus primeros frutos cuando menos una década antes. En el proyecto original, un grupo de historiadores —autonombrado "Grupo de Estudios Subalternos"— se propuso revisar (en el sentido historiográfico) la historia colonial de la India pero desde el punto de vista privativo de las clases populares, utilizando fuentes poco convencionales y usualmente despreciadas como la memoria popular y la historia oral, entre otras. Aunque los objetivos que se perseguían tenían una fuerte carga política, desde el principio esos historiadores admitieron que nada se conseguiría si su proyecto no cumplía con cierto rigor académico, pues la escasez de fuentes apropiadas para hacer ese tipo de historia los ponía en riesgo de hacer, simplemente, una historia "contestataria", un mero espejo de la que ellos querían combatir.[8]

[6] Mary Kay Vaughan, "Cultural Approaches to Peasant Politics in the Mexican Revolution", *Hispanic American Historical Review*, LXXIX, núm. 2 (1999): pp. 270-272.

[7] La *Hispanic American Historical Review* (HAHR) dedicó uno de sus números (LXXIX/2) en 1999 al debate entre quienes creen en la metodología de la nueva historia cultural y quienes la critican en los Estados Unidos. En ese número son particularmente útiles los ensayos de Eric Van Young (citado en la nota 5 *supra)*, y de Claudio Lomnitz, "Barbarians at the Gate? A Few Remarks on the Politics of the 'New Cultural History of Mexico' ", *ibid* —como creyentes— y los de Stephen H. Haber, "Anything Goes: Mexico's 'New' Cultural History", *Hispanic American Historical Review*, LXXIX, núm. 2 (1999), y Susan Socolow, "Putting the 'Cult' in Culture", *Hispanic American Historical Review* LXXIX, núm. 2 (1999) —como críticos—. Tanto Van Young como Lomnitz también intentan definir lo que es y lo que no es la nueva historia cultural. El ensayo de Mary Kay Vaughan (citado en la nota anterior), aborda explícitamente el lugar de la nueva historia cultural en la historiografía de la Revolución mexicana. Los siguientes párrafos siguen muchas de las ideas que se presentan en ese número del *HAHR*.

[8] Véase el prefacio a Ranajit Guha y Gayatri Chakravorty Spivak (eds.), *Selected Subaltern Studies* (Oxford, Oxford University Press, 1988).

Dado que la mayoría de los historiadores del Grupo de Estudios Subalternos era marxista y que su proyecto coincidió con la crisis de ese paradigma en la antropología y en las ciencias sociales, la influencia de los enfoques estructuralistas y posestructuralistas (de Derrida, Foucault, Roland Barthes y Louis Althusser, por ejemplo) fue evidente desde el principio.[9] Así, con una metodología y con un proyecto político "nuevos", el Grupo se lanzó a tratar de probar que, por un lado, los momentos de crisis o de cambio (como la descolonización de la India) se deben entender como procesos de confrontación, más que como procesos de transición; y, por otro, que esos procesos están siempre marcados por un cambio funcional en los sistemas culturales.[10] La consecuencia más significativa de esta revisión historiográfica sería, según el Grupo, dar sustancia a la hipótesis de que los grupos "subalternos"[11] efectivamente actúan autónomamente durante los momentos de crisis, de modo que la hegemonía que caracteriza a los periodos posteriores de estabilidad se construye a través de una negociación entre las élites y los grupos subordinados. Es decir, en esta hipótesis, la hegemonía se construye no sólo de arriba hacia abajo, sino también de abajo hacia arriba.

Ahora bien. El campo de los estudios latinoamericanos no fue ajeno a la crisis del paradigma marxista en las ciencias sociales. Ante ello, también un grupo de historiadores buscó encontrar alternativas para seguir tratando de poner en el centro del análisis a los grupos populares —cosa que la historia social venía haciendo desde tiempo atrás—. Así, inspirados en lo que el Grupo de Estudios Subalternos había comenzado a hacer para la India y el sudeste asiático, formaron un grupo similar para los estudios de América Latina, que igualmente perseguía tanto objetivos políticos —una sociedad democrática— como de revisionismo historiográfico.[12]

[9] *Ibid.*
[10] Gayatri Chakravorty Spivak, "Subaltern Studies: Deconstructing Historiography", en Ranajit Guha y Gayatri Chakravorty Spivak (eds.), *Selected Subaltern Studies*, (Oxford, Oxford University Press, 1988), p. 3. Más adelante se define cultura como lo entienden quienes hacen este tipo de historia en el caso de México. Véanse las notas 15 y 18 *infra*.
[11] El término "subalterno" lo utilizó primero Antonio Gramsci, pero el Grupo lo tomó para designar a las clases subordinadas en un intento por diferenciarlas de las élites occidentales que habían dominado a la India, y que habían escrito la historia colonial que el Grupo quería combatir.
[12] El "Manifiesto Original" de su fundación se puede consultar en Grupo Latinoamericano de Estudios Subalternos, "Manifiesto inaugural", en Santiago

En el caso de los estudios latinoamericanos en los Estados Unidos, la crisis del paradigma marxista en la antropología dio pie al surgimiento de otro más centrado en lo cultural.[13] Así, ante la escasez de fuentes para poder hacer un estudio serio de los grupos subalternos —problema muy similar al que se había enfrentado el Grupo original en la India— los historiadores se acercaron a la antropología en la busca de una metodología que les permitiera acercarse a su objeto de estudio para extraer información relevante sobre los cambios en los sistemas culturales. El producto de ese acercamiento fue el nacimiento de la nueva historia cultural.[14]

La nueva historia cultural, en los estudios latinoamericanos, se podría definir básicamente y en pocas palabras como "la historia de la producción y reproducción de significados socialmente construidos"[15] y, por lo tanto, se distingue principalmente por su interés en el estudio de las mentalidades[16] y los grupos subalternos; y por su posición particularmente crítica en cuanto a la posibilidad de interpretar textualmente las fuentes tradicionales de la historia. No es que los historiadores de esta corriente sean los primeros en estudiar las mentalidades o a los grupos populares (los historiadores sociales lo han hecho durante décadas), sino que más bien son los primeros en tratar de hacerlo haciendo hincapié en cómo se construyen socialmente y luego se transmiten los significados, los símbolos, el poder y la hegemonía (tanto ver-

Castro-Gómez y Eduardo Mendieta (eds.), *Teorías sin disciplina. Latinoamericanismo, poscolonialismo y globalización en debate* (México, University of San Francisco-Porrúa, 1998).

[13] Dos referencias que a mí me resultaron útiles son Victoria Bonnell y Lynn Hunt (eds.), *Beyond the Cultural Turn. New Directions in the Study of Society and Culture* (Berkeley, University of California Press, 1999), y Clifford Geertz, *The Interpretation of Cultures. Selected Essays by Clifford Geertz* (Nueva York, Basic Books, 1973).

[14] Como en México la antropología no se ha alejado completamente del paradigma marxista, es natural que la nueva historia cultural no se haya visto con el mismo entusiasmo. Un excelente análisis de qué tan relevante ha sido esta corriente para México y de por qué los historiadores no la han acogido, se encuentra en Pablo Piccato, "Conversación con los difuntos: una perspectiva mexicana ante el debate sobre la historia cultural". Es muy significativo que haya sido Pablo Piccato quien trajo la discusión a una revista académica mexicana, pues él, aunque es mexicano, es investigador en una universidad estadunidense (Columbia University).

[15] Eric van Young, "The New Cultural History Comes to Old Mexico", *op. cit.*, p. 214. O sea, lo que en inglés se denomina *worldview*, o la manera en que se ve y se entiende el mundo.

[16] La diferencia entre la historia de las mentalidades, la historia intelectual y la historia de las ideas es sin duda muy tenue. En el ámbito de la historia cultural, se puede decir que la diferencia básica es que la historia de las mentali-

tical como horizontalmente), y a través de una metodología completamente nueva para la historia: el análisis cultural.[17]

En mucho, los historiadores culturales de esta nueva corriente están haciendo preguntas del tipo de las que han hecho tradicionalmente los antropólogos y los etnólogos, pero sin tener las herramientas del antropólogo o las del etnólogo, o al menos la posibilidad de acercarse físicamente a su objeto de estudio. La historia cultural se pregunta, por ejemplo, cómo fueron las relaciones "íntimas" entre el hombre y la mujer (para lo cual la historia de la mujer —generalmente considerada un grupo subalterno o subordinado— es particularmente importante); también se pregunta a quién se le considera anormal en una sociedad y cómo cambia este tipo de consideraciones con el tiempo; cómo se puede interpretar culturalmente un sueño; cómo se forman los diferentes códigos representacionales en una sociedad y cómo se da significado a los rituales públicos y a los símbolos en general; cómo se construye el poder y cómo y cuándo surgen nuevas formas de dominación; quiénes y por qué se resisten o se rebelan en su contra; cuándo esas formas de dominación se benefician de la complicidad de grupos populares y cuándo los grupos de la élite o el mismo Estado logran aislar, restringir o incluso apropiarse de las formas de movilización popular; cuándo, cómo y dónde los discursos del Estado y de las sociedades rurales interactúan para preservar o transformar las identidades de ambos; cuándo se puede hablar de hegemonía y en qué consiste ésta; y cuándo se puede decir que el interés (económico) es anterior a la expresión cultural y cuándo las "ideas" (la cultura)[18] son anteriores al interés.

dades se concentra en el estudio de aquellas ideas que comparten los hombres y mujeres comunes y corrientes todos los días en una sociedad, y no en las ideas de un solo individuo, de la élite, o en la historia de una idea en particular. Véase especialmente el primer capítulo de Chartier, *Cultural History: Betweeen Practices and Representations, op. cit.*
[17] La referencia obligada para quien hace este tipo de análisis es Cliford Geertz.
[18] Entiéndase por cultura "aquellos códigos y símbolos que se transmiten de una generación a otra por medio de los cuales grupos de personas le dan significado al mundo de los humanos, de las cosas y de las fuerzas que los rodean, y por los que se transmiten dicha información entre ellos; por los que entienden, representan, refuerzan o disputan las relaciones de poder y de dominación; y, sobre todo, por los que definen sus propias identidades a través de las historias que cuentan sobre ellos mismos". La definición es de Eric Van Young, quien se puede considerar un buen representante de esta corriente. Véase Eric Van Young, *The Other Rebellion. Popular Violence, Ideology, and the Mexican Struggle for Independence, 1810-1821* (Stanford, Stanford University Press, 2001), p. 19.

Es decir, las preguntas que hacen quienes practican este tipo de historia no sólo son originales y sumamente importantes, sino que demandan una metodología para contestarlas que también es muy novedosa. Por eso, estos historiadores se han acercado a otras disciplinas —a la antropología y a la etnografía, obviamente, pero también a la crítica y el análisis literarios, por ejemplo— para poder hacer uso de las fuentes tradicionales de la historia de un modo enteramente nuevo. De lo que se trata, en pocas palabras, es de estudiar "la intersección entre la vida pública y la privada"[19] a través de muchas de las fuentes tradicionales (la mayoría, pero no todas, producidas por el Estado o por las élites, como los expedientes judiciales, por ejemplo) para reconstruir la historia de cómo se producen y cómo se transmiten los significados sociales a través del tiempo y restaurar las voces y las mentalidades de los grupos populares, que casi por definición no dejan pruebas o descripciones escritas por ellos mismos de cómo pensaron o como vivieron sus vidas. Los historiadores culturales hacen hincapié en la subjetividad de los actores y en la representación; entienden la cultura como un proveedor de significados que informa la acción y que es, en sí misma, un sujeto de la lucha por el poder; creen que este último siempre está disperso y que siempre está relacionado con la cultura; y, por ello, metodológicamente siguen lo más cercanamente posible a la etnografía.[20]

Para los historiadores que practican este subgénero de la disciplina es tan importante lo que un texto (documento) dice, como lo que no dice; es tan importante la historia *en el* texto como la historia *del* texto mismo (quién lo produjo, cuándo, cómo, etc.). Es decir, para el historiador interesado en la cultura es básico problematizar las fuentes, haciendo un análisis casi obsesivo del lenguaje y de los significados que pueden estar ocultos en los textos. Casi se podría decir que haciendo eso —leer no sólo entre líneas, sino también lo que hay "detrás" de las líneas, podríamos decir— estos historiadores buscan una especie de piedra roseta que permita interpretar los "hechos", es decir, la historia *en el* texto, correctamente —o dicho de otra manera, que permita asig-

[19] Susan Deans-Smith y Gilbert M. Joseph, "The Arena of Dispute", *Hispanic American Historical Review*, LXXIX, núm. 2 (1999).
[20] Mary Kay Vaughan, "Cultural Approaches to Peasant Politics in the Mexican Revolution", *ibid*, p. 275.

nar los significados correctos (interpretar) a los símbolos en el texto.

Este tratar de interpretar un texto escrito (algunas veces aun sin piedra roseta) por alguien que a su vez interpretó un acontecimiento (con un conjunto muy particular de significados sociales —es decir, una cultura—), que por definición es sólo un fragmento de una realidad ya pasada y muy compleja, es lo que ha llevado a algunos a convertirse en críticos implacables de esta nueva corriente.[21] Y no es difícil ver por qué: leyendo lo que supuestamente está entre líneas e incluso detrás de ellas, fácilmente se puede caer en la sobreinterpretación, en la lectura forzada (o sesgada) de los textos, en la interpretación anacrónica de la evidencia al utilizar la cultura propia del historiador para interpretar la cultura de quien produjo el texto o la de quien está descrito en el texto; y particularmente, cuando se estudia la construcción cultural del poder, en la sobreestimación del poder del Estado o en el imaginar "resistencia" en donde no la hay. Es decir, dado que la nueva historia cultural es particular en el sentido de que explícitamente la cultura propia del historiador está implicada en el proceso de interpretación de un texto, a sus críticos les parece imposible que siguiendo esta metodología se puedan establecer "hechos objetivos" que permitan corroborar hipótesis. En pocas palabras, para quien no comparte el entusiasmo de los historiadores culturales es muy difícil —si no imposible— respaldar con evidencia empírica las respuestas que se dan a las preguntas que la historia cultural está haciendo.[22] Si la historia cultural asume que todas las fuentes están "contaminadas" por la cultura de quien las produce, ¿por qué asumen los historiadores culturales que sólo ellos tienen una especie de "visión 20/20" que les permite ver las fuentes sin esa contaminación?[23] Cuando un antropólogo de hoy observa un acto cultural complejo (una ceremonia religiosa, por ejemplo) y lo reduce a un texto —digamos que lo "deshidrata" para capturarlo en palabras—, cuando menos los actores que aún viven y que tomaron parte en el acto sirven para limitar la ima-

---

[21] Además, hay que recordar que la nueva historia cultural persigue muchos de los objetivos de los estudios subalternos, pero que nació en circunstancias completamente diferentes, lo que, al fin y al cabo, le restó coherencia.

[22] Véase especialmente Stephen H. Haber, "Anything Goes: Mexico's 'New' Cultural History", *op. cit.,* p. 320.

[23] Susan Socolow, "Putting the 'Cult' in Culture", *ibid.*

ginación del antropólogo. Pero, ¿qué pasa, en cambio, cuando un historiador trata de "rehidratar" un texto para interpretarlo culturalmente una vez que los que participaron en los hechos han muerto?[24] ¿Cómo exactamente es que alguien puede diferenciar, al interpretar una fuente, entre lo simbólico y lo no simbólico?

La parte central del debate tiene que ver, pues, con la manera en que se utilizan las fuentes, y no con las preguntas que se hacen, pues nadie niega la importancia de las interrogantes que los historiadores culturales le hacen al pasado. Alan Knight, uno de los historiadores más destacados del siglo XX mexicano, quizá sea un buen ejemplo de quienes se han colocado en una posición intermedia: "En pequeñas dosis, el deconstructivismo puede sensibilizar a los historiadores para el reconocimiento de ciertos matices textuales. Sin embargo, una sobredosis puede llevar a un desprendimiento surrealista de la realidad, conforme los textos, a veces muy pocos, [se] vuelven víctimas de una tortura despiadada, y como las brujas de Salem, revelan los 'subtextos' que sus interrogadores quieren oír, triunfando la mórbida imaginación en contra del sólido sentido común".[25] O en palabras tal vez menos sagaces pero más simples: la historia cultural servirá para muy poco mientras no pueda explicar casos concretos con sólida evidencia empírica.

LA HISTORIA CULTURAL Y LA REVOLUCIÓN

La Revolución mexicana quizá sea uno de los campos más fértiles en la historiografía de México para cultivar la nueva historia cultural.[26] Esto tiene que ver, principalmente, con tres cosas: la relativa abundancia y diversidad en la historiografía de la Revolución si se le compara con otras épocas y acontecimientos de la historia de México; la abundancia de estudios regionales, archivos locales y fuentes primarias en

[24] La metáfora es de Florencia Mallon, "Time on the Wheel: Cycles of Revisionism and the 'New Cultural History' ", *ibid*, p. 334.
[25] Alan Knight, "Latinoamérica: un balance historiográfico", *Historia y Grafía*, núm. 10 (1998), pp. 165-207. Este ensayo de Knight es muy revelador del camino que siguió la historiografía de la Revolución durante los años noventa: de la historia local/regional y subalterna/popular a la nueva historia cultural. Véase también Alan Knight, "Subalterns, Signifiers, and Statistics: Perspectives on Mexican Historiography", *Latin American Research Review*, XXXVII, núm. 2 (2002).
[26] Hasta ahora, la historia colonial es la que ha aportado las mejores contribuciones.

general a las que los historiadores de la Revolución actualmente tienen acceso;[27] pero principalmente fue el ímpetu de quienes quisieron "revisar el revisionismo" el que llevó a la búsqueda de nuevos métodos para pensar la Revolución. Según Mary Kay Vaughan, la historia cultural puede ayudar a trascender las interpretaciones revisionistas de la Revolución porque puede ser la base para "entender tanto la participación de los sectores populares en la política como la dimensión cultural de la interacción entre el Estado y los campesinos".[28] (Y habría que añadir aquí a las mujeres, por supuesto.) La Revolución, al fin y al cabo, fue uno de esos momentos de crisis en el que se negoció la hegemonía que sería la base de la estabilidad de los regímenes posrevolucionarios.

Al concentrarse en el estudio de la participación de los grupos populares en la Revolución, la historia cultural ha pretendido establecer cómo se construyó el Estado posrevolucionario y cuál fue específicamente la participación de estos grupos en dicho proceso, para demostrar que la hegemonía del Estado se construyó no sólo de arriba hacia abajo, sino también de abajo hacia arriba. Es decir, habría que entender cómo la gente común y corriente recibe, se apropia, modifica o rechaza los discursos de las élites y del Estado, para así también entender el impacto que tienen "los de abajo" en la formación de una nueva cultura política y de nuevas formas de ciudadanía, pues al mismo tiempo que el Estado usa la cultura popular como una fuente de recursos para establecer y fortalecer su hegemonía, la cultura popular se convierte en una limitación de los proyectos del Estado. Por ejemplo, las formas rituales populares han servido de igual modo como un mecanismo de dominio (cuando el Estado las adopta como suyas) que como una forma de protesta (cuando los grupos populares las utilizan para rechazar los proyectos y los discursos estatales).[29]

Si el Estado posrevolucionario sólo logró consolidar su hegemonía cuando utilizó la cultura popular para negociar el establecimiento de un nuevo régimen con la población, las

---

[27] Heather Fowler-Salamini, "The Boom in Regional Studies of the Mexican Revolution: Where is it Leading?", *Latin American Research Review* XXVIII, núm. 2 (1993).
[28] Mary Kay Vaughan, "Cultural Approaches to Peasant Politics in the Mexican Revolution", *op. cit.*, p. 269.
[29] *Ibid, passim.*

visiones revisionistas acerca de la Revolución estarían completamente equivocadas. No sólo eso demostraría que en la Revolución las masas populares habrían tenido una participación definitiva y autónoma, sino que también sería un paso fundamental para entender cuándo y cómo la resistencia de los grupos populares ha rebasado las formas institucionales de oponerse al poder, y cuándo han estado limitados, sobre todo por la cultura, para influir activamente en la política.

Esta agenda de investigación se puede ver claramente en los trabajos de tesis que se están produciendo en las universidades de los Estados Unidos.[30] Más de la mitad (56%) de una muestra de 57 trabajos sobre la Revolución producidos durante los años noventa utiliza la nueva historia cultural, ya sea en su enfoque o en su metodología. En algunos de ellos se estudia un grupo considerado como subalterno para "restaurar" su voz y analizar cómo los miembros de ese grupo vivieron los años revolucionarios (las mujeres, los criminales o los pobres urbanos, por ejemplo). En otros, se estudia la formación cultural de la identidad en los grupos subalternos y su impacto en la construcción del Estado posrevolucionario y el establecimiento de su hegemonía (los obreros, los campesinos o los indígenas, por ejemplo). Algunos estudian la formación de la cultura posrevolucionaria a través de la literatura, y cómo en ciertos niveles se disputa la formación de esa cultura entre el Estado y la sociedad en general, pero haciendo hincapié en los grupos subalternos. Otros estudian la diseminación de una versión de la cultura posrevolucionaria (muchas veces desde el aparato estatal —la Secretaría de Educación, por ejemplo—) a través del arte (la pintura, la fotografía, el cine, la arquitectura, el teatro o la música) y cómo ésta es adoptada, disputada o rechazada por los grupos subalternos. Y finalmente, una minoría de los trabajos tiene que ver con el estudio de un tema que es propiamente cultural, aunque no se destaque a los grupos subalternos ni se use el análisis cultural como metodología. Otra vez, la diferencia entre estos estudios y la historia social más tradicional es el supuesto de que los llamados grupos subalternos actúan de manera autónoma, y ni son siempre cooptados por las élites ni manipulados por éstas en la construcción

[30] Véase nota 2 de este capítulo.

del Estado posrevolucionario y en el establecimiento de su hegemonía.

Aunque aún en mucho menor medida, a nivel de la producción de monografías y volúmenes editados también se puede apreciar el aumento de obras que utilizan el enfoque de la nueva historia cultural,[31] siendo las que se basan en el uso de las técnicas de la etnografía para hacer historia regional y las que estudian a las mujeres, las que dominan las preferencias de las editoriales, tanto en México como en el extranjero. Los trabajos de Daniel Nugent y Ana Alonso sobre Namiquipa (Chihuahua), el de William French sobre Parral (Chihuahua), el de Adrian Bantjes sobre Sonora, el de Allen Wells y Gilbert Joseph sobre Yucatán, el de Mary Kay Vaughan sobre Puebla, el de Jeffrey Rubin sobre Juchitán (Oaxaca), el de JoAnn Martin sobre Morelos, los de Jennie Purnell, Marjorie Becker, Chris Boyer y María Teresa Cortés Zavala sobre Michoacán, y un ensayo de Alan Knight en el que se intenta llevar el análisis a nivel nacional, en mayor o menor medida combinan las herramientas propias de los etnógrafos y de los antropólogos con la investigación basada en archivos para probar sus hipótesis.[32] Una colección de ensayos editada por la Universidad Autónoma Metropolitana trata precisamente

---

[31] Esto tiene que ver con dos hechos fundamentales: uno es que la discusión entre los "culturalistas" y los historiadores tradicionales (por llamar a estos dos grupos de alguna manera) se ha dado más, hasta ahora, en las revistas especializadas de historia, y no a nivel de las monografías. El otro es que la falta de estudios que utilicen el enfoque de la nueva historia cultural hechos por mexicanos —quienes tienen más fácil acceso a las fuentes primarias, sobre todo en el ámbito regional— ha dificultado la producción de monografías de este tipo en los Estados Unidos. Véanse Eric van Young, "The New Cultural History Comes to Old Mexico", y Mary Kay Vaughan, "Cultural Approaches to Peasant Politics in the Mexican Revolution", op. cit. De hecho, eso explica que, en esta sección de este trabajo, la mayoría de las referencias sea a las obras y los volúmenes editados producidos en los Estados Unidos —aunque en muchos de los últimos hayan participado autores mexicanos.

[32] Daniel Nugent, Spent Cartridges of Revolution: An Anthropological History of Namiquipa Chihuahua (Chicago, University of Chicago Press, 1993). Ana María Alonso, Thread of Blood: Colonialism, Revolution, and Gender on Mexico's Northier Frontier (Tucson, University of Arizona Press, 1995). William E. French, "Progreso Forzado: Workers and the Inculcation of the Capitalist Work Ethic in the Parral Mining District", en William H. Beezley, Cheryl English Martin, y William E. French (eds.), Rituals of Rule, Rituals of Resistance. Public Celebration and Popular Culture in Mexico, (Wilmington, Scholarly Resources, 1994). Adrian A. Bantjes, "Burning Saints, Molding Minds: Iconoclasm, Civic Ritual, and the Cultural Revolution", en William H. Beezley, Cheryl English Martin, y William E. French (eds.), Rituals of Rule, Rituals of Resistance. Public Celebration and Popular Culture in Mexico, (Wilmington, Scholarly Resources, 1994). Allen Wells y Gilbert M. Joseph, Summer of Discontent, Seasons of Upheaval. Elite Politics and Rural Insurgency in Yucatán, 1876-1915 (Stan-

de evaluar cuál fue el impacto de la Revolución sobre la cultura y la vida diaria de quienes vivían en la ciudad de México y sus alrededores.[33] Incluso ya se dio el primer intento de hacer una síntesis de la Revolución desde el punto de vista de los culturalistas.[34]

En términos generales, todos estos trabajos intentan probar un argumento parecido: ya sea analizando cómo se construye el poder de manera simbólica (a través de las ceremonias públicas, por ejemplo), cómo se intenta transmitir una nueva "cultura revolucionaria" en la escuela, o cómo se organizan los grupos subalternos para resistirse al poder y a los proyectos de las élites, estos autores argumentan que la construcción del Estado posrevolucionario, la cultura surgida de la Revolución y la hegemonía que le dio estabilidad a dicho Estado fueron procesos que en mayor o menor medida estuvieron sujetos a la negociación con los grupos subalternos, los cuales influyeron en la definición de lo que sería después, luego de los años de violencia revolucionaria, la nación, la comunidad, la ciudadanía y la versión de la historia que les daría identidad y cohesión a estos sujetos.[35]

Por otro lado, aunque haciendo argumentos parecidos,

ford: Stanford University Press, 1996). Mary Kay Vaughan, *Cultural Politics in Revolution. Teachers, Peasants, and Schools in Mexico, 1930 a 1940* (Tucson, University of Arizona Press, 1997). Jeffrey W. Rubin, *Decentering the Regime: Ethnicity, Radicalism, and Democracy in Juchitán, México* (Durham, Duke University Press, 1997). JoAnn Martin, "Contesting Authenticity: Battles Over the Representation of History in Morelos, Mexico", *Ethnohistory/Society*, XL, núm. 3 (1993). Jennie Purnell, *Popular Movements and State Formation in Revolutionary Mexico: The "Agraristas" and "Cristeros" of Michoacán* (Durham, Duke University Press, 1999). Marjorie Becker, *Setting the Virgin on Fire. Lázaro Cárdenas, Michoacán Peasants, and the Redemption of the Mexican Revolution* (Berkeley, University of California Press, 1995). Christopher R. Boyer, "Old Loves, New Loyalties: Agrarismo in Michoacán, 1920-1929", *Hispanic American Historical Review*, LXXVIII, núm. 3 (1998). María Teresa Cortés Zavala, *Lázaro Cárdenas y su proyecto cultural en Michoacán, 1930-1950,* Centenario (Morelia, Universidad Michoacana de San Nicolás de Hidalgo, 1995). Alan Knight, "Popular Culture and the Revolutionary State in Mexico, 1910-1940", *Hispanic American Historical Review* LXXIV, núm. 3 (1994).
[33] José Valero Silva *et al.*, *Polvos de olvido: cultura y revolución* (México, Universidad Autónoma Metropolitana-INBA, 1993).
[34] Colin M. MacLachlan y William H. Beezley, *El Gran Pueblo. A History of Greater Mexico* (Englewood Cliffs, Prentice Hall, 1994).
[35] Véase también Alicia Hernández Chávez, *La tradición republicana del buen gobierno* (México, El Colegio de México-Fondo de Cultura Económica, 1993). En él, la autora trata de reconstruir "las raíces históricas de la actuación política del mexicano común". Aunque este libro no se podría catalogar propiamente como "nueva historia cultural" ya que metodológicamente no sigue los mismos pasos, resulta un ensayo sumamente interesante que apoya la tesis de los culturalistas acerca de cómo se construyen el poder y la hegemonía. La cita es de la página 9.

un grupo de investigadores se ha concentrado en la historia de la mujer, más que en la historia regional. Carmen Ramos y Ana Lau Jaiven han hecho esfuerzos considerables por establecer los avances que la historiografía sobre la mujer ha tenido en los últimos años,[36] mientras que Gabriela Cano, Adriana Monroy, Andrés Reséndez, Martha Rocha, Shirlene Soto, Elizabeth Salas, Katherine Bliss y el trabajo editado por Heather Fowler-Salamini y Mary Kay Vaughan han contribuido con diferentes estudios sobre la historia de la mujer en la Revolución mexicana.[37] Asimismo, la Cámara de Diputados en México editó un volumen sobre la participación de las mujeres en la Revolución, que destaca su participación militante (en el movimiento armado, en el feminista y durante el Congreso constituyente de 1916-1917) y una colección de fotografías sobre la participación de la mujer durante los primeros años del movimiento armado.[38]

Pero quizá el libro que se apega más a lo que pretende ser la nueva historia cultural y que ha tenido más impacto en la historiografía de la Revolución es el volumen editado por Gilbert Joseph y Daniel Nugent, *Everyday Forms of*

---

[36] Carmen Ramos Escandón (ed.), *Género e historia: la historiografía sobre la mujer* (México, Universidad Autónoma Metropolitana, 1992). Ana Lau Jaiven, "Las mujeres en la Revolución mexicana. Un punto de vista historiográfico", *Secuencia*, núm. 33 (1995). Y particularmente sobre la Revolución véase Ana Lau Jaiven y Carmen Ramos Escandón (eds.), *Mujeres y Revolución, 1900-1917* (México: INEHRM-INAH, 1993).

[37] Gabriela Cano, "Revolución, feminismo y ciudadanía en México (1915-1940)", en Georges Duby y Michelle Perrot (eds.), *Historia de las mujeres en Occidente*, (Madrid, Taurus, 1993). Gabriela Cano y Verena Radkau, *Ganando espacios. Historias de vida: Guadalupe Zúñiga, Alura Flores y Josefina Vicens, 1920-1940* (México, Universidad Autónoma Metropolitana, 1989). Adriana Monroy Pérez, "Trece mujeres sonorenses en la Revolución", en *Memoria del 16 Simposio de Historia y Antropología de Sonora* (Hermosillo: Universidad de Sonora, 1993). Andrés Reséndez Fuentes, "Battleground Women: Soldaderas and Female Soldiers in the Mexican Revolution", *The Americas* LI, núm. 4 (1995). Marta Eva Rocha Islas, "El archivo de veteranas de la Revolución mexicana: una historia femenina dentro de la historia oficial", en Eliane Garcindo Dayrell y Zilda Márcia Gricoli Iokoi (eds.), *América Latina contemporánea: desafíos e perspectivas* (Río de Janeiro, Expressão e cultura, 1996). Shirlene Soto, *Emergence of the Modern Mexican Woman: Her Participation in Revolution and Struggle for Equality; 1910-1940* (Denver, Arden Press, 1990). Elizabeth Salas, *Soldaderas in the Mexican Military. Myth and History* (Austin, University of Texas Press, 1990). Katherine Bliss, *Compromised Positions: Prostitution, Public Health, and Gender Politics in Revolutionary Mexico City* (University Park, Pennsylvania State University Press, 2001). Heather Fowler-Salamini y Mary Kay Vaughan (eds.), *Women of the Mexican Countryside, 1850-1990: Creating Spaces, Shaping Transitions* (Tucson, University of Arizona Press, 1994).

[38] *Las mujeres en la Revolución mexicana: 1884-1920* (México, Cámara de Diputados-INEHRM, 1992). *Tiempos y espacios laborales* (México, Cámara de Diputados-Secretaría de Gobernación-Archivo General de las Nación, 1994).

State Formation, en el que participan muchos de los más destacados historiadores que se identifican con esta corriente.[39] El libro fue resultado de una conferencia sobre el tema, que tuvo lugar en 1991, cuando la nueva historia cultural apenas dejaba los pañales. En él, los autores tratan de establecer el "verdadero" carácter de la Revolución mediante el estudio del poder y la hegemonía, el Estado y la cultura popular. Basándose en la historia regional, los diferentes ensayos estudian a los indígenas, a las comunidades campesinas, los movimientos y rebeliones populares (tanto organizados como "desorganizados" o espontáneos), la participación de los maestros y de los alumnos en la Revolución y tanto la historia oficial como la popular para contestar a la pregunta de cómo se ejerce la dominación, y no tanto quién la ejerce. En pocas palabras, los autores que contribuyeron al libro tratan de situarse entre la versión tradicional de una Revolución auténticamente popular y la revisionista, de una Revolución traicionada por sus líderes, que terminó por recrear el todopoderoso Estado porfirista, pero con una nueva cultura revolucionaria. Es decir, el libro editado por Joseph y Nugent quizá sea la prueba más acabada de cómo la Revolución produjo una serie de tradiciones "revolucionarias" lo suficientemente durables y flexibles como para que tanto el Estado como sus opositores (los grupos subalternos en particular) pudieran legitimar su lucha por establecer una nueva hegemonía, algo que definitivamente diferenciaría a la Revolución mexicana de otros movimientos sociales del siglo xx.[40]

Por último, como muestra de quienes durante la década de los noventa contribuyeron al estudio de la cultura durante la Revolución pero que no siguieron la propuesta de la nueva historia cultural, están los trabajos de Javier Garciadiego (sobre la Universidad Nacional), Rafael Torres Sánchez (sobre la vida cotidiana), Carolina Figueroa (sobre los corridos de la Revolución), Margarita de Orellana (sobre el cine), Marcela del Río (sobre el teatro), Fernando del Moral (sobre la fotografía), Agustín Sánchez (sobre el cine, el teatro y la "leyenda urbana" de la banda de asaltantes del automóvil gris),

[39] Gilbert M. Joseph y Daniel Nugent (eds.), *Everyday Forms of State Formation: Revolution and the Negotiation of Rule in Modern Mexico* (Durham, Duke University Press, 1994).
[40] *Ibid.,* p. 22.

Tania Carreño (sobre el charro como estereotipo nacional) y Andrea Tortajada (sobre la danza); así como también el de Annick Lempérière sobre las dos celebraciones del centenario de la Independencia (de su inicio en 1910 y de su consumación en 1921).[41]

---

[41] Javier Garciadiego Dantán, "De Justo Sierra a Vasconcelos: La Universidad Nacional durante la Revolución mexicana," *Historia Mexicana*, XLVI, núm. 4 (1997). Rafael Torres Sánchez, *Revolución y vida cotidiana: Guadalajara 1914-1934* (Culiacán, Galileo Ediciones-Universidad Autónoma de Sinaloa, 2001). Carolina Figueroa Torres, *Señores vengo a contarles...: la Revolución mexicana a través de sus corridos* (México, INEHRM, 1995). Margarita de Orellana, *La mirada circular: el cine norteamericano de la Revolución mexicana, 1911-1917* (prólogo de Friedrich Katz) (México, Joaquín Mortiz, 1991). Marcela del Río, *Perfil y muestra del teatro de la Revolución mexicana* (Nueva York, P. Lang, 1993). Fernando del Moral González, *El rescate de un camarógrafo: las imágenes perdidas de Eustasio Montoya* (Monterrey, Universidad Autónoma de Nuevo León, 1997). Agustín Sánchez González, *La banda del automóvil gris: la ciudad de México, la Revolución, el cine y el teatro* (México, Sensores & Aljure, 1997). Tania Carreño King, *El charro. La construcción de un estereotipo nacional (1920-1949)* (México, INEHRM-Federación Mexicana de Charrería, 2000). Andrea Tortajada Quiroz, *La danza escénica de la Revolución mexicana, nacionalista y vigorosa* (México, INEHRM, 2000). Annick Lempérière, "Los dos centenarios de la Independencia mexicana (1910-1921): de la historia patria a la antropología cultural", *Historia Mexicana,* XLV, núm. 2 (1995).

CAPÍTULO 3

LO QUE SIGUE VIVO Y BIEN

Aunque después de 1990 la historia cultural haya dominado la agenda de investigación de muchos de los historiadores en los departamentos de estudios latinoamericanos en las universidades de los Estados Unidos, ése no ha sido el caso de quienes han continuado investigando en las universidades mexicanas. Tampoco eso ha significado que las maneras más tradicionales de hacer historia estén en vías de extinción en los Estados Unidos. Los investigadores han seguido cultivando la historia política, la historia social, la historia económica, la historia internacional, la historia militar y la historia regional, por ejemplo, y se han producido tanto monografías como ensayos de muy buena calidad. También se han hecho esfuerzos considerables para ganar un lugar para la Revolución mexicana en el más amplio campo de estudio de las revoluciones sociales en general. Y la biografía no ha dejado de atraer a los investigadores, pues se tienen personajes tan interesantes y complejos como Pancho Villa y Emiliano Zapata, que difícilmente se agotan con un par de libros o de artículos.

En gran medida, todo esto ha sido posible porque la cantidad y la variedad de fuentes primarias relativas a la Revolución siguen en aumento. La exploración y catalogación de archivos ya disponibles con anterioridad, el descubrimiento de nuevos archivos y la publicación de otras fuentes primarias no se detuvo durante la década de los noventa, aun cuando se haya dado una relativa disminución en el interés de los investigadores por el periodo.[1] Una cantidad importante de memorias se publicaron o se reeditaron en los últimos años, y el Instituto Nacional de Estudios Históricos de la Revolución Mexicana (INEHRM) ha emprendido un gran esfuerzo editorial que incluye nuevas ediciones de textos clásicos.[2] También se

---

[1] El material que hoy está disponible en los archivos (tanto públicos como privados) para el investigador de la Revolución es prácticamente inagotable, tanto a nivel regional como nacional. Basta echar un vistazo a la bibliografía de cualquier trabajo académico sobre la Revolución o sobre algún personaje revolucionario, para darse cuenta de la cantidad de archivos que mantienen abiertas sus puertas para los investigadores. Incluso el Archivo de la Defensa, que tradicionalmente era difícil de consultar, hoy, después de la apertura del sistema político en el año 2000, está disponible para los investigadores sin mayores problemas.
[2] El INEHRM tiene abiertas, al menos, cuatro colecciones que ha puesto a disposición del público de manera fácil y relativamente barata en ediciones de buena calidad, textos clásicos que antes eran de difícil acceso. Esas colecciones son *Vi-*

ha publicado lo relatado por personajes de ambos sexos que, en su tiempo, participaron anónimamente en la revuelta de masas que surgió en muchas regiones del país luego del levantamiento maderista de 1910-1911, pero que ahora participan entregándonos información igual de valiosa a los investigadores.[3]

En cuanto a la catalogación de archivos, los noventa fueron años de aportaciones valiosas, pues se publicaron catálogos que resumen la información contenida en archivos muy importantes de México y del extranjero. De entre ellos, destaca la labor realizada por Berta Ulloa, Laura López Espejel, Olga Cárdenas Trueba, Rubén Pliego Bernal, Carlos Ruiz y Josefina Moguel. Berta Ulloa contribuyó con una guía de los documentos que pueden ser de utilidad para los estudiosos de México en cinco bibliotecas, una sociedad histórica y seis colecciones universitarias de los Estados Unidos; y junto con Luis Muro realizó la guía del ramo Revolución mexicana del Archivo de la Defensa. Laura Espejel catalogó los documentos del Fondo Emiliano Zapata del Archivo General de la Nación. Carlos Ruiz publicó un catálogo de documentos referentes a la Revolución en Chiapas en el Fondo Francisco I. Madero del Archivo General de la Nación. Josefina Moguel coordinó la catalogación del Archivo de Venustiano Carranza y publicó una guía de todos los materiales que alberga el archivo del Centro de Estudios de Historia de México, Condumex; y Olga Cárdenas Trueba y Rubén Pliego hicieron pública su guía del archivo de la embajada de México en los Estados Unidos para los

---

siones ajenas (que incluye los clásicos escritos por historiadores y observadores extranjeros), Memorias y testimonios (que incluye lo escrito por los participantes del movimiento revolucionario), Textos clandestinos (que reúne los textos que por una u otra razón se consideraron subversivos en algún momento), y Fuentes y documentos (en donde se están reeditando colecciones documentales clásicas).

[3] Algunos ejemplos son, Jorge Trujillo Bautista (ed.), Testimonios de la Revolución mexicana en Tamaulipas (México, INEHRM-Gobierno del Estado de Tamaulipas, 1992); Joaquín Nava Moreno, Heliodoro Castillo Castro, general zapatista guerrerense: relato testimonial (Ajuchitlán, Ediciones El Balcón, 1995); Rubén Osorio Zúñiga, Pancho Villa, ese desconocido: entrevistas en Chihuahua a favor y en contra (prólogo de Friedrich Katz) (Chihuahua, Gobierno del Estado de Chihuahua, 1991); Antonio García de León (ed.), Ejército de ciegos: testimonios de la guerra chiapaneca entre carrancistas y rebeldes, 1914-1920 (México, Ediciones Toledo, 1991); Herlinda Barrientos, María Dolores Cárdenas, y Guillermo González Cedillo, Con Zapata y Villa: tres relatos testimoniales (México, INEHRM, 1991); Jorge Basurto y Guadalupe Viveros Pabello, Vivencias femeninas de la Revolución. Mi padre revolucionario (México, INEHRM, 1993); Salvador Sotelo Arévalo, Historia de mi vida: autobiografía y memoria de un maestro rural en México. 1904-1965 (México, INEHRM, 1994).

años 1910-1912.[4] Por último, se publicaron tres diccionarios biográficos a nivel regional y uno muy amplio y sumamente útil a nivel nacional elaborado por un ejército de investigadores bajo la coordinación del Instituto Nacional de Estudios Históricos de la Revolución Mexicana (INEHRM), que pueden facilitar en mucho la labor de quienes siguen en el intento de descifrar la Revolución.[5]

Con base en esta información y en la que ya estaba disponible, tres aspectos de la Revolución mexicana llamaron la atención de los investigadores en cuanto a historia política en los últimos años, muy en línea con la transición hacia la democracia que el país está viviendo: las relaciones entre el ejecutivo y el legislativo, las elecciones y la formación del Estado y el sistema político posrevolucionarios. Así, por ejemplo, Ignacio Marván, Josefina MacGregor y Pablo Piccato exploraron la relación entre el Congreso y Madero —única etapa generalmente considerada democrática del siglo xx— y entre el Congreso y Victoriano Huerta; y María Amparo Casar e Ignacio Marván coordinaron a un grupo de historiadores y politólogos para investigar las consecuencias de los llamados gobiernos divididos en México que incluyen la era revolucionaria.[6]

---

[4] Berta Ulloa, *La Revolución más allá del Bravo: guía de documentos relativos a México en archivos de Estados Unidos, 1900-1948* (México, El Colegio de México, 1991). Luis Muro y Berta Ulloa, *Guía del ramo Revolución mexicana, 1910-1920 del Archivo Histórico de la Defensa Nacional y de otros repositorios del gabinete de manuscritos de la Biblioteca Nacional de México* (México, El Colegio de México, 1997). Laura Espejel López, *El cuartel general zapatista, 1914-1915: documentos del Fondo Emiliano Zapata del Archivo General de la Nación*, 2 vols. (México, INAH, 1995). Carlos Ruiz Abreu, *La Revolución en Chiapas: índice de documentos existentes en el Archivo General de la Nación de la ciudad de México: Fondo Francisco I. Madero* (México, Gobierno del Estado de Chiapas-Consejo Estatal de Fomento y Difusión de la Cultura, 1993). Josefina Moguel, *Guía e índices del archivo del Primer Jefe del Ejército Constitucionalista, 1889-1920*, 2 vols. (México, Condumex, 1994). Josefina Moguel, *Catálogo del Archivo del Centro de Estudios de Historia de México Condumex. Fondos e índices* (México, Condumex, 1998). Olga Cárdenas Trueba y Rubén Pliego Bernal, *Guía del Archivo de la Embajada de México en los Estados Unidos de América, 1910-1912*, Archivo Histórico Diplomático Mexicano (México, Secretaría de Relaciones Exteriores-INEHRM, 1994).

[5] Vicente Palacios Santillán *et al.*, *La Revolución mexicana en Veracruz: los hombres y sus obras* (Jalapa, Cambio XXI-Fundación Veracruz-Sección 32 del SNTE, 1992). Roberto Blancarte (ed.), *Diccionario biográfico e histórico de la Revolución mexicana en el Estado de México* (Zinacantepec, El Colegio Mexiquense, 1993). Instituto Nacional de Estudios Históricos de la Revolución Mexicana, *Diccionario histórico y biográfico de la Revolución Mexicana* (México, INEHRM, 1990-1994). Este último también está disponible en versión cd-rom, para quien tiene acceso a una computadora.

[6] Ignacio Marván Laborde, "De instituciones y caudillos: las relaciones entre la Cámara de Diputados de la XXVII Legislatura y el presidente Carranza", *Historia Mexicana*, LI, núm. 2 (2001). Josefina MacGregor, "La XXVI Legislatura frente

En cuanto a las elecciones y campañas políticas, Georgette José Valenzuela, Pedro Castro, Felipe Ávila, Saúl Jerónimo Romero y Leticia González del Rivero, por ejemplo, analizaron campañas presidenciales y distintos aspectos de las elecciones,[7] mientras que Luis Medina Peña, Mercedes Blanco y Nicolás Cárdenas García hicieron contribuciones analizando cómo se fue consolidando el Estado posrevolucionario a través de un nuevo sistema político.[8]

Además de estos temas, también se publicaron algunos estudios sobre la rebelión delahuertista —antes ninguneada (igual ayudó el que ahora el archivo de Adolfo de la Huerta esté abierto al público)—, uno extensísimo sobre el Maximato —de Arnaldo Córdova—, y otro sobre la política, los estudiantes y la Universidad Nacional, de Javier Garciadiego, que encontró que los estudiantes, en contra de lo que comúnmente se creería, eran huertistas y conservadores.[9]

Dentro de la historia política, también se publicaron algunos trabajos sobre historia intelectual, entre los que destacan el del reconocido historiador Charles Hale sobre Frank Tannembaum, el de Frank Shadle sobre Andrés Molina Enríquez, el de Marcos Tonatiuh Águila sobre don Daniel Cosío Villegas y don Jesús Reyes Heroles, el de Felipe Ávila sobre el pensamiento de la Convención Revolucionaria de Aguascalientes,[10]

a Victoriano Huerta. ¿Un caso de parlamentarismo?", *Secuencia,* núm. 4 (2000). Pablo Piccato, *Congreso y Revolución* (México, INEHRM, 1991). María Amparo Casar e Ignacio Marván Laborde (eds.), *Gobernar sin mayoría. México 1867-1997* (México, CIDE-Taurus, 2002).
[7] Georgette José Valenzuela, *La campaña presidencial de 1923-1924 en México* (México, INEHRM, 1998) y *Legislación electoral mexicana (1812-1921). Cambios y Continuidades* (México, UNAM, 1992). Pedro Fernando Castro Martínez, "La campaña presidencial de 1927-1928 y el ocaso del caudillismo", *Estudios de Historia Moderna y Contemporánea de México,* núm. 23 (2002). Felipe Arturo Ávila Espinosa, "Las elecciones de 1911, un ensayo democrático", *Estudios de Historia Moderna y Contemporánea de México,* núm. 23 (2002). Saúl Jerónimo Romero, *La incorporación del pueblo al proceso electoral de 1910* (México, INEHRM, 1995). Leticia González del Rivero, "La oposición almazanista y las elecciones de 1940", *Historia y Grafía,* núm. 3 (1994).
[8] Luis Medina Peña, *Hacia el nuevo Estado. 1920-1994* (México, Fondo de Cultura Económica, 1995). Mercedes Blanco, "La conformación del aparato gubernamental mexicano. 1920-1940", *Secuencia,* núm. 33, Nueva época (1995). Nicolás Cárdenas García, *La reconstrucción del Estado Mexicano. Los años sonorenses (1920-1935)* (México, Universidad Autónoma Metropolitana, 1992).
[9] Georgette José Valenzuela, "Campaña, rebelión y las elecciones presidenciales de 1923 a 1924 en México", *Estudios de Historia Moderna y Contemporánea de México,* núm. 23 (2002). Enrique Plasencia de la Parra, *Personajes y escenarios de la rebelión delahuertista. 1923-1924* (México, UNAM-Porrúa, 1998). Arnaldo Córdova, *La Revolución en crisis. La aventura del maximato* (México, Cal y Arena, 1995). Javier Garciadiego Dantán, *Rudos contra científicos: la Universidad Nacional durante la Revolución mexicana* (México, El Colegio de México-UNAM, 1996).
[10] Charles A. Hale, "Frank Tannenbaum and the Mexican Revolution", *Hispa-*

y los dos volúmenes monumentales sobre José Vasconcelos, uno escrito por Claude Fell, y el otro que es una edición crítica de él al clásico *Ulises criollo* de Vasconcelos.[11] Y sobre el cardenismo, quizá el movimiento político y cultural más explorado por los historiadores, Marcos Tonatiuh Águila y Alberto Enríquez Perea editaron un volumen que contiene ensayos sobre la economía, el trabajo, la política y la cultura en los días del presidente Cárdenas, como diría don Luis González. (Listado en la bibliografía final en el apartado del cardenismo.)

Durante los últimos años, paralelo al desarrollo de la nueva historia cultural, las historias regional y social que se hacían desde antes siguieron vivas y bien —lo que en el fondo seguirá impulsando a quienes están interesados en la cultura y su relación con la negociación del poder, la construcción del Estado revolucionario y su hegemonía—. Un sinnúmero de estudios aparecieron sobre diferentes aspectos de la Revolución y la participación tanto de obreros y campesinos como de las élites en los estados de Campeche, Chiapas, Durango (sobre todo en La Laguna), Guanajuato, Guerrero, Jalisco, México, Michoacán, Oaxaca, Sinaloa, Sonora, Tlaxcala y Veracruz.[12] Sin embargo, vale la pena destacar los trabajos de Pablo Piccato y de Esther Vázquez Ramírez, pues estudian la ciudad de México, que generalmente no se considera como una región aparte.[13] Y en los campos de la historia social, que desde los años cincuenta ha sido particularmente abundante, habría que rescatar tres trabajos muy importantes. *Los orígenes del zapatismo*, de Felipe Ávila, ha probado que todavía quedan

nic *American Historical Review*, LXXV, núm. 2 (1995). Stanley Frank Shadle, *Andrés Molina Enríquez: Mexican Land Reformer of the Revolutionary Era* (Tucson, University of Arizona Press, 1994). Marcos Tonatiuh Águila M., "Daniel Cosío Villegas y Jesús Reyes Heroles: contrapuntos sobre el fracaso del liberalismo mexicano", *Memoria: Boletín de CEMOS*, núm. 41 (1992). Felipe Arturo Ávila Espinosa, *El pensamiento económico, político y social de la Convención de Aguascalientes* (Aguascalientes, Instituto Cultural de Aguascalientes-INEHRM, 1991).
[11] Claude Fell, *José Vasconcelos: los años del águila, 1920-1925. Educación, cultura e iberoamericanismo en el México postrevolucionario* (México, UNAM, 1989). José Vasconcelos, *Ulises criollo* (edición crítica de Claude Fell) (México, Fondo de Cultura Económica, 2000). Este último contiene una serie de artículos muy útiles para entender tanto a José Vasconcelos como al *Ulises criollo*.
[12] Por cuestiones de espacio no se pueden citar todos, pero la bibliografía final contiene una lista larga de trabajos de historia regional por separado.
[13] Pablo Piccato, *City of Suspects: Crime in Mexico City, 1900-1931* (Durham, Duke University Press, 2001). Esther Martina Vázquez Ramírez, *Organización y resistencia popular en la ciudad de México* (México, INEHRM, 1996). Véase también Felipe Arturo Ávila Espinosa, "La ciudad de México ante la ocupación de las fuerzas villistas y zapatistas: diciembre de 1914-junio de 1915", *Estudios de Historia Moderna y Contemporánea de México*, núm. 14 (1991).

cosas que aportar después del trabajo clásico de John Womack. Siempre es difícil entrar en un tema que parece agotado después de que un libro o un artículo alcanzan la estatura de "clásico". Por eso, el libro de Felipe Ávila es particularmente valioso. Por otra parte, Robert Holden, en su estudio sobre las compañías deslindadoras hacia el final del Porfiriato, no encontró pruebas de que el deslinde de tierras en el norte del país haya sido un problema generalizado para los pueblos, como siempre se había creído. Y Friedrich Katz dedicó un influyente ensayo a explicar la muy limitada reforma agraria maderista y la caída de los mecanismos de control en el campo, lo que implicó la inhabilidad del gobierno de Madero para prevenir que los terratenientes se volvieran contra él.[14]

Sin embargo, a pesar de todos los avances, los historiadores sociales siguen dejando pendiente su gran deuda con la historia de las iglesias y de las religiones durante la Revolución. Aunque en los últimos años sí ha habido quien le entre al tema, todavía no hay un esfuerzo por poner al día las síntesis que en este aspecto ya se habían intentado.[15] Jean Meyer, estudioso de la historia de la Iglesia católica desde hace muchos años, contribuyó con su *El catolicismo social en México hasta 1913*. Marta Elena Negrete lo hizo con un estudio de las relaciones entre la Iglesia y el Estado durante el cardenismo. Jean-Pierre Bastian siguió construyendo sobre lo que ya tenía y publicó otro trabajo sobre las sociedades protestantes y su papel en la caída del gobierno de Porfirio Díaz, y Rubén Aguilar y Guillermo Zermeño escribieron sobre el sinarquismo y la Iglesia en México. Y, finalmente, Laura O'Dogherty se dedicó a estudiar el partido católico en Jalisco durante la presidencia de Madero.[16]

Dentro de la historia de la Iglesia, la Cristiada siguió siendo un tema de estudio. En la última década se han publicado ya dos estupendos ensayos sobre el tema: uno de Robert Shadow y María J. Rodríguez Shadow; y otro de Enrique Gue-

[14] Felipe Arturo Ávila Espinosa, *Los orígenes del zapatismo* (México, El Colegio de México-UNAM, 2001). Robert H. Holden, *Mexico and the Survey of Public Lands. The Management of Modernization, 1876-1911* (DeKalb, Northern Illinois University Press, 1994). Friedrich Katz, "The Demise of the Old Order on Mexico's Haciendas, 1911-1913", *Ibero-Amerikanisches Archiv*, XX, núms. 3-4 (1994).
[15] Está, por ejemplo, la de Robert E. Quirk, *The Mexican Revolution and the Catholic Church, 1910-1929* (Bloomington, Indiana University Press, 1973).
[16] Jean Meyer, *El catolicismo social en México hasta 1913* (México, Instituto Mexicano de Doctrina Social Cristiana, 1985). Jean-Pierre Bastian, "Las sociedades protestantes y la oposición a Porfirio Díaz en México, 1877-1911", en *Pro-*

rra Manzo (que obtuvo una mención honorífica en el Premio del Comité Mexicano de Ciencias Históricas).[17]

En historia económica, que nunca ha sido el fuerte de los interesados en la Revolución, los noventa fueron testigos de avances significativos, aunque por lo pronto todavía no aparece una historia económica general de la Revolución basada en fuentes primarias (quizá eso es mucho pedir, pues más bien ése sería un proyecto colectivo y, quizá, de varios años). Para quien quedó enganchado en la polémica sobre la nueva historia cultural, sería recomendable leer el volumen editado por Jeffrey Bortz y Stephen H. Haber, pues el segundo ha sido un crítico constante de la metodología del proyecto culturalista. Haber ha trabajado con una metodología que algunos economistas y politólogos han desarrollado para el análisis institucional: la llamada elección racional, que los culturalistas han criticado también con mucha energía.[18] Pero más allá de la polémica, María del Carmen Collado analizó el papel de los empresarios durante el gobierno de Obregón, Carlos Marichal la deuda externa, Emilio Zebadúa el papel de los banqueros, Linda Hall la relación entre la política, los bancos y el petróleo, Jesús Méndez la política económica de Madero, y Esperanza Fujigaki el de las haciendas.[19] Luis Cerda y Steven To-

testantes, liberales y francmasones. Sociedades de ideas y modernidad en América Latina, siglo XIX (México, Fondo de Cultura Económica, 1990). Marta Elena Negrete, *Relaciones entre la Iglesia y el Estado en México. 1930-1940* (México, El Colegio de México-Universidad Iberoamericana, 1988). Véase también Deborah J. Baldwin, *Protestants and the Mexican Revolution: Missionaries, Ministers, and Social Change* (Urbana, University of Illinois Press, 1990). Rubén Aguilar V. y Guillermo Zermeño Padilla, *Religión, política y sociedad. El sinarquismo y la Iglesia en México. Nueve ensayos* (México, Universidad Iberoamericana, 1992). Laura O'Dogherty Madrazo, *De urnas y sotanas. El Partido católico en Jalisco, 1911-1913* (México, Conaculta-UNAM, 2001).

[17] Robert D. Shadow y María J. Rodríguez Shadow, "Religión, economía y política en la rebelión cristera: el caso de los gobiernistas de Villa Guerrero, Jalisco", *Historia Mexicana*, XLIII, núm. 4 (1994). Enrique Guerra Manzo, "Guerra Cristera y orden público en Coacolman, Michoacán (1927-1932)", *Historia Mexicana*, LI, núm. 2 (2001).

[18] Jeffrey Bortz y Stephen H. Haber (eds.), *The Mexican Economy, 1870-1930: Essays on the Economic History of Institutions, Revolution, and Growth* (Stanford, Stanford University Press, 2002).

[19] María del Carmen Guadalupe Collado Herrera, "Los empresarios y la politización de la economía entre 1876 y 1930: un recuento historiográfico", *Secuencia*, núm. 46 (2000). Carlos Marichal, "La deuda externa: el manejo coactivo en la política financiera mexicana, 1885-1995", *Revista Ciclos*, IX, núm. 1 (1999). Emilio Zebadúa, "Los bancos de la Revolución", *Historia Mexicana*, XLV, núm. 1 (1995). Linda B. Hall, *Bancos, política y petróleo. Estados Unidos y el México postrevolucionario, 1917-1924* (México, Conaculta, 1999). Jesús Méndez Reyes, *La política económica durante el gobierno de Francisco I. Madero* (México, INEHRM, 1996). Esperanza Fujigaki Cruz, "Las haciendas y la Revolución en México, 1910-1920", *Investigación Económica*, núm. 221 (1997).

pik, respectivamente, se cuestionaron sobre las causas y las consecuencias económicas de la Revolución.[20]

El papel que las potencias desempeñaron en el teatro de la Revolución ha sido del interés de los investigadores por mucho tiempo. Los últimos años no han sido la excepción: Javier Torres y Gregg Andrews se concentraron en las relaciones entre el movimiento obrero de México y el de los Estados Unidos;[21] María del Carmen Collado y William Meyers en la influencia de los empresarios en ambos lados de la frontera;[22] Michael Smith y John Britton en cómo la facción carrancista trató de vender su ideología en los periódicos de los Estados Unidos y en cómo los intelectuales de ese país la entendieron;[23] y Pedro Castro y John Eisenhower en cómo la intervención de los Estados Unidos fue decisiva en diferentes etapas de la Revolución.[24]

Pero cada vez hay más investigadores interesados en las relaciones de la Revolución con países de Europa, América del Sur y hasta de Centroamérica, región sumamente despreciada por la academia mexicana. Lorenzo Meyer y Alan Knight, dos destacados historiadores, uno mexicano y el otro inglés, han estudiado las relaciones entre Gran Bretaña y México durante el periodo.[25] Josefina MacGregor lo ha hecho para el caso de España;[26] Pierre Py para Francia;[27] Pablo Yankelevich

[20] Luis Cerda, "Causas económicas de la Revolución mexicana", *Revista Mexicana de Sociología*, LIII, núm. 1 (1991), Steven Topik, "La Revolución, el Estado y el desarrollo económico de México", *Historia Mexicana*, XL, núm. 1 (1990).

[21] Javier Torres Pares, *La revolución sin frontera: el Partido Liberal Mexicano y las relaciones entre el movimiento obrero de México y el de Estados Unidos, 1900-1923* (México, UNAM, 1990). Gregg Andrews, *Shoulder to Shoulder? The American Federation of Labor, the United States and the Mexican Revolution, 1910-1924* (Berkeley, University of California Press, 1991).

[22] María del Carmen Guadalupe Collado Herrera, *Empresarios y políticos, entre la restauración y la Revolución, 1920-1924* (México, INEHRM, 1996). William K. Meyers, "Pancho Villa and the multinationals: United States Mining Interests in Villista Mexico, 1913-1915", *Journal of Latin American Studies*, XXIII, núm. 2 (1991).

[23] Michael M. Smith, "Carrancista Propaganda and the Print Media in the United States: An Overview of Institutions", *The Americas*, LII, núm. 2 (1995). John A. Britton, *Revolution and Ideology: Images of the Mexican Revolution in the United States* (Lexington, University of Kentucky Press, 1995).

[24] Pedro Fernando Castro Martínez, "La intervención olvidada: Washington en la rebelión delahuertista", *Secuencia*, núm. 34 (1996). John S. D. Eisenhower, *Intervention!: the United States and the Mexican Revolution, 1913-1917* (Nueva York, W. W. Norton, 1993).

[25] Lorenzo Meyer, *Su Majestad británica contra la Revolución mexicana, 1900-1950: el fin de un imperio informal* (México, El Colegio de México, 1991). Alan Knight, *British Attitudes Towards the Mexican Revolution: 1910-1940* (Austin, University of Texas at Austin, 1994).

[26] Josefina MacGregor, *Revolución y diplomacia: México y España 1913-1917* (México, INEHRM, 2002), y de la misma autora, *México y España. Del Porfiriato a la Revolución* (México, INEHRM, 1992).

[27] Pierre Py, *Francia y la Revolución mexicana, 1910-1920. La desaparición de*

para Argentina[28] y José Antonio Serrano realizó un estudio por demás interesante sobre la política de los gobiernos de Carranza y Obregón respecto a Centroamérica, en donde se argumenta que México buscaba apoyar una unión de países en la región que limitara la influencia de los Estados Unidos.[29] Si por mucho tiempo se pensó que la Revolución mexicana era excepcional por carecer de una retórica universalista, todos estos estudios demuestran que de una u otra manera esa percepción es equivocada. Los diferentes líderes de la Revolución buscaron tener una política exterior activa, no reactiva, además de que también buscaron exportar la Revolución al resto de América Latina, si bien no militarmente —como lo hicieron los revolucionarios franceses, rusos o cubanos— sí culturalmente.

La historia militar, que había caído en cierto bache después de haber sido una de las más populares, logró resurgir durante los últimos años. Lawrence Taylor exploró el papel de los combatientes extranjeros en los ejércitos del norte de México; Marta Ramos realizó un análisis de diferentes líderes militares para explicar la brecha entre la retórica y la acción revolucionarias; y Santiago Portilla, en su muy bien documentado *Una sociedad en armas,* narra las campañas militares de los maderistas que llevaron a la caída del régimen de Porfirio Díaz.[30] Pero la aportación más reciente —y que hacía mucha falta— es la de Marta Loyo, quien analiza la reforma del ejército bajo el liderazgo de Joaquín Amaro. Ahora que el ejército desempeña un papel completamente distinto en la transición a la democracia, muchos encontrarán en el libro de Marta Loyo material rico e interesante para comprender cómo se dio la institucionalización del Ejército mexicano.[31]

---

una potencia mediana, trad. Ismael Pizarro Suárez y Mercedes Pizarro Suárez (México, Centro de Estudios Mexicanos y Centroamericanos-Fondo de Cultura Económica, 1991).

[28] Pablo Yankelevich, *La diplomacia imaginaria: Argentina y la Revolución mexicana 1910-1916* (México, Secretaría de Relaciones Exteriores, 1994) y del mismo autor, *Miradas australes. Propaganda, cabildeo y proyección de la Revolución mexicana en el Río de la Plata* (México, INEHRM, 1997).

[29] José Antonio Serrano Ortega, "México y la fallida unificación de Centroamérica, 1916-1922", *Historia Mexicana,* XLV, núm. 4 (1996).

[30] Lawrence Douglas Taylor Hansen, *La gran aventura en México: el papel de los voluntarios extranjeros en los ejércitos revolucionarios mexicanos, 1910-1915,* 2 vols. (México, Conaculta, 1993). Marta E. Ramos, "Los militares revolucionarios: un mosaico de reivindicaciones y de oportunismo", *Estudios de Historia Moderna y Contemporánea de México,* núm. 16 (1993). Santiago Portilla G., *Una sociedad en armas: insurrección antirreeleccionista en México, 1910-1911* (México, El Colegio de México, 1995).

[31] Martha Beatriz Loyo Camacho, *Joaquín Amaro y el proceso de institucionali-*

Junto con todos esos estudios, también se publicó un sinnúmero de biografías y trabajos sobre quienes hicieron la Revolución. Algunos de ellos sobre revolucionarios destacados, como Salvador Alvarado, Felipe Ángeles, Lázaro Cárdenas, Venustiano Carranza, Plutarco Elías Calles, Adolfo de la Huerta, Álvaro Obregón y Emiliano Zapata.[32] También se publicaron biografías sobre personajes no tan conocidos, como la de Enrique Hernández sobre Juan Espinosa Bávara (simpatizante de Carranza que tomó parte en el Constituyente de 1916-1917 y que tuvo un papel clave en la transformación del territorio de Nayarit en estado de la federación) y la de Jesús Ángeles Contreras sobre Jesús Silva Espinosa (primer gobernador maderista de Hidalgo).[33] Pero quizá la más destacada de ellas es la de Friedrich Katz, sobre Pancho Villa. Katz, quien ha dedicado su vida a hurgar en archivos de todo el mundo, finalmente completó una investigación sobre el llamado Centauro del Norte. En su *Pancho Villa,* Katz no sólo logró reconstruir la mayor parte de la vida, tanto pública como privada, de uno de los más controvertidos líderes de la Revolución, sino que también contribuyó a la historia social del movimiento villista. Casi 100 años después de que Villa lograra organizar el ejército más poderoso de la Revolución —su famosa División del Norte— Katz, sin pretender dar la última palabra, logró desmitificar su imagen: con base en documentos provenientes de archivos públicos y privados, de México y del extranjero, el libro de Katz descarta la imagen del bandolero desalmado y la del alma justiciera, para poner en su lugar a un Villa mucho más de carne y hueso. El libro también es notable porque ofrece una evaluación de las distintas etapas en las que se puede descomponer la vida de Villa, lo que nos permite entender mucho mejor a la Revolución en su conjunto. Villa fue excepcional por ser, junto con Zapata, un auténtico líder popular —a diferencia de otros líderes-intelectuales en otras revoluciones—, pero no fue producto de la nada. En una primera etapa el villismo se pudo dar sólo gracias a las condiciones par-

---

zación del ejército mexicano, 1917-1931 (México, Fondo de Cultura Económica-UNAM-Archivos Calles-Torreblanca-INEHRM, 2003).

[32] Todos ellos están citados en la bibliografía final, separados por personaje.

[33] Enrique Hernández Z., *Juan Espinosa Bávara: soldado de la Revolución, constituyente de Querétaro y periodista liberal* (Tepic, Cambio XXI-Fundación Nayarit, 1993). Jesús Ángeles Contreras, *Jesús Silva Espinosa: primer gobernador maderista del estado de Hidalgo* (Pachuca, Presidencia Municipal de Pachuca, 1994).

ticulares en las que se desenvolvió la Revolución en Chihuahua. Una vez que el movimiento había tomado forma, del villismo surgió una ideología que la facción carrancista triunfante nunca pudo ignorar. De hecho, Katz argumenta que aun
cuando villismo y zapatismo habían sido derrotados militarmente, ambos contribuyeron de manera decisiva al radicalismo del Constituyente de 1916-1917. Y finalmente, al analizar
la vida de Villa como guerrillero luego de su derrota militar a
finales de 1915, el libro de Katz contribuye a nuestro entendimiento de los problemas que tuvo que enfrentar el carrancismo cuando se dispuso a reconstruir el país luego de la guerra
civil. En su conjunto, *Pancho Villa* podría considerarse una historia general de la Revolución construida con base en la experiencia de uno de sus líderes populares más importantes.[34]

Cabe destacar el esfuerzo de algunos historiadores
por abrirle espacio a la Revolución mexicana dentro del más
amplio estudio de las revoluciones sociales del mundo moderno. Keith Haynes hizo un esfuerzo por revisar la interpretación de que la Revolución mexicana pertenece a la categoría
de las revoluciones "post-imperialistas".[35] Y Alan Knight dedicó dos estupendos ensayos a la comparación entre la Revolución mexicana y otras revoluciones. En el primero, compara
la Revolución con las que él considera son las otras "grandes"
revoluciones sociales europeas: la francesa y la inglesa.[36] En
el segundo, trata de situar las tres revoluciones más importantes de América Latina —la mexicana, la boliviana y la cubana— en el marco del estudio de las grandes revoluciones
europeas y asiáticas.[37]

Finalmente, son de destacar dos obras colectivas: una
es la parte que corresponde a la Revolución y al siglo XX de la
Gran historia de México ilustrada, tanto porque es la más reciente síntesis de la Revolución como por estar enmarcada en
la historia general de México. *La gran historia,* no sobra decirlo, puede resultar muy útil para quien empieza el estudio

[34] Friedrich Katz, *The Life and Times of Pancho Villa* (Stanford, Stanford
University Press, 1998).
[35] Keith A. Haynes, "Dependency, Postimperialism and the Mexican Revolution:
an Historiographic Review", *Mexican Studies/Estudios Mexicanos,* VII, núm. 2
(1991).
[36] Alan Knight, "Revisionism and Revolution: Mexico Compared to England
and France", *Past and Present,* núm. 134 (1992).
[37] Alan Knight, "Social Revolution: a Latin American Perspective", *Bulletin of
Latin American Research,* IX, núm. 2 (1990).

de la Revolución.[38] La otra es la colección de ensayos que el INEHRM publicó bajo el título de *El siglo de la Revolución mexicana*. La colección fue producto de una serie de conferencias que se organizó en diferentes mesas, que incluyó a los más destacados investigadores de México y del extranjero, y que intentó poner al día a quienes estaban interesados en el estudio de la Revolución. Los dos tomos de la colección abarcan la historiografía de la Revolución, los problemas sociales (agrarios y económicos), políticos y culturales que dejó el movimiento armado de 1910-1920. También se estudian los principales movimientos sociales, los actores regionales y las relaciones internacionales de la Revolución. Cualquier estudioso de la Revolución, principiante o especializado, no debe dejar de revisar el contenido de *El siglo de la Revolución mexicana*. Definitivamente pasarán varios años para que se puedan reunir, en una sola obra, los últimos avances de la investigación y las opiniones de los historiadores más destacados sobre la Revolución mexicana.[39]

[38] Javier Garciadiego Dantán (ed.), *Gran historia de México ilustrada,* vol. IV (De la Reforma a la Revolución) (México, Planeta DeAgostini-Conaculta-INAH, 2002). Soledad Loaeza (ed.), *Gran historia de México ilustrada,* vol. V (El siglo XX mexicano. El siglo del cambio, de 1920 a nuestros días) (México, Planeta DeAgostini-Conaculta-INAH, 2002).
[39] Jaime Bailón Corres, Carlos Martínez Assad y Pablo Serrano Álvarez (eds.), *El siglo de la Revolución mexicana* (México, INEHRM, 2000).

CAPÍTULO 4

¿EN DÓNDE ESTÁ EL FUTURO?

Como se ha visto a lo largo de este trabajo, la historiografía de la Revolución es casi tan vieja y tan compleja como la Revolución misma. La diversidad de enfoques, de temas y de preguntas que han guiado a los historiadores han hecho que, como ha dicho ya Eric Van Young, la Revolución lo abarque todo, y que se haya construido una historia teleológica a su alrededor. Desde la historia que intentaba legitimar o deslegitimar a los actores y a los gobiernos en los años veinte y treinta; la de una historia popular triunfante de los años treinta y cuarenta; la historia mitificadora; el revisionismo político que la cuestionó y el académico que la destruyó; hasta la historia regional e internacional que ayudaron a comprender mejor las diferentes revoluciones que formaron el gran levantamiento armado de 1910-1920, la historiografía ha avanzado hasta formar un *corpus* literario que quizá sea el más grande dentro de los estudios latinoamericanos. Sin embargo, todavía hay un sinnúmero de preguntas que contestar, y un mar de documentos que todavía pueden echar luz sobre los rincones oscuros que los historiadores todavía no han podido explorar.

Ahora sabemos, por ejemplo, que la Revolución no dio como resultado el que las masas populistas y nacionalistas tomaran el control del nuevo Estado, ni que el Estado fuera completamente controlado por las clases medias que traicionaron al movimiento popular que hizo de la Revolución mexicana una auténtica revolución social. Basándose en la historia regional y haciendo uso del análisis cultural, los historiadores pueden ahora estudiar a los indígenas, a las comunidades campesinas, los movimientos y rebeliones populares (tanto organizados como "desorganizados" o espontáneos), la participación de los maestros y de los alumnos en la Revolución, e incluso la historia oficial y la popular para contestar a la pregunta de cómo se ejerce la dominación, y no tanto quién la ejerce. Todavía queda por demostrar, claro, cómo la Revolución produjo una serie de tradiciones "revolucionarias" lo suficientemente durables y flexibles como para que tanto el Estado como sus opositores (algunos grupos populares en particular) pudieran legitimar su lucha por establecer una nueva hegemonía, algo que definitivamente diferenciaría a la Revolución mexicana de otros movimientos sociales del siglo XX. Pero quizá el más grande pendiente para la historia cultural sea encontrar las fuentes que le permitan, por ejemplo, explorar sistemáticamente el papel de la religión popular y de los movimientos milenarios en los levantamientos populares armados.

No obstante, es previsible que la historia cultural siga siendo una preocupación predominante sólo para los historiadores extranjeros, pues la transición a la democracia en México definitivamente está haciendo que se replantee el papel del historiador dentro del país. La gran migración de mexicanos hacia el norte y la importancia económica que tienen para el país hacen, por ejemplo, que en el marco de un sistema político democrático se analice con más cuidado su papel en la formación de un nuevo Estado mexicano y de nuevas formas de ciudadanía. Con ello, se abren posibilidades casi infinitas a los investigadores interesados en la historia transnacional. Los grupos de mexicanos en los Estados Unidos ofrecen una oportunidad maravillosa de investigación para quien quiere analizar cómo todos los días se construye una versión diferente de la nación mexicana, y que está sirviendo de mucho para cuestionar la legitimidad del Estado.

La apertura que la transición a la democracia significa en términos de las fuentes producidas por el Estado —como los expedientes judiciales— está haciendo que, por primera vez, los historiadores puedan analizar con detalle la represión durante la llamada guerra sucia; que se pueda empezar a construir una historia diferente de las elecciones y de los partidos políticos en el México contemporáneo, y que tengamos la oportunidad de utilizar esas fuentes para intentar una síntesis académica de la historia militar de la Revolución.

De igual forma, la globalización y el acceso electrónico a bibliotecas y hemerotecas puede facilitar que el estudio de la Revolución se vuelva menos parroquial, y que los historiadores trabajen con otros científicos sociales para incluir el caso mexicano en conferencias internacionales y en volúmenes de historia comparada. Hasta hoy sabemos muy poco del impacto que la Revolución tuvo en otros países, y de cómo la pensaron y la vivieron quienes la vieron "desde afuera".

Todavía queda mucho por hacer en lo que a biografías se refiere. No cabe duda de que el género les interesa tanto a los historiadores como al público, pero todavía no tenemos biografías completas y académicas de algunos de los más importantes revolucionarios —Venustiano Carranza, Álvaro Obregón, Plutarco Elías Calles y Lázaro Cárdenas, por ejemplo—, así como tampoco de algunos de los más destacados intelectuales —como Luis Cabrera, Isidro Fabela y José Vasconcelos, por nombrar sólo a unos—.

Tres cosas me parecen seguras. Una, que como finalmente la historia ha dejado de ser el fundamento político del gobierno —pues ahora nadie duda de la legitimidad democrática de éste— la agenda de los historiadores va a cambiar para analizar más los problemas que a la sociedad le ocupan (para hacer justicia a quienes fueron reprimidos durante la era del sistema político autoritario o darles un lugar cabal a los grupos que antes quedaban excluidos de lo que era "la nación", como los indígenas, por ejemplo). La historia política se encargará de ello, estoy seguro.

Otra, que un grupo importante de historiadores en los últimos años ha reanimado a quienes todavía creen que la Revolución mexicana fue una verdadera revolución social, en la que los grupos populares desempeñaron un papel central.

Si los gobiernos "surgidos de la Revolución" nunca tuvieron la necesidad de sustentar su legitimidad con votos —pues siempre pudieron utilizar a la Revolución como base de legitimidad—, ahora es exactamente al revés: el gobierno busca su legitimidad en los votos, y la sociedad está utilizando a la Revolución para cuestionarlo. La historia social tendrá mucho campo por explorar para poder entender cómo la Revolución nos heredó muchos de los problemas que la democracia, de una manera o de otra, tendrá que resolver si hemos de completar la transición.

Finalmente, que en la imaginación popular, la Revolución —con mayúscula, la de las clases populares— sigue gozando de mucha legitimidad, y sigue siendo fuente inagotable de símbolos con los que los grupos subalternos disputan la legitimidad al gobierno cada día. Me pregunto, por ejemplo, si es casual que, a pesar del cambio de régimen y de que nadie dude de la legitimidad democrática del gobierno, subsistan movimientos populares como el Ejército Zapatista de Liberación Nacional o el Frente Popular Francisco Villa. Yo creo que no. Como ha dicho ya Enrique Semo, la Revolución "se ha integrado a la memoria colectiva y es desde ahí como seguirá influyendo en la imaginación y en los actos presentes y futuros de los mexicanos [...] Ahora vive como un símbolo del pasado [... pero como] recuerdo que mueve a la acción".*

* Enrique Semo, "La cuarta vida de la Revolución mexicana", *Sólo Historia,* enero-marzo de 2000, pp. 12, 13.

BIBLIOGRAFÍA

Antes de examinar la bibliografía, el lector debe tener claro que ésta no puede ser exhaustiva. Más bien es una selección limitada por el tiempo, por los recursos y por el espacio que tuve a mi disposición al hacerla. Esta bibliografía se concentra, sobre todo, en lo producido en México y los Estados Unidos, y excluye por completo lo publicado en los periódicos. En la sección de fuentes primarias y guías están los libros que, aunque publicados hace tiempo, sirven de guía para quien quiere empezar a trabajar con fuentes primarias y hemerografía.

Al hacer la bibliografía le di prioridad, cuando tuve noticias de ellas, a las primeras ediciones, lo que me obligó a sacrificar en términos de incluir las traducciones o las ediciones que son de más fácil acceso. Seguramente, con los recursos electrónicos de los que disponemos hoy en día, eso no será un obstáculo infranqueable para quien quiere encontrar alguna traducción o ediciones más recientes y más accesibles.

La bibliografía está limitada, en términos cronológicos, al periodo 1910-1940, pues como se explica en la introducción, había que definir la Revolución de alguna manera para diferenciarla de lo que es la historia del siglo XX. Aun así, obviamente no se pueden evitar los cruces y, en algunas ocasiones, la bibliografía incluye textos fuera de esa cronología porque consideré que serían una ayuda para el estudiante que quiere entender las causas y las consecuencias de lo que aquí se entiende por Revolución.

Algunos trabajos se podrán encontrar en más de una categoría, pues consideré que podrían ser útiles para trabajar en distintos temas y desde distintos enfoques. Por eso, las clasificaciones obedecen más a lo que yo consideré que sería útil para un estudiante que a lo que los autores quisieron hacer originalmente.

NOTA: Los textos más útiles para iniciar el estudio de la Revolución mexicana están señalados con una bala (•).

HISTORIAS GENERALES
abarca las historias generales y los artículos que forman parte de historias generales escritas colectivamente

COLECCIONES DE ARTÍCULOS
abarca artículos que tocan varios temas y que se adscriben a
diversos tipos de historia

TRABAJOS HISTORIOGRÁFICOS

FUENTES PRIMARIAS
abarca colecciones documentales y guías documentales y de
archivos

MEMORIAS

HISTORIA POLÍTICA
Historia intelectual, de los intelectuales y de las ideas
Cardenismo
Historia de la etapa precursora de la Revolución

HISTORIA SOCIAL
Historia laboral, del movimiento obrero y de los traba-
jadores
Historia de las iglesias y de las religiones
La Cristiada

HISTORIA CULTURAL
abarca la historia de la cultura, de la vida diaria, de la prensa y de los grupos llamados "subalternos"

HISTORIA ECONÓMICA

HISTORIA INTERNACIONAL
abarca la historia de las relaciones internacionales de la Revolución, de su impacto en otros países e historia diplomática

HISTORIA MILITAR Y DEL EJÉRCITO

HISTORIA LOCAL Y REGIONAL

LA REVOLUCIÓN COMPARADA CON OTRAS REVOLUCIONES

BIOGRAFÍAS

abarca biografías y trabajos que estudian a los actores de la
    Revolución
    Salvador Alvarado
    Felipe Ángeles
    Luis Cabrera
    Lázaro Cárdenas
    Venustiano Carranza
    Felipe Carrillo Puerto
    Saturnino Cedillo
    Plutarco Elías Calles
    Ricardo Flores Magón
    Tomás Garrido Canabal
    Adolfo de la Huerta
    Victoriano Huerta
    Francisco I. Madero
    Francisco J. Múgica
    Álvaro Obregón
    José María Pino Suárez
    Bernardo Reyes
    José Vasconcelos
    Pancho Villa
    Emiliano Zapata
    Otros personajes

BIBLIOGRAFÍA GENERAL

abarca la biografía general y otros trabajos de referencia o ci-
    tados en el texto

HISTORIAS GENERALES

Aboites Aguilar, Luis, Mario Trujillo Bolio, Hira de Gortari Rabiela y Rafael Torres Sánchez, "La nueva geografía", en *Gran historia de México ilustrada*, IV *(De la Reforma a la Revolución)*, México, Planeta DeAgostini-Conaculta-INAH, 2002, pp. 161-180.

Adleson G., Lief, Mario Camarena, Cecilia Navarro y Gerardo Necoechea, "Los obreros y sus conflictos", en *Así fue la Revolución mexicana*, I *(Crisis del porfirismo)*, México, Senado de la República-Secretaría de Educación Pública, 1985, pp. 57-70.

_____, "Los obreros durante el maderismo", en *Así fue la Revolución mexicana*, III *(Madero y el tiempo nuevo)*, México, Senado de la República-Secretaría de Educación Pública, 1986, pp. 411-417.

• Aguilar Camín, Héctor y Lorenzo Meyer, *A la sombra de la Revolución mexicana*, México, Cal y Arena, 1989.

Alessio Robles, Miguel, *Historia política de la Revolución*, México, Botas, 1938.

Alperovich, M. S., N. M. Lavrov y B. T. Rudenko, *La Revolución mexicana (Cuatro estudios soviéticos)*, México, Ediciones Los Insurgentes, 1960.

Araquistain, Luis, *La Revolución mejicana, sus orígenes, sus hombres, su obra*, Madrid, Renacimiento, 1929.

Arenas Guzmán, Diego, *Del maderismo a los Tratados de Teoloyucan*, 2 vols., México, INEHRM, 1955.

Arredondo Muñoz Ledo, Benjamín, *Historia de la Revolución mexicana*, México, Moderna, 1967.

Aurrecoechea H., Juan Manuel y Jacinto Barrera Bassols, "El camino de la rebelión: De los clubs liberales a la Junta Organizadora del Partido Liberal Mexicano", en *Así fue la Revolución mexicana*, I *(Crisis del porfirismo)*, México, Senado de la República-Secretaría de Educación Pública, 1985, pp. 89-97.

_____, "Las jornadas insurreccionales", en *Así fue la Revolución mexicana*, I *(Crisis del porfirismo)*, México, Senado de la República-Secretaría de Educación Pública, 1985, pp. 99-108.

Ávila Espinosa, Felipe Arturo, "La Convención de Aguascalientes, fallido intento de la Unidad Revolucionaria", en *Gran historia de México ilustrada*, IV *(De la Reforma a la Revolución)*, México, Planeta DeAgostini-Conaculta-INAH, 2002, pp. 361-380.

Blanco Moheno, Roberto, *Crónica de la Revolución mexicana*, 3 vols., México, Diana, 1961.

Blanquel F., Eduardo, "El mundo familiar de Francisco I. Madero", en *Así fue la Revolución mexicana*, II *(Caída del antiguo régimen)*, México, Senado de la República-Secretaría de Educación Pública, 1985, pp. 179-183.

_____, "La entrevista Creelman", en *Así fue la Revolución mexicana*, I *(Crisis del porfirismo)*, México, Senado de la República-Secretaría de Educación Pública, 1985, pp. 133-138.

_____, "Primeras actividades políticas", en *Así fue la Revolución mexicana*, II *(Caída del antiguo régimen)*, México, Senado de la República-Secretaría de Educación Pública, 1985, pp. 185-189.

Blasco Ibáñez, Vicente, *Mexico in Revolution*, Nueva York, E. P. Dutton, 1920.

Brenner, Anita, *The Wind that Swept Mexico. The History of the Mexican Revolution 1910-1942*, Austin, University of Texas Press, 1971.

Calzadíaz Barrera, Alberto, *Hechos reales de la Revolución*, 8 vols., México, Patria, 1959.

Cano A., Aurora, "Amigo y víctima de la prensa", en *Así fue la Revolución mexicana*, III *(Madero y el tiempo nuevo)*, México, Senado de la República-Secretaría de Educación Pública, 1986, pp. 395-401.

_____, "Conflictos políticos, sociales y financieros", en *Así fue la Revolución mexicana*, IV *(La lucha constitucionalista)*, México, Senado de la República-Secretaría de Educación Pública, 1986, pp. 719-724.

_____, "El proyecto huertista", en *Así fue la Revolución mexicana*, IV *(La lucha constitucionalista)*, México, Senado de la República-Secretaría de Educación Pública, 1986, pp. 599-604.

_____, "Europa y el constitucionalismo", en *Así fue la Revolución mexicana*, V *(El triunfo de la Revolución)*, México, Senado de la República-Secretaría de Educación Pública, 1986, pp. 943-951.

_____, "La política agraria maderista", en *Así fue la Revolución mexicana*, III *(Madero y el tiempo nuevo)*, México, Senado de la República-Secretaría de Educación Pública, 1986, pp. 405-409.

_____, "Las negociaciones de Carbajal", en *Así fue la Revolución mexicana*, IV *(La lucha constitucionalista)*, México, Senado de la República-Secretaría de Educación Pública, 1986, pp. 735-738.

_____, "Relaciones con otras potencias", en *Así fue la Revolución mexicana*, IV *(La lucha constitucionalista)*, México, Senado de la República-Secretaría de Educación Pública, 1986, pp. 653-657.

Castillo, José R. del, *Historia de la revolución social en México. Primera parte: La caída de Porfirio Díaz. Apuntes y observaciones para formar la historia política de México de 1908 a 1915*, México, INEHRM, 1985.

• Comisión Nacional para las Celebraciones del 175 Aniversario de la Independencia Nacional y 75 Aniversario de la Revolución mexicana (ed.), *Así fue la Revolución mexicana*, México, Senado de la República-Secretaría de Educación Pública, Consejo Nacional de Fomento Educativo, 1985.

Córdova, Arnaldo, "El jacobinsimo revolucionario", en *Así fue la Revolución mexicana*, V *(El triunfo de la Revolución)*, México, Senado de la República-Secretaría de Educación Pública, 1986, pp. 969-974.

_____, "La Soberana Convención Revolucionaria. La búsqueda de una alternativa política", en *Así fue la Revolución mexicana*, V *(El triunfo de la Revolución)*, México, Senado de la República-Secretaría de Educación Pública, 1986, pp. 797-817.

Cumberland, Charles, *Mexican Revolution. The Constitutionalist Years*, Austin, University of Texas Press, 1972.

Espejel López, Laura y Salvador Rueda, "El zapatismo continúa en lucha", en *Así fue la Revolución mexicana*, IV *(La lucha consti-*

tucionalista), México, Senado de la República-Secretaría de Educación Pública, 1986, pp. 531-538.

Espejel López, Laura y Salvador Rueda, "El zapatismo estrecha el cerco", en *Así fue la Revolución mexicana*, IV *(La lucha constitucionalista)*, México, Senado de la República-Secretaría de Educación Pública, 1986, pp. 711-715.

_____, "El zapatismo se extiende", en *Así fue la Revolución mexicana*, IV *(La lucha constitucionalista)*, México, Senado de la República-Secretaría de Educación Pública, 1986, pp. 581-588.

_____, "La Revolución aislada: Los zapatistas en Morelos", en *Así fue la Revolución mexicana*, V *(El triunfo de la Revolución)*, México, Senado de la República-Secretaría de Educación Pública, 1986, pp. 913-918.

_____, "Los ejércitos populares en la construcción de un gobierno nacional", en *Así fue la Revolución mexicana*, V *(El triunfo de la Revolución)*, México, Senado de la República-Secretaría de Educación Pública, 1986, pp. 857-866.

Ferrer Mendiolea, Gabriel, *Historia de la Revolución mexicana*, México, Ediciones de El Nacional, 1956.

Franco G., Teresa, "Conflictos políticos", en *Así fue la Revolución mexicana*, II *(Caída del antiguo régimen)*, México, Senado de la República-Secretaría de Educación Pública, 1985, pp. 269-282.

_____, "El ejército federal", en *Así fue la Revolución mexicana*, I *(Crisis del porfirismo)*, México, Senado de la República-Secretaría de Educación Pública, 1985, pp. 147-152.

_____, "El ejército federal y el maderismo", en *Así fue la Revolución mexicana*, II *(Caída del antiguo régimen)*, México, Senado de la República-Secretaría de Educación Pública, 1985, pp. 235-239.

_____, "Licenciamiento y escisión de las fuerzas revolucionarias", en *Así fue la Revolución mexicana*, II *(Caída del antiguo régimen)*, México, Senado de la República-Secretaría de Educación Pública, 1985, pp. 283-290.

Garciadiego Dantán, Javier, "Alzamientos a lo largo del país", en *Así fue la Revolución mexicana*, IV *(La lucha constitucionalista)*, México, Senado de la República-Secretaría de Educación Pública, 1986, pp. 519-530.

_____, "El constitucionalismo se expande y triunfa", en *Así fue la Revolución mexicana*, IV *(La lucha constitucionalista)*, México, Senado de la República-Secretaría de Educación Pública, 1986, pp. 701-710.

_____, "El dilema de la pacificación", en *Así fue la Revolución mexicana*, V *(El triunfo de la Revolución)*, México, Senado de la República-Secretaría de Educación Pública, 1986, pp. 897-904.

_____, "El inicio de la lucha y el Plan de Guadalupe", en *Así fue la Revolución mexicana*, IV *(La lucha constitucionalista)*, México, Senado de la República-Secretaría de Educación Pública, 1986, pp. 495-504.

_____, "Fortalecimiento revolucionario en otras regiones", en *Así fue la Revolución mexicana*, IV *(La lucha constitucionalista)*, México, Senado de la República-Secretaría de Educación Pública, 1986, pp. 567-580.

Garciadiego Dantán, Javier, "La contrarrevolución y el constitucionalismo", en *Así fue la Revolución mexicana*, V *(El triunfo de la Revolución)*, México, Senado de la República-Secretaría de Educación Pública, 1986, pp. 919-932.

_____, "La gestación del gobierno constitucionalista", en *Así fue la Revolución mexicana*, IV *(La lucha constitucionalista)*, México, Senado de la República-Secretaría de Educación Pública, 1986, pp. 589-595.

_____, "Los éxitos de Pablo González", en *Así fue la Revolución mexicana*, IV *(La lucha constitucionalista)*, México, Senado de la República-Secretaría de Educación Pública, 1986, pp. 661-666.

_____, "Pablo González y las dificultades en el noreste", en *Así fue la Revolución mexicana*, IV *(La lucha constitucionalista)*, México, Senado de la República-Secretaría de Educación Pública, 1986, pp. 559-566.

_____, "Venustiano Carranza no reconoce a Huerta", en *Así fue la Revolución mexicana*, IV *(La lucha constitucionalista)*, México, Senado de la República-Secretaría de Educación Pública, 1986, pp. 487-494.

• _____ (ed.), *Gran historia de México ilustrada*, vol. IV *(De la Reforma a la Revolución)*. México, Planeta DeAgostini-Conaculta-INAH, 2002.

_____, "La Constitución de 1917: triunfo y límites del Carrancismo", en *Gran historia de México ilustrada*, IV *(De la Reforma a la Revolución)*, México, Planeta DeAgostini-Conaculta-INAH, 2002, pp. 381-400.

_____, "La Presidencia de Madero: el fracaso de un Gobierno Liberal", en *Gran historia de México ilustrada*, IV *(De la Reforma a la Revolución)*, México, Planeta DeAgostini-Conaculta-INAH, 2002, pp. 301-320.

Garciadiego Dantán, Javier y Felipe Arturo Ávila Espinosa, "La lucha revolucionaria", en *Gran historia de México ilustrada*, IV *(De la Reforma a la Revolución)*, México, Planeta DeAgostini-Conaculta-INAH, 2002, pp. 341-360.

Garciadiego Dantán, Javier, Felipe Arturo Ávila Espinosa, Alfonso de Maria y Campos y Josefina MacGregor, "De la oposición a la lucha armada", en *Gran historia de México ilustrada*, IV *(De la Reforma a la Revolución)*, México, Planeta DeAgostini-Conaculta-INAH, 2002, pp. 281-300.

Garciadiego Dantán, Javier y Josefina MacGregor, "Crisis y opositores del Porfiriato", en *Gran historia de México ilustrada*, IV *(De la Reforma a la Revolución)*, México, Planeta DeAgostini-Conaculta-INAH, 2002, pp. 261-280.

Garfias M., Luis, "Los morelenses contra Pofirio Díaz", en *Así fue la Revolución mexicana*, II *(Caída del antiguo régimen)*, México, Senado de la República-Secretaría de Educación Pública, 1985, pp. 229-233.

_____, "Aspectos militares de la Decena Trágica", en *Así fue la Revolución mexicana*, III *(Madero y el tiempo nuevo)*, México, Senado de la República-Secretaría de Educación Pública, 1986, pp. 443-456.

Garfias M., Luis, "Aspectos militares de la sublevación felicista en Veracruz", en *Así fue la Revolución mexicana*, III *(Madero y el tiempo nuevo)*, México, Senado de la República-Secretaría de Educación Pública, 1986, pp. 389-393.

_____, "Aspectos militares de la toma de Zacatecas", en *Así fue la Revolución mexicana*, IV *(La lucha constitucionalista)*, México, Senado de la República-Secretaría de Educación Pública, 1986, pp. 687-694.

_____, "El general Huerta y el ejército federal", en *Así fue la Revolución mexicana*, IV *(La lucha constitucionalista)*, México, Senado de la República-Secretaría de Educación Pública, 1986, pp. 605-610.

_____, "Los Tratados de Teoloyucan", en *Así fue la Revolución mexicana*, IV *(La lucha constitucionalista)*, México, Senado de la República-Secretaría de Educación Pública, 1986, pp. 739-743.

_____, "Operaciones militares de los Ejércitos convencionistas y constitucionalistas", en *Así fue la Revolución mexicana*, V *(El triunfo de la Revolución)*, México, Senado de la República-Secretaría de Educación Pública, 1986, pp. 835-856.

• Gilly, Adolfo, *La Revolución interrumpida. México 1910-1920: una guerra campesina por la tierra y el poder*, México, El Caballito, 1970.

• Gonzales, Michael J., *The Mexican Revolution, 1910-1940*, Albuquerque, University of New Mexico Press, 2002.

González Herrera, Carlos, "Los grandes éxitos villistas", en *Así fue la Revolución mexicana*, IV *(La lucha constitucionalista)*, México, Senado de la República-Secretaría de Educación Pública, 1986, pp. 679-686.

_____, "Villa controla su región", en *Así fue la Revolución mexicana*, IV *(La lucha constitucionalista)*, México, Senado de la República-Secretaría de Educación Pública, 1986, pp. 549-558.

_____, "Villa retoma las armas", en *Así fue la Revolución mexicana*, IV *(La lucha constitucionalista)*, México, Senado de la República-Secretaría de Educación Pública, 1986, pp. 511-518.

_____, "Villa vuelve al norte", en *Así fue la Revolución mexicana*, V *(El triunfo de la Revolución)*, México, Senado de la República-Secretaría de Educación Pública, 1986, pp. 905-912.

• González Ramírez, Manuel, *La revolución social de México*, 2 vols., México, Fondo de Cultura Económica, 1960.

González y González, Luis, *Los artífices del cardenismo*, vol. 14, *Historia de la Revolución mexicana*, México, El Colegio de México, 1979.

_____, *Los días del presidente Cárdenas*, vol. 15, *Historia de la Revolución mexicana*, México, El Colegio de México, 1981.

_____, "La sociedad mexicana en 1910", en *Así fue la Revolución mexicana*, I *(Crisis del porfirismo)*, México, Senado de la República-Secretaría de Educación Pública, 1985, pp. 49-56.

• Hart, John Mason, *Revolutionary Mexico: The Coming and Process of the Mexican Revolution*, Berkeley, University of Berkeley Press, 1987.

_____, "The Mexican Revolution 1910-1920", en William H. Beezley y Michael C. Meyer (eds.), *The Oxford History of Mexico*, Nueva York, Oxford University Press, 2000, p. 709.

Hernández Chávez, Alicia, *La mecánica cardenista*, vol. 16, *Historia de la Revolución mexicana*, México, El Colegio de México, 1979.

Hernández, Concepción y Berta Ulloa, "La ciudad de México y la crisis de 1915", en *Así fue la Revolución mexicana*, V *(El triunfo de la Revolución)*, México, Senado de la República-Secretaría de Educación Pública, 1986, pp. 873-880.

_____, "Los gobiernos de la Convención y la Ciudad de México", en *Así fue la Revolución mexicana*, V *(El triunfo de la Revolución)*, México, Senado de la República-Secretaría de Educación Pública, 1986, pp. 829-834.

Instituto Nacional de Estudios Históricos de la Revolución Mexicana, *Diccionario histórico y biográfico de la Revolución mexicana*, vol. 8, México, INEHRM, 1990-1994.

• Knight, Alan, *The Mexican Revolution*, 2 vols., Lincoln, University of Nebraska Press, 1986.

Krauze, Enrique, *La reconstrucción económica*, vol. 10, *Historia de la Revolución mexicana*, México, El Colegio de México, 1977.

Larrazolo, María y Berta Ulloa, "Carranza en Veracruz", en *Así fue la Revolución mexicana*, V *(El triunfo de la Revolución)*, México, Senado de la República-Secretaría de Educación Pública, 1986, pp. 819-828.

Lavrov, N. M., *La Revolución mexicana, 1910-1917*, México, Ediciones de Cultura Popular, 1972.

Leal, Juan Felipe, "Campesinado, haciendas y Estado", en *Así fue la Revolución mexicana*, I *(Crisis del porfirismo)*, México, Senado de la República-Secretaría de Educación Pública, 1985, pp. 35-45.

Lerner Sigal, Victoria, *La educación socialista*, vol. 17, *Historia de la Revolución mexicana*, México, El Colegio de México, 1979.

• Loaeza, Soledad (ed.), *Gran historia de México ilustrada*, vol. V *(El siglo XX mexicano. El siglo del cambio, de 1920 a nuestros días)*, México, Planeta DeAgostini-Conaculta-INAH, 2002.

Lombardo Toledano, Vicente, *La Revolución mexicana, 1921-1967* (introducción y selección de Gastón García Cantú), vol. 2, México, INEHRM, 1988.

Ludlow Wiechers, Leonor, "Estructura industrial, comercial y financiera", en *Así fue la Revolución mexicana*, I *(Crisis del porfirismo)*, México, Senado de la República-Secretaría de Educación Pública, 1985, pp. 25-34.

MacGregor, Josefina, "A la rebelión con el Plan de San Luis Potosí", en *Así fue la Revolución mexicana*, II *(Caída del antiguo régimen)*, México, Senado de la República-Secretaría de Educación Pública, 1985, pp. 213-216.

_____, "Madero: intelectual crítico del sistema de Díaz", en *Así fue la Revolución mexicana*, II *(Caída del antiguo régimen)*, México, Senado de la República-Secretaría de Educación Pública, 1985, pp. 191-194.

_____, "El poder legislativo: fuerza incuestionable", en *Así fue la Revolución mexicana*, IV *(La lucha constitucionalista)*, México, Senado de la República-Secretaría de Educación Pública, 1986, pp. 623-632.

_____, "La Decena Trágica y el cuartelazo", en *Así fue la Revolu-*

ción mexicana, III *(Madero y el tiempo nuevo)*, México, Senado de la República-Secretaría de Educación Pública, 1986, pp. 435-441.

MacGregor, Josefina, "La XXVI Legislatura: Una experiencia democrática", en *Así fue la Revolución mexicana*, III *(Madero y el tiempo nuevo)*, México, Senado de la República-Secretaría de Educación Pública, 1986, pp. 333-337.

_____ y Bernardo Ibarrola, "El huertismo: contrarrevolución y Reforma", en *Gran historia de México ilustrada*, IV *(De la Reforma a la Revolución)*, México, Planeta DeAgostini-Conaculta-INAH, 2002, pp. 321-340.

Macías Richard, Carlos, "Campaña victoriosa de los sonorenses", en *Así fue la Revolución mexicana*, IV *(La lucha constitucionalista)*, México, Senado de la República-Secretaría de Educación Pública, 1986, pp. 541-549.

_____, "El conflicto sonorense", en *Así fue la Revolución mexicana*, V *(El triunfo de la Revolución)*, México, Senado de la República-Secretaría de Educación Pública, 1986, pp. 767-772.

_____, "Obregón y su avance en el occidente", en *Así fue la Revolución mexicana*, IV *(La lucha constitucionalista)*, México, Senado de la República-Secretaría de Educación Pública, 1986, pp. 673-678.

_____, "Sonora se lanza a la lucha", en *Así fue la Revolución mexicana*, IV *(La lucha constitucionalista)*, México, Senado de la República-Secretaría de Educación Pública, 1986, pp. 505-510.

• MacLachlan, Colin M. y William H. Beezley, *El Gran Pueblo. A History of Greater Mexico*, Englewood Cliffs, Prentice Hall, 1994.

Mancisidor, José, *Historia de la Revolución mexicana*, México, Libro-Mex Editores, 1959.

María y Campos, Alfonso de, "Aislamiento, debilidad y renuncia: Final de don Porfirio", en *Así fue la Revolución mexicana*, II *(Caída del antiguo régimen)*, México, Senado de la República-Secretaría de Educación Pública, 1985, pp. 263-268.

_____, "Crisis y combates por la reelección", en *Así fue la Revolución mexicana*, I *(Crisis del porfirismo)*, México, Senado de la República-Secretaría de Educación Pública, 1985, pp. 127-132.

_____, "Dificultades políticas internacionales 1905-1911", en *Así fue la Revolución mexicana*, I *(Crisis del porfirismo)*, México, Senado de la República-Secretaría de Educación Pública, 1985, pp. 153-163.

Márquez Padilla, Consuelo, "La oposición católica", en *Así fue la Revolución mexicana*, I *(Crisis del porfirismo)*, México, Senado de la República-Secretaría de Educación Pública, 1985, pp. 83-87.

_____, "Los católicos ante el nuevo régimen", en *Así fue la Revolución mexicana*, III *(Madero y el tiempo nuevo)*, México, Senado de la República-Secretaría de Educación Pública, 1986, pp. 339-343.

_____, "Los católicos y la conciliación fracasada", en *Así fue la Revolución mexicana*, IV *(La lucha constitucionalista)*, México, Senado de la República-Secretaría de Educación Pública, 1986, pp. 633-638.

Matute Aguirre, Álvaro, *La carrera del Caudillo*, vol. 8, *Historia de la Revolución mexicana*, México, El Colegio de México, 1980.

_____, "Panorama Cultural", en *Así fue la Revolución mexicana*, I

(Crisis del porfirismo), México, Senado de la República-Secretaría de Educación Pública, 1985, pp. 109-115.

Matute Aguirre, Álvaro, "Ahondamiento de los conflictos entre Carranza y Villa", en *Así fue la Revolución mexicana,* V *(El triunfo de la Revolución),* México, Senado de la República-Secretaría de Educación Pública, 1986, pp. 763-766.

_____, "Conflictos entre los revolucionarios", en *Así fue la Revolución mexicana,* IV *(La lucha constitucionalista),* México, Senado de la República-Secretaría de Educación Pública, 1986, pp. 595-700.

_____, "El Congreso Constituyente de 1916-1917", en *Así fue la Revolución mexicana,* V *(El triunfo de la Revolución),* México, Senado de la República-Secretaría de Educación Pública, 1986, pp. 989-1005.

_____, "Elecciones: problemas y triunfos", en *Así fue la Revolución mexicana,* III *(Madero y el tiempo nuevo),* México, Senado de la República-Secretaría de Educación Pública, 1986, pp. 219-323.

_____, "Hacia una nueva cultura", en *Así fue la Revolución mexicana,* III *(Madero y el tiempo nuevo),* México, Senado de la República-Secretaría de Educación Pública, 1986, pp. 427-431.

_____, "Los nuevos políticos", en *Así fue la Revolución mexicana,* III *(Madero y el tiempo nuevo),* México, Senado de la República-Secretaría de Educación Pública, 1986, pp. 325-331.

_____, "Pretendida alianza con el zapatismo", en *Así fue la Revolución mexicana,* V *(El triunfo de la Revolución),* México, Senado de la República-Secretaría de Educación Pública, 1986, pp. 773-776.

_____, *Las dificultades del nuevo Estado,* vol. 7, *Historia de la Revolución mexicana,* México, El Colegio de México, 1995.

Meyer, Jean, *La revolution mexicaine, 1910-1940,* París, Calmann-Levy, 1973.

Meyer, Jean, Enrique Krauze y Cayetano Reyes, *Estado y sociedad con Calles,* vol. 11, *Historia de la Revolución mexicana,* México, El Colegio de México, 1977.

Meyer, Lorenzo, *El conflicto social y los gobiernos del maximato,* vol. 13, *Historia de la Revolución mexicana,* México, El Colegio de México, 1978.

Meyer, Lorenzo, Rafael Segovia y Alejandra Lajous, *Los inicios de la institucionalización: la politica del Maximato,* vol. 12, *Historia de la Revolución mexicana,* México, El Colegio de México, 1978.

Ochoa Campos, Moisés, *La Revolución mexicana, sus causas económicas, sociales y políticas,* 4 vols., México, INEHRM, 1966-1970.

Oliver P., Angélica, "Hacia un nuevo tipo de conflictos con EE.UU.", en *Así fue la Revolución mexicana,* III *(Madero y el tiempo nuevo),* México, Senado de la República-Secretaría de Educación Pública, 1986, pp. 419-425.

_____, "Henry Lane Wilson y el Pacto de la Embajada", en *Así fue la Revolución mexicana,* III *(Madero y el tiempo nuevo),* México, Senado de la República-Secretaría de Educación Pública, 1986, pp. 457-462.

Pérez Montfort, Ricardo, "Irrupción de la cultura popular", en *Así fue la Revolución mexicana,* V *(El triunfo de la Revolución),* México,

Senado de la República-Secretaría de Educación Pública, 1986, pp. 881-890.

Portilla G., Santiago, "El Pacto de Ciudad Juárez", en *Así fue la Revolución mexicana*, II *(Caída del antiguo régimen)*, México, Senado de la República-Secretaría de Educación Pública, 1985, pp. 257-262.

_____, "Estados Unidos y la insurrección maderista", en *Así fue la Revolución mexicana*, II *(Caída del antiguo régimen)*, México, Senado de la República-Secretaría de Educación Pública, 1985, pp. 247-253.

_____, "La etapa armada", en *Así fue la Revolución mexicana*, II *(Caída del antiguo régimen)*, México, Senado de la República-Secretaría de Educación Pública, 1985, pp. 217-227.

_____, "Los magonistas y el maderismo", en *Así fue la Revolución mexicana*, II *(Caída del antiguo régimen)*, México, Senado de la República-Secretaría de Educación Pública, 1985, pp. 241-246.

_____, "Organización para el movimiento armado", en *Así fue la Revolución mexicana*, II *(Caída del antiguo régimen)*, México, Senado de la República-Secretaría de Educación Pública, 1985, pp. 209-212.

Reina, Leticia, "Conflictos agrarios", en *Así fue la Revolución mexicana*, I *(Crisis del porfirismo)*, México, Senado de la República-Secretaría de Educación Pública, 1985, pp. 71-79.

Reyes Heroles, Federico, "De la Junta a la Convención Soberana", en *Así fue la Revolución mexicana*, V *(El triunfo de la Revolución)*, México, Senado de la República-Secretaría de Educación Pública, 1986, pp. 777-796.

Romero Flores, Jesús, *Anales Históricos de la Revolución mexicana*, 4 vols., México, Talleres Tipográficos de El Nacional, 1939.

_____, *La Revolución como nosotros la vimos*, México, INEHRM, 1963.

Romero, Laura y Berta Ulloa, "Crisis socioeconómica en el país", en *Así fue la Revolución mexicana*, V *(El triunfo de la Revolución)*, México, Senado de la República-Secretaría de Educación Pública, 1986, pp. 867-872.

_____, "Elecciones de diputados constituyentes", en *Así fue la Revolución mexicana*, V *(El triunfo de la Revolución)*, México, Senado de la República-Secretaría de Educación Pública, 1986, pp. 983-988.

Rueda, Salvador y Laura Espejel López, "La génesis del zapatismo", en *Así fue la Revolución mexicana*, II *(Caída del antiguo régimen)*, México, Senado de la República-Secretaría de Educación Pública, 1985, pp. 291-303.

_____, "El Plan de Ayala y la autonomía zapatista", en *Así fue la Revolución mexicana*, III *(Madero y el tiempo nuevo)*, México, Senado de la República-Secretaría de Educación Pública, 1986, pp. 347-358.

Ruiz D., Ángeles, "El movimiento orozquista", en *Así fue la Revolución mexicana*, III *(Madero y el tiempo nuevo)*, México, Senado de la República-Secretaría de Educación Pública, 1986, pp. 367-379.

_____, "El orozquismo huertista", en *Así fue la Revolución mexicana*, IV *(La lucha constitucionalista)*, México, Senado de la República-Secretaría de Educación Pública, 1986, pp. 611-616.

Ruiz, Ramón Eduardo, *The Great Rebellion Mexico, 1905-1924,* Nueva York, W. W. Norton, 1980.

Saez, Carmen, "La élite dividida", en *Así fue la Revolución mexicana,* I *(Crisis del porfirismo),* México, Senado de la República-Secretaría de Educación Pública, 1985, pp. 119-126.

Sánchez Azcona, Juan, *Apuntes para la historia de la Revolución mexicana,* México, INEHRM, 1961.

Santín del R., Rosalía, "El intento restaurador de Félix Díaz", en *Así fue la Revolución mexicana,* III *(Madero y el tiempo nuevo),* México, Senado de la República-Secretaría de Educación Pública, 1986, pp. 381-387.

_____, "Rompimiento con Félix Díaz", en *Así fue la Revolución mexicana,* IV *(La lucha constitucionalista),* México, Senado de la República-Secretaría de Educación Pública, 1986, pp. 617-622.

Silva Herzog, Jesús, *Breve Historia de la Revolución mexicana,* 2 vols., México, Fondo de Cultura Económica, 1960.

Soto E., Miguel, "El movimiento reyista", en *Así fue la Revolución mexicana,* I *(Crisis del porfirismo),* México, Senado de la República-Secretaría de Educación Pública, 1985, pp. 139-145.

_____, "El fracaso del reyismo", en *Así fue la Revolución mexicana,* III *(Madero y el tiempo nuevo),* México, Senado de la República-Secretaría de Educación Pública, 1986, pp. 359-366.

Strauss, Martha, "Del abierto repudio a la intervención armada", en *Así fue la Revolución mexicana,* IV *(La lucha constitucionalista),* México, Senado de la República-Secretaría de Educación Pública, 1986, pp. 725-734.

_____, "Estados Unidos y los constitucionalistas: La obligada y necesaria simpatía", en *Así fue la Revolución mexicana,* IV *(La lucha constitucionalista),* México, Senado de la República-Secretaría de Educación Pública, 1986, pp. 667-672.

_____, "Woodrow Wilson rechaza a Victoriano Huerta", en *Así fue la Revolución mexicana,* IV *(La lucha constitucionalista),* México, Senado de la República-Secretaría de Educación Pública, 1986, pp. 645-652.

• Tannenbaum, Frank, *The Mexican Agrarian Revolution,* Washington D. C., The Brookings Institution, 1929.

_____, *Peace by Revolution: Mexico After 1910,* Nueva York, Columbia University Press, 1933.

_____, *Mexico, The Struggle for Peace and Bread,* Nueva York, Knopf, 1950.

• Taracena, Alfonso, *La verdadera Revolución mexicana,* 11 vols., México, JUS, 1960-1966.

Terrones López, María Eugenia y Berta Ulloa, "El movimiento obrero y el constitucionalismo", en *Así fue la Revolución mexicana,* V *(El triunfo de la Revolución),* México, Senado de la República-Secretaría de Educación Pública, 1986, pp. 961-968.

_____, "La ocupación de la ciudad de México por el Ejército Constitucionalista", en *Así fue la Revolución mexicana,* V *(El triunfo de la Revolución),* México, Senado de la República-Secretaría de Educación Pública, 1986, pp. 759-762.

_____, "La reforma agraria carrancista", en *Así fue la Revolución mexicana*, V (*El triunfo de la Revolución*), México, Senado de la República-Secretaría de Educación Pública, 1986, pp. 953-960.

Tobler, Hans Werner, *La Revolución mexicana. Transformación social y cambio político, 1876-1940* (presentación de Friedrich Katz), traducido por Juan José Utrilla y Angélica Scherp, México, Alianza Editorial, 1994.

Trejo R., Pablo, "La política educativa del constitucionalismo", en *Así fue la Revolución mexicana*, V (*El triunfo de la Revolución*), México, Senado de la República-Secretaría de Educación Pública, 1986, pp. 975-982.

Tuñón P., Esperanza, "Huerta y el movimiento obrero", en *Así fue la Revolución mexicana*, IV (*La lucha constitucionalista*), México, Senado de la República-Secretaría de Educación Pública, 1986, pp. 639-644.

Ulloa, Berta, *La encrucijada de 1915*, vol. 5, *Historia de la Revolución mexicana*, México, El Colegio de México, 1979.

_____, *La revolución escindida*, vol. 4, *Historia de la Revolución mexicana*, México, El Colegio de México, 1979.

_____, *La Constitución de 1917*, vol. 6, *Historia de la Revolución mexicana*, México, El Colegio de México, 1983.

Urías Álvarez, Patricia, "Entendimiento, conflicto y represalia", en *Así fue la Revolución mexicana*, V (*El triunfo de la Revolución*), México, Senado de la República-Secretaría de Educación Pública, 1986, pp. 933-942.

_____, "Las presiones norteamericanas en la lucha de faccciones", en *Así fue la Revolución mexicana*, V (*El triunfo de la Revolución*), México, Senado de la República-Secretaría de Educación Pública, 1986, pp. 891-896.

• Valadés, José C., *Historia general de la Revolución mexicana*, 10 vols., México, Quesada Brandi, 1963-1967.

Vera Estañol, Jorge, *La Revolución mexicana: orígenes y resultados*. México, Porrúa, 1957.

Villegas Moreno, Gloria, "De la 'legalidad' a la Revolución", en *Así fue la Revolución mexicana*, II (*Caída del antiguo régimen*), México, Senado de la República-Secretaría de Educación Pública, 1985, pp. 195-205.

_____, "Intento de legitimación", en *Así fue la Revolución mexicana*, III (*Madero y el tiempo nuevo*), México, Senado de la República-Secretaría de Educación Pública, 1986, pp. 463-471.

Womack, John, Jr., "The Mexican Revolution, 1910-1920", en Leslie Bethell (ed.), *Mexico since Independence*, Cambridge, Cambridge University Press, 1991, pp. 125-200.

COLECCIONES DE ARTÍCULOS

Memoria del Congreso Internacional sobre la Revolución mexicana. 80 aniversario del Plan de San Luis, 2 vols., México, Gobierno del Estado de San Luis Potosí-INEHRM, 1991.

• Bailón Corres, Jaime, Carlos Martínez Assad y Pablo Serrano Álvarez (eds.), *El siglo de la Revolución mexicana*, México, INEHRM, 2000.

Brading, David (ed.), *Caudillo and Peasant in the Mexican Revolution,* Cambridge, Cambridge University Press, 1980.

Camp, Roderic Ai *et al.* (eds.), *Los intelectuales y el poder en México,* México, El Colegio de México-University of California Los Angeles, 1991.

Carrera Robles, Jorge (ed.), *Pancho Villa, la Revolución y la ciudad de Chihuahua,* Chihuahua nuestra ciudad, Chihuahua, H. Ayuntamiento de Chihuahua, 2000.

Cueva, Mario de la *et al., Cincuenta años de Revolución,* 3 vols., México, Fondo de Cultura Económica, 1961.

• Joseph, Gilbert M. y Daniel Nugent (eds.), *Everyday Forms of State Formation: Revolution and the Negotiation of Rule in Modern Mexico,* Durham, Duke University Press, 1994.

Katz, Friedrich (ed.), *Riot, Rebellion, and Revolution. Rural Social Conflict in Mexico,* Princeton, Princeton University Press, 1988.

Reina, Leticia y Elisa Servín (eds.), *Crisis, Reforma y Revolución. México: Historias de fin de siglo,* México, Taurus-Conaculta-INAH, 2002.

Rodríguez O., Jaime E. (ed.), *The Revolutionary Process in Mexico: Essays on Political and Social Change, 1880-1940,* Los Ángeles, University of California Los Angeles-University of California Irvine, 1990.

Ross, Stanley Robert (ed.), *Is the Mexican Revolution Dead?* Nueva York, Knopf, 1966.

Staples, Anne *et al., Diplomacia y Revolución: Homenaje a Berta Ulloa,* México, El Colegio de México, 2000.

Wolfskill, George y Douglas W. Richmond, *Essays on the Mexican Revolution: Revisionist Views of the Leaders,* Walter Prescott Webb memorial lectures, Austin, University of Texas Press, 1979.

TRABAJOS HISTORIOGRÁFICOS

Bailey, David, "Revisionism and the Recent Historiography of the Mexican Revolution", *Hispanic American Historical Review,* LVIII, núm. 1 (1978), pp. 62-81.

Baños Ramírez, Othón, "Algunas reinterpretaciones recientes: breve revisión de la historiografía sobre el Yucatán de los siglos XIX y XX", *Secuencia,* núm. 41 (1998), pp. 149-159.

Benjamin, Thomas, "Regionalizing the Revolution. The Many Mexicos in Revolutionary Historiography", en Thomas Benjamin y Mark Wasserman (eds.), *Provinces of the Revolution: Essays on Regional Mexican History, 1910-1929,* Albuquerque, University of New Mexico Press, 1990, pp. 319-357.

_____, *La Revolución. Mexico's Great Revolution as Memory, Mith and History,* Austin, University of Texas Press, 2000.

Benjamin, Thomas y Mark Wasserman (eds.), *Provinces of the Revolution: Essays on Regional Mexican History, 1910-1929,* Albuquerque, University of New Mexico Press, 1990.

Blázquez Domínguez, Carmen, "Siglo XIX y Revolución en Veracruz. Una bibliografía básica", *Secuencia,* núm. 6 (1986), pp. 61-98.

Brunk, Samuel, "Remembering Emiliano Zapata: Three Moments in the Posthumous Carrer of the Martyr of Chinameca", *Hispanic American Historical Review,* LXXVIII, núm. 3 (1998), pp. 457-490.

Camp, Roderic Ai., "The Time of the Technocrats and Deconstruction of the Revolution", en William H. Beezley y Michael C. Meyer (eds.), *The Oxford History of Mexico,* Nueva York, Oxford University Press, 2000, pp. 609-636.

• Carr, Barry, "Recent Regional Studies of the Mexican Revolution", *Latin American Research Review,* XV, núm. 1 (1980), pp. 3-15.

Castillo Cámara, María de Guadalupe, "Alternativas didácticas para hacer un análisis crítico de la Revolución mexicana en 6° grado de la educación primaria: propuesta pedagógica", tesis de licenciatura, Universidad Pedagógica Nacional, 1993.

Collado Herrera, María del Carmen Guadalupe, "Los empresarios y la politización de la economía entre 1876 y 1930: un recuento historiográfico", *Secuencia,* núm. 46 (2000), pp. 51-92.

Córdova, Arnaldo *et al.,* "Vieja revolución ¿nueva historiografía?" *Revista de la Universidad de México,* XLVI, núm. 466 (1989), 18-40.

Falcón Vega, Romana, "Las revoluciones mexicanas de 1910", *Mexican Studies / Estudios Mexicanos,* I, núm. 2 (1985), pp. 362-368.

• _____, "El revisionismo revisado", *Estudios Sociológicos,* V, núm. 14 (1987), 341-351.

Falcón Vega, Romana, Javier Villarreal Lozano, Berta Ulloa *et al., Avances historiográficos en el estudio de Venustiano Carranza,* Saltillo, Fondo Editorial Coahuilense, 1996.

Florescano, Enrique, "La Revolución mexicana bajo la mira del revisionismo histórico", en *El nuevo pasado mexicano,* México, Cal y Arena, 1991, pp. 69-152.

_____, *Historia de las historias de la nación mexicana,* México, Taurus, 2002.

Fowler-Salamini, Heather, "The Boom in Regional Studies of the Mexican Revolution: Where is it Leading?", *Latin American Research Review,* XXVIII, núm. 2 (1993), pp. 175-182.

Garciadiego Dantán, Javier, "Daniel Cosío Villegas y la modernización de la historiografía mexicana", en Javier Garciadiego Dantán y Charles A. Hale (eds.), *Daniel Cosío Villegas. Llamadas,* México, El Colegio de México, 2001, pp. 11-33.

_____, "Revistas revisitadas: ventana a la historiografía mexicana del siglo XX", *Historia Mexicana* LI, núm. 2 (2001), pp. 261-321.

Gilly, Adolfo *et al., Interpretaciones de la Revolución mexicana,* México, UNAM, 1979.

Hall, Anita B. "The Mexican Revolution and its Aftermath. Perspectives from Regional Perspectives", *Mexican Studies / Estudios Mexicanos,* II, núm. 3 (1987), pp. 413-420.

Haynes, Keith A., "Dependency, Postimperialism and the Mexican Revolution: an Historiographic Review", *Mexican Studies / Estudios Mexicanos,* VII, núm. 2 (1991), pp. 225-251.

Heau-Lambert, Catherine y Enrique Rajchenberg, "La leyenda negra y la leyenda rosa en la nueva historiografía de la Revolución mexicana", *Revista Mexicana de Sociología,* LIV, núm. 3 (1992), pp. 175-188.

Henderson, Peter V. N., "Recent Economics and Regional Histories of the Mexican Revolution", *Latin American Research Review* XXX, núm. 1 (1995), pp. 236-246.

Joseph, Gilbert M., "From Caste War to Class War: The Historiography of Modern Yucatán (c. 1750-1940)", *Hispanic American Historical Review*, LXV, núm. 1 (1985), pp. 111-134.

• Knight, Alan, "Interpretaciones recientes de la Revolución mexicana", *Secuencia*, núm. 13 (1989), pp. 23-43.

_____, "Subalterns, Signifiers, and Statistics: Perspectives on Mexican Historiography", *Latin American Research Review*, XXXVII, núm. 2 (2002), pp. 136-158.

Lau Jaiven, Ana, "Las mujeres en la Revolución mexicana. Un punto de vista historiográfico", *Secuencia*, núm. 33 (1995), pp. 85-102.

López Rosado, Diego, *Bibliografía económica de la Revolución mexicana, 1910-1930*, México, UNAM, 1982.

Matute Aguirre, Álvaro, "La historiografía de la Revolución; nuevos horizontes", en Enrique J. Alfaro Anguiano (ed.), *La Revolución en las regiones. Memorias*, II, Guadalajara, Instituto de Estudios Sociales de la Universidad de Guadalajara, 1986, pp. 591-596.

• _____, "Orígenes del revisionismo historiográfico de la Revolución mexicana", *Signos históricos*, II, núm. 3 (2000), pp. 29-48.

Mijangos Díaz, Eduardo Nomelí, "La Nueva Historiografía de la Revolución en Michoacán", *Relaciones*, XVIII, núm. 87 (1997), pp. 243-263.

Noriega Cruz, María del Socorro, "Encuentro historiográfico con la obra 'Su majestad británica contra la Revolución mexicana' de Lorenzo Meyer Cosío", tesis de licenciatura, UNAM, 1998.

Oswald, Gregory, "La Revolución mexicana en la historiografía soviética", *Historia Mexicana*, XII, núm. 2 (1963), pp. 340-357.

Palacios, Guillermo, "La idea oficial de la Revolución mexicana", tesis de maestría, El Colegio de México, 1969.

Potash, Robert A., "Historiography of Mexico since 1821", *Hispanic American Historical Review*, XL, núm. 3 (1960), pp. 383-424.

Raat, William Dirk, *The Mexican Revolution: An Annotated Guide to Recent Scholarship*, Boston, G. K. Hall, 1982.

• _____, "La revolución global de México. Tendencias recientes de los estudios sobre la Revolución mexicana en Japón, el Reino Unido y Europa continental", *Historia Mexicana*, XXXII, núm. 3 (1983), pp. 422-448.

Ramos Escandón, Carmen (ed.), *Género e historia: la historiografía sobre la mujer*, México, Universidad Autónoma Metropolitana, 1992.

Ramos, Roberto, *Bibliografía de la Revolución mexicana*, monografías, México, Imprenta de la Secretaría de Relaciones Exteriores, 1965.

Richmond, Douglas W., "Carranza ante la historiografía y la historia", en Jaime Bailón Corres, Carlos Martínez Assad y Pablo Serrano Álvarez (eds.), *El siglo de la Revolución mexicana*, II, México, Instituto Nacional de Estudios Históricos de la Revolución mexicana, 2000, pp. 351-360.

• Rico Moreno, Javier, *Pasado y futuro en la historiografía de la Revolución mexicana*, México, Universidad Autónoma Metropolitana-INAH, 2000.

Rojas Nieto, Beatriz, "Historia regional", en Gisela von Wobeser (ed.), *Cincuenta años de investigación histórica en México*, México, UNAM-Universidad de Guanajuato, 1998, pp. 313-319.

Ross, Stanley Robert, "Aportación norteamericana a la historiografía de la Revolución mexicana", *Historia Mexicana*, X, núm. 2 (1960), pp. 282-308.

_____, "El historiador y el periodismo mexicano", *Historia Mexicana*, XIV, núm. 3 (1965), pp. 347-382.

Serrano Álvarez, Pablo, "Historiografía local y regional sobre la Revolución mexicana. Estado actual y perspectivas", *Sólo Historia*, octubre-diciembre de 2000, pp. 4-8.

• Van Young, Eric, "Making Leviathan Sneeze: Recent Works on Mexico and the Mexican Revolution", *Latin American Research Review*, XXXIV, núm. 3 (1999), pp. 143-165.

Vanderwood, Paul J., "Building Blocks but yet no Building: Regional History and the Mexican Revolution", *Mexican Studies/Estudios Mexicanos*, II, núm. 3 (1987), pp. 421-432.

Villegas Moreno, Gloria, *Asedio a Teja Zabre. Estudio historiográfico*, Cuaderno de Becarios, México, UNAM, 1973.

_____, "Roque Estrada, un revolucionario evolucionista. Análisis historiográfico", en Saúl Jerónimo Romero y Carmen Valdez Vega (eds.), *Memorias. Primer Encuentro de Historiografía*, México, Universidad Autónoma Metropolitana, 1997, pp. 315-340.

White, E. Bruce, "The Muddied Waters of Columbus, New Mexico", *The Americas*, XXXII, núm. 1 (1975), pp. 72-98.

• Womack, John, Jr., "The Mexican Economy During the Revolution, 1910-1920: Historiography and Analysis", *Marxist Perspectives*, I, núm. 4 (1978), pp. 80-104.

FUENTES PRIMARIAS

Diario de los debates del Congreso Constituyente 1916-1917, 2 vols., México, INEHRM, 1960.

50 discursos doctrinales en el Congreso Constituyente de la Revolución mexicana, 1916-1917 (notas biográficas y efemérides de Jesús Castañón y Alberto Morales Jímenez), México, INEHRM, 1967.

Poesías folklóricas y patrióticas: diez corridos de la Revolución, México, Editores Mexicanos Unidos, 1971.

El pensamiento mexicano sobre la Constitución de 1917. Antología, México, Gobierno del Estado de Querétaro-INEHRM, 1987.

Índice del Diario de los Debates del Congreso Constituyente, 1916-1917, México, Gobierno del Estado de Querétaro-INEHRM, 1987.

Aguilar, José Ángel, *Zapata* (selección de textos), México, INEHRM, 1980.

Alducin, Rafael (ed.), *La Revolución constitucionalista, los Estados Unidos y el ABC. Recopilación de documentos y artículos notables referentes a la intromisión de elementos extranjeros en los asuntos de México y a la patriótica actitud asumida por el C. Primer Jefe Venustiano Carranza*, México, Talleres Linotipográficos de Revista de Revistas, 1916.

Altamirano Cozzi, Grazziela y Guadalupe Villa, *La Revolución mexicana. Textos de su historia,* 3 vols., México, Instituto Mora-Secretaría de Educación Pública, 1985.

_____, *Chihuahua. Textos de su historia. 1824-1921,* 3 vols., México, Gobierno del Estado de Chihuahua-Instituto Mora-Universidad Autónoma de Ciudad Juárez, 1988.

Ángeles, Felipe, *La toma de Zacatecas,* México, Secretaría de Educación Pública-Conasupo, 1981.

Barrientos, Herlinda, María Dolores Cárdenas y Guillermo González Cedillo, *Con Zapata y Villa: tres relatos testimoniales,* México, INEHRM, 1991.

Blázquez Domínguez, Carmen, "Siglo XIX y revolución en Veracruz. Una bibliografía básica", *Secuencia,* núm. 6 (1986), pp. 61-98.

Breceda, Alfredo, *Plan de Guadalupe,* México, Ediciones del Comité Nacional de Orientación Política, 1949.

Cárdenas, Lázaro, *Seis años de gobierno al servicio de México, 1934-1940,* México, Talleres Tipográficos de El Nacional, 1940.

_____, *Ideario político,* México, Era, 1972.

_____, *Epistolario,* 2 vols., México, Siglo XXI, 1974.

_____, *Obras,* 6 vols., México, UNAM, 1976.

_____, *Palabras y documentos públicos, 1928-1970,* 2 vols., México, Siglo XXI, 1978-1979.

_____, *Apuntes* (prefacio de Gastón García Cantú. Introducción de Cuauhtémoc Cárdenas), 4 vols., Nueva Biblioteca Mexicana, México, UNAM, 1986.

Cárdenas Trueba, Olga y Rubén Pliego Bernal, *Guía del Archivo de la Embajada de México en los Estados Unidos de América, 1910-1912,* Archivo Histórico Diplomático Mexicano, México, Secretaría de Relaciones Exteriores-INEHRM, 1994.

Carranza, Venustiano, "Informe presentado ante la Cámara de Diputados el 15 de abril de 1917", en *Venustiano Carranza. Plan de Guadalupe, decretos y acuerdos 1913-1917,* México, Secretaría de Gobernación, 1981, pp. 63-110.

_____, *Plan de Guadalupe. Decretos y acuerdos, 1913-1917,* México, Secretaría de Gobernación, 1981.

_____, "Mensaje del Primer Jefe ante el Constituyente, 1916", en Felipe Tena Ramírez (ed.), *Leyes Fundamentales de México, 1808-1999,* México, Porrúa, 1999, pp. 745-764.

Casasola, Agustín *et al., El poder de la imagen y la imagen del poder. Fotografías de prensa del Porfiriato a la época actual,* Chapingo, Universidad Autónoma de Chapingo, 1985.

Casasola, Gustavo, *Historia gráfica de la Revolución, 1900-1960,* 5 vols., México, Trillas, 1970-1971.

Creelman, James, "President Díaz. Hero of the Americas", *Pearson's Magazine,* 8 de marzo de 1908, p. 242.

Enríquez Terrazas, Eduardo y José Luis García Valero (eds.), *Coahuila. Textos de su historia,* México, Gobierno del Estado de Coahuila-Instituto Mora, 1989.

Espejel López, Laura, *El cuartel general zapatista, 1914-1915: documentos del Fondo Emiliano Zapata del Archivo General de la Nación,* 2 vols., México, INAH, 1995.

Esquivel Obregón, Toribio, *Toribio Esquivel Obregón: una visión sobre la economía de México de 1891 a 1945; recopilación hemerográfica*, México, Universidad Iberoamericana, 1997.

Evans, Edward y Frank J. Morales, "Fuentes de la historia de México en archivos norteamericanos", *Historia Mexicana*, XVIII, núm. 3 (1969), pp. 432-462.

• Fabela, Isidro y Josefina Fabela, *Documentos históricos de la Revolución mexicana*, 28 vols., México, Fondo de Cultura Económica, 1960-1976.

• Garciadiego Dantán, Javier (ed.), *La Revolución mexicana. Crónicas, documentos, planes y testimonios*, México, UNAM, 2003.

Gómez Tepexicuapan, Amparo y Alfredo Hernández Murillo, *Manuscrito de la Junta Revolucionaria de Puebla*, México, INAH, 1993.

• González Ramírez, Manuel, *Fuentes para la historia de la Revolución mexicana. Planes políticos y otros documentos*, 4 vols., México, Fondo de Cultura Económica, 1954.

• _____ (ed.), *Fuentes para la Historia de la Revolución mexicana*, México, Fondo de Cultura Económica, 1974.

González S., María Ángeles (ed.), *Y por todos habló la Revolución* (introducción y selección documental de María Teresa Franco y Gloria Villegas Moreno), México, ISSSTE-Limusa, 1985.

• González y González, Luis (ed.), *Fuentes de la historia contemporánea de México, libros y folletos*, México, El Colegio de México, 1962.

Guerrero G., Práxedis, *Artículos literarios y de combate, pensamientos, crónicas revolucionarias, etc.* México, Ediciones del Grupo Cultural Ricardo Flores Magón, 1924.

Hernández y Lazo, Begoña, *Catálogo del Archivo Jacinto B. Treviño*, (Ramo: ejército constitucionalista. Subramo: operaciones militares), Guías y Catálogos del Archivo Histórico de la UNAM. México, UNAM, 1984.

_____, *Guía del Archivo Jacinto B. Treviño*, Guías y Catálogos del Archivo Histórico de la UNAM, México, UNAM, 1984.

• Instituto Nacional de Estudios Históricos de la Revolución Mexicana, *Diccionario histórico y biográfico de la Revolución mexicana*, vol. 8, México, INEHRM, 1990-1994.

José Valenzuela, Georgette, *Últimos meses del gobierno de Porfirio Díaz. Antología documental*, México, INEHRM, 1985.

Luján, José María (ed.), *Entrevista Díaz-Creelman*, México, UNAM, 1963.

Madero, Francisco I., *Epistolario*, 2 vols., México, Secretaría de Hacienda y Crédito Público, 1985.

_____, *Obras completas de Francisco I. Madero*, 9 vols., México, Clío, 1999.

Madero, Francisco I. *et al.*, *En torno a la democracia. El debate político en México. 1901-1916* (estudio preliminar de Gloria Villegas Moreno), México, INEHRM, 1989.

Martínez Escamilla, Ramón, *Emiliano Zapata, escritos y documentos*, México, Editores Mexicanos Unidos, 1980.

Martínez Rosales, Alfonso y Luis Muro, *Historia Mexicana. Guía del número 1 al 150 (1951-1988)*, México, El Colegio de México, 1991.

Mathes, Miguel (ed.), *Baja California. Textos de su historia*, México,

Instituto Mora-Secretaría de Educación Pública-Gobierno del Estado de Baja California, 1988.

Matute Aguirre, Álvaro, *Documentos relativos a Felipe Ángeles*, México, Domés, 1982.

_____, *Contraespionaje político y sucesión presidencial. Correspondencia política de Trinidad W. Flores sobre la primera campaña electoral de Álvaro Obregón, 1919-1920*, Historia moderna y contemporánea, México, UNAM, 1985.

Maytorena, José María, *Informe del gobernador de Sonora sobre el golpe de Estado de febrero de 1913 (sic) y hechos posteriores*, Hermosillo, Imprenta del Gobierno del Estado, 1914.

_____, *Algunas verdades sobre el general Obregón*, Los Ángeles, El Heraldo de México, 1919.

Moguel, Josefina (ed.), *Venustiano Carranza. Antología*, México, Gobierno del Estado de Querétaro-INEHRM, 1986.

_____, *Guía e índices del Archivo del Primer Jefe del Ejército Constitucionalista, 1889-1920*, 2 vols., México, Condumex, 1994.

_____, *Catálogo del Archivo del Centro de Estudios de Historia de México Condumex. Fondos e índices*, México, Condumex, 1998.

Muro, Luis y Berta Ulloa, *Guía del ramo Revolución mexicana, 1910-1920 del Archivo Histórico de la Defensa Nacional y de otros repositorios del Gabinete de manuscritos de la Biblioteca Nacional de México*, México, El Colegio de México, 1997.

Noriega, Raúl, *50 Discursos doctrinales en el Congreso Constituyente de la Revolución mexicana 1916-1917* (notas biográficas y efemérides: Jesús Castañón y Alberto Morales Jiménez), México, INEHRM, 1967.

O'Shaughnessy, Edith Louise, *A Diplomat's Wife in Mexico: Letters from the American Embassy at Mexico City, Covering the Dramatic Period between October 8th, 1913 and the Breaking off of Diplomatic Relations on April 23rd, 1914, Together with an Account of the Occupation of VeraCruz*, Nueva York, Harper & Brothers, 1916.

Osorio Zúñiga, Rubén, *La correspondencia de Francisco Villa. Cartas y telegramas de 1912 a 1923*, Chihuahua, Gobierno del Estado de Chihuahua, 1988.

Pérez Montfort, Ricardo, *Guía del Archivo Genaro Amezcua*, Guías Chimalistac, México, Condumex, 1982.

Robles Zárate, Alfredo, *50 años después, o la Revolución en casa: 23 de noviembre de 1910, 15 de abril de 1913, 14 de marzo de 1914*, México, Editora Mayo, 1964.

Romero Flores, Jesús, *Los constituyentes ante su obra, 1917*, México, Senado de la República, 1985.

• Ross, Stanley Robert (ed.), *Fuentes de la Historia contemporánea de México, periódicos y revistas*, México, El Colegio de México, 1978.

Ruiz Abreu, Carlos, *La Revolución en Chiapas: índice de documentos existentes en el Archivo General de la Nación de la ciudad de México, fondo Francisco I. Madero*, México, Gobierno del Estado de Chiapas-Consejo Estatal de Fomento y Difusión de la Cultura, 1993.

_____, *Fuentes para el estudio de la Revolución en Tabasco*, México, INEHRM, 1997.

Sayeg Helú, Jorge, *La Revolución mexicana a través de sus documentos fundamentales (1900-1913)*, México, INEHRM, 1981.

_____, *La Revolución mexicana a través de sus documentos fundamentales (1913-1916)*, México, INEHRM, 1982.

Suárez del Solar, María de los Ángeles (ed.), *Francisco I. Madero. Antología*, México, INEHRM, 1987.

Taracena, Alfonso (ed.), *Cartas políticas de José Vasconcelos*, México, Clásica Selecta, 1959.

Taylor Hansen, Lawrence Douglas, *Revolución mexicana. Guía de archivos y bibliotecas. México-Estados Unidos*, México, INEHRM, 1987.

Torre Villar, Ernesto de la (ed.), *Lecturas históricas mexicanas*, México, Empresas Editoriales, 1971.

Trujillo Bautista, Jorge (ed.), *Testimonios de la Revolución mexicana en Tamaulipas*, México, INEHRM-Gobierno del Estado de Tamaulipas, 1992.

Ulloa, Berta, "La Revolución mexicana a través del archivo de la Secretaría de Relaciones Exteriores", tesis de maestría, UNAM, 1963.

_____, *La Revolución más allá del Bravo: guía de documentos relativos a México en archivos de Estados Unidos, 1900-1948*, México, El Colegio de México, 1991.

Vaca, Agustín, Alma Dorantes González y Jaime Olveda, *Fuentes hemerográficas jaliscienses para el estudio de la Revolución mexicana*, México, INAH, 1990.

Valbuena, Rubén E. (ed.), *Plan de Guadalupe. Homenaje del ejército mexicano. Cincuentenario 1913-1963*, México, Secretaría de la Defensa Nacional, 1963.

Zermeño Padilla, Guillermo y Rubén Aguilar, *Hacia una reinterpretación del sinarquismo actual: notas y materiales para su estudio*, México, Universidad Iberoamericana, 1988.

MEMORIAS

Aguirre, Amado, *Mis memorias de campaña: apuntes para la historia*, México, s. e., 1953.

Aguirre Benavides, Adrián, *Madero el inmaculado: Historia de la Revolución de 1910*, México, Diana, 1962.

Alessio Robles, Vito, *Desfile sangriento*, México, A. del Bosque, 1936.

_____, *Mis andanzas con nuestro Ulises*, México, Botas, 1938.

Alvarado, Salvador, *Mi actuación revolucionaria en Yucatán*, París, Librería de la Viuda de C. Bouret, 1918.

Amezcua, José Luis, *Memorias de una campaña*, México, Talleres Gráficos de la Nación, 1924.

Bórquez, Djed, *Crónica del Constituyente*, México, Gobierno del Estado de Querétaro-INEHRM, 1992.

Bravo Sandoval, Manuel, *Agustín Orozco Bravo: anécdotas de un jiquilpense*, México, INEHRM, 1998.

Breceda, Alfredo, *México revolucionario, 1913-1917*, 2 vols., Madrid, Tipografía artística Cervantes, 1920-1941.

Bulnes, Francisco, *The Whole Truth about Mexico*, Nueva York, M. Bulnes Book Co., 1916.

Bulnes, Francisco, *El verdadero Díaz y la Revolución*, México, Eusebio Gómez de la Puente, 1920.

Calero y Sierra, Manuel, *Un decenio de política mexicana*, Nueva York, Middleditch Co., 1920.

Caraveo Estrada, Baudilio B., *Historias de mi odisea revolucionaria: la Revolución en la sierra de Chihuahua y la Convención de Aguascalientes* (presentación de Jesús Vargas Valdez), Chihuahua, Doble Hélice Ediciones, 1996.

Caraveo, Marcelo, *Memorias del general don Marcelo Caraveo*, El Paso, s. e., 1931.

_____, *Crónica de la revolución (1910-1929)*, eds. Guillermo Porras Muñoz y Jean-Pierre Bastian, México, Trillas, 1992.

• Cárdenas, Lázaro, *Seis años de gobierno al servicio de México, 1934-1940*, México, Talleres Tipográficos de El Nacional, 1940.

Daniels, Josephus, *Diplomático en mangas de camisa*, traducido por Salvador Duhart M., México, Talleres Gráficos de la Nación, 1949.

Degollado Guízar, Jesús, *Memorias de Jesús Degollado Guízar, último general en jefe del ejército cristero*, México, JUS, 1957.

Dorador, Silvestre, *Mi prisión, la defensa nacional y la verdad del caso, una página para la historia de la Revolución constitucionalista en Durango*, México, Departamento de Talleres Gráficos de la Secretaría de Fomento, 1916.

Duarte, Teodosio, *Memorias de la Revolución de Teodosio Duarte Morales. 20 de noviembre de 1910 a 1913*, Chihuahua, Secretaría de Educación y Cultura del Gobierno del Estado de Chihuahua, 2001.

Galicia Espinosa, Rutilo, *El almacén de mis recuerdos*, México, INEHRM, 1997.

Gavira, Gabriel, *Su actuación político-militar revolucionaria*, Xalapa, Gobierno de Veracruz, 1982.

González Garza, Federico, *La Revolución mexicana. Mi contribución político-literaria*, México, INEHRM, 1985.

González, Manuel W., *Contra Villa. Relatos de campaña 1914-1915*, México, Botas, 1935.

• Guzmán Esparza, Roberto, *Memorias de Adolfo de la Huerta según su propio dictado*, México, Ediciones Guzmán, 1957.

• Guzmán, Martín Luis, *Memorias de Pancho Villa*, México, Compañía General de Ediciones, 1951.

Guzmán Urióstegui, Jesús, *Jesús Evila Franco Nájera, a pesar del olvido*, México, INEHRM, 1995.

Hull, Cordel, *The Memoirs of Cordel Hull*, 2 vols., Nueva York, Macmillan, 1948.

Jaurrieta, José María, *Con Villa (1916-1920). Memorias de campaña*, México, Conaculta, 1997.

King, Rosa E., *Tempest over Mexico: a Personal Chronicle*, Boston, Little, Brown and Company, 1935.

• Limantour, José Yves, *Apuntes sobre mi vida pública*, México, Porrúa, 1965.

López de Nava Camarena, Rodolfo, *Mis hechos de campaña. Testimonios del general de división Rodolfo López de Nava Baltierra*, México, INEHRM, 1995.

López Rivera-Marín, Máxima Eulalia y Toribio Salinas, *Dos testimo-

nios sobre la Revolución de 1911, traducido por Macario Matus, Juchitán, Patronato de la Casa de la Cultura, 1980.

• Márquez Sterling, Manuel, *Los últimos días del presidente Madero,* La Habana, Imprenta Nacional de Cuba, 1917.

Mendoza Barragán, Ezequiel, *Confesiones de un cristero* (prólogo de Jean Meyer), México, Breve Fondo Editorial, 2001.

Mendoza Ugalde, Carlos Alberto, *Autobiografía de Adalberto R. Mendoza,* México, INEHRM, 1998.

Moheno, Querido, *Mi actuación después de la Decena Trágica,* México, Botas, 1939.

Muñoz, Ignacio, *Verdad y mito de la Revolución mexicana (relatada por un protagonista),* 4 vols., México, Ediciones Populares, 1960-1965.

Nava Moreno, Joaquín, *Heliodoro Castillo Castro, general zapatista guerrerense: relato testimonial,* Ajuchitlán, Ediciones El Balcón, 1995.

Navarro Martínez, Miguel, *Relatos y anécdotas de un cantor (1901-1954),* México, INEHRM, 1990.

Palavicini, Félix F., *Mi vida revolucionaria,* México, Botas, 1937.

Pani, Alberto J., *Mi contribución al nuevo régimen, 1910-1933. A propósito del Ulises criollo autobiografía del licenciado don José Vasconcelos,* México, Cultura, 1936.

_____, *Apuntes autobiográficos,* 2 vols., México, Porrúa, 1951.

• Portes Gil, Emilio, *Autobiografía de la Revolución mexicana, un tratado de interpretación histórica,* México, Instituto Mexicano de Cultura, 1964.

Prieto Laurens, Jorge, *Cincuenta años de política mexicana: memorias políticas,* México, Editora Mexicana de Periódicos, Libros y Revistas, 1968.

Reyes, Rodolfo, *De mi vida. Memorias políticas,* 3 vols., Madrid, 1929.

Robles Zárate, Alfredo, *50 años después, o la Revolución en casa: 23 de noviembre de 1910, 15 de abril de 1913, 14 de marzo de 1914,* México, Editora Mayo, 1964.

Santos, Gonzalo N., *Memorias,* México, Grijalbo, 1984.

Santos Santos, Pedro Antonio, *Memorias* (introducción, transcripción y notas de María Isabel Monroy de Martí), San Luis Potosí, Archivo Histórico del Estado de San Luis Potosí, 1992.

Sotelo Arévalo, Salvador, *Historia de mi vida: autobiografía y memoria de un maestro rural en México. 1904-1965,* México, INEHRM, 1994.

Thord-Gray, Ivor, *Gringo Rebel: México 1913-1914,* Coral Gables, University of Miami Press, 1960.

Urquizo, Francisco Luis, *Recuerdo que...: Visiones aisladas de la Revolución,* México, Botas, 1934.

• Vázquez Gómez, Francisco, *Memorias políticas, 1900-1913,* México, Imprenta Mundial, 1933.

Villaseñor, Víctor Manuel, *Memorias de un hombre de izquierda,* 2 vols., México, Grijalbo, 1976.

Zapata Vela, Carlos, *Conversaciones con Heriberto Jara,* México, Costa Amic, 1992.

Zertuche, Enrique, *Los Caloca en la Revolución: reseña de sus inquietudes y vicisitudes,* Lampazos, Sociedad Neoleonesa de Historia Geografía y Estadística, 1969.

HISTORIA POLÍTICA

De cómo vino Huerta y cómo se fué...: apuntes para la historia de un régimen militar (prólogo de Luis Martínez Fernández del Campo), México, El Caballito, 1975.

Introducción, antecedentes y explicación general de la Constitución de 1917, México, INEHRM, 1990.

La Soberana Convención Revolucionaria en Aguascalientes, ed. Gobierno del Estado de Aguascalientes, Aguascalientes, Instituto Cultural de Aguascalientes, 1991.

Congreso Internacional sobre el 75 Aniversario de la Promulgación de la Constitución Política de los Estados Unidos Mexicanos, México, UNAM, 1993.

Abascal, Salvador, *Mis recuerdos. Sinarquismo y Colonia María Auxiliadora, 1935-1944: con importantes documentos de los Archivos Nacionales de Washington*, México, Tradición, 1980.

Acevedo de la Llata, Concepción, *Yo, la madre Conchita*, México, Contenido, 1974.

Aguilar, José Ángel, *La Decena Trágica*, México, INEHRM, 1981.

Aguilar V., Rubén y Guillermo Zermeño Padilla, *Religión, política y sociedad. El sinarquismo y la Iglesia en México. Nueve ensayos*, México, Universidad Iberoamericana, 1992.

Aguirre Berlanga, Manuel, *Génesis legal de la Revolución constitucionalista*, México, Imprenta Nacional, 1918.

Alessio Robles, Vito, *Desfile sangriento*, México, A. del Bosque, 1936.

_____, *Los Tratados de Bucareli*, México, A. del Bosque, 1937.

_____, *La Convención Revolucionaria de Aguascalientes*, México, INEHRM, 1979.

Altamirano Cozzi, Grazziela, "Pedro Lascuráin, un episodio en la Revolución mexicana", tesis de licenciatura, UNAM, 1979.

_____, "Los sonorenses y sus alianzas: la capitalización del poder", *Boletín del Fideicomiso Archivos Plutarco Elías Calles y Fernando Torreblanca*, núm. 7 (1991), pp. 1-32.

Amaya C., Luis Fernando, *La Soberana Convención Revolucionaria, 1914-1916*, México, Trillas, 1975.

Amaya, Juan Gualberto, *Los gobiernos de Obregón, Calles y regímenes "peleles" derivados del callismo. Tercera Etapa 1920 a 1935*, México, s. e., 1947.

Anderson, Rodney D., "Mexican Workers and the Politics of Revolution, 1906-1911", *Hispanic American Historical Review*, LIV, núm. 1 (1974), pp. 94-113.

Arenas Guzmán, Diego, *Radiografía del Cuartelazo 1912-1913*, México, INEHRM, 1969.

_____, *El régimen del general Huerta en proyección histórica*, México, INEHRM, 1970.

_____, *Proceso democrático de la Revolución mexicana*, México, INEHRM, 1971.

_____, *Guanajuato en el Congreso Constituyente de 1916-1917*, México, INEHRM, 1972.

Arriola, Enrique, *La rebelión delahuertista*, México, Secretaría de Educación Pública-Martín Casillas, 1983.

Ávila Espinosa, Felipe Arturo, "Las elecciones de 1911, un ensayo democrático", *Estudios de Historia Moderna y Contemporánea de México*, núm. 23 (2002), pp. 13-53.

Barba Solano, Carlos Eduardo, "El estado de la Revolución mexicana, 1917-1938. Historia de una hegemonía", tesis de licenciatura, El Colegio de México, 1983.

Barrera Fuentes, Federico, "El Rompimiento", *Boletín del Fideicomiso Archivos Plutarco Elías Calles y Fernando Torreblanca,* núm. 12 (1993), pp. 1-32.

Bartra, Roger, *Caciquismo y poder político en el México rural,* México, Siglo XXI-UNAM, 1975.

_____, *Campesinado y poder político en México,* México, Era, 1982.

Bernstein, Marvin, *The Mexican Mining Industry, 1890-1950. A Study of the Interaction of Politics, and Technology,* Albany, State University of New York Press, 1964.

Blanco, Mercedes, "La conformación del aparato gubernamental mexicano. 1920-1940", *Secuencia,* núm. 33, Nueva época (1995), 47-84.

Bolis Morales, Guillermo, *Los militares y la política en México, 1915-1974,* México, El Caballito, 1975.

Bravo Ugarte, José, "Historia y odisea vasconcelista", *Historia Mexicana,* X, núm. 4 (1961), pp. 533-556.

Brown, Jonathan, *Oil and Revolution in Mexico,* Berkeley, University of California Press, 1993.

Buffington, Robert, "Revolutionary Reform: The Mexican Revolution and the Discourse on Prison Reform", *Mexican Studies / Estudios Mexicanos,* IX, núm. 1 (1993), pp. 71-93.

Campbell, Hugh, *La derecha radical en México, 1929-1949,* México, Secretaría de Educación Pública, 1976.

Canudas, Enrique, *1910: la elección de una muerte anunciada,* México, Universidad Autónoma Metropolitana, 1999.

Capetillo, Alonso, *La rebelión sin cabeza: génesis y desarrollo del movimiento delahuertista,* México, Botas, 1925.

Cárdenas García, Nicolás, "De Sonora a Palacio Nacional: el conflicto Carranza-Obregón", tesis de licenciatura, ENEP-Acatlán, 1984.

_____, "La Revolución mexicana y los inicios de la organización empresarial (1917-1918)", *Secuencia,* núm. 4 (1985), pp. 24-41.

_____, *La reconstrucción del Estado Mexicano. Los años sonorenses (1920-1935),* México, Universidad Autónoma Metropolitana, 1992.

Carr, Barry, "Radical Trip, Los orígenes del Partido Comunista Mexicano", *Nexos,* abril de 1981, pp. 37-47.

Casar, María Amparo e Ignacio Marván Laborde (eds.), *Gobernar sin mayoría. México 1867-1997,* México, CIDE-Taurus, 2002.

Castañeda Batres, Óscar, *Revolución mexicana y Constitución de 1917,* Documentos para la Historia del México Independiente, México, Porrúa, 1989.

Castro Martínez, Pedro Fernando, "El movimiento de Agua Prieta: Las presencias sin olvido", *Estudios de Historia Moderna y Contemporánea de México,* núm. 17 (1996), pp. 89-121.

_____, "La Campaña Presidencial de 1927-1928 y el ocaso del caudillismo", *Estudios de Historia Moderna y Contemporánea de México,* núm. 23 (2002), pp. 114-144.

Collado Herrera, María del Carmen Guadalupe, *La burguesía mexicana. El emporio Braniff y su participación política, 1865-1920,* México, Siglo XXI, 1987.

Contreras, Jesús Ángeles, *Jesús Silva Espinosa: primer gobernador maderista del estado de Hidalgo,* Pachuca, Presidencia Municipal de Pachuca, 1994.

• Córdova, Arnaldo, *La Revolución en crisis. La aventura del Maximato,* México, Cal y Arena, 1995.

Covarrubias, Lorenzo, "Ideology, Brokers, Political Action, and the State: The Strategies and Historical Transformation of a Counterrevolutionary Urban and Peasant Movement in Mexico", tesis doctoral, Universidad de California, 1999.

Cruz Hernández, E., "El régimen de la Revolución mexicana y la estabilidad política", tesis de licenciatura, UNAM, 1975.

Curley, Robert, "Slouching Towards Bethlehem: Catholics and the Political Sphere in Revolutionary Mexico", tesis doctoral, Universidad de Chicago, 2001.

Díaz Trejo, Rodrigo, "La concepción del federalismo en la conformación del Estado mexicano durante el siglo XX", *Nuestro Siglo,* enero-marzo de 2002, 74-83.

Domínguez Milián, Carlos, *Tuxpan, capital provisional del primer gobierno constitucionalista,* Xalapa, Universidad Veracruzana, 1964.

Domínguez Pérez, Olivia, "Tejeda y Sánchez en pugna", *Boletín del Fideicomiso Archivos Plutarco Elías Calles y Fernando Torreblanca,* núm. 10 (1992), 1-32.

Durand Ponte, Víctor Manuel y María Marcia Smith Martins, "La educación y la cultura política en México, una relación agotada", *Revista Mexicana de Sociología* LIX, núm. 2 (1997), pp. 41-74.

Falcón Vega, Romana, *Revolución y concentración de poder. La destrucción de los movimientos sociales independientes en México, el caso del agrarismo veracruzano, 1928-1935,* México, El Colegio de México, 1976.

Ferrer Mendiolea, Gabriel, *Historia del Congreso Constituyente de 1916-1917,* México, INEHRM, 1957.

García Gutiérrez, Fidel, "La actuación política del Partido Católico Nacional durante la Revolución mexicana 1911-1914", tesis de licenciatura, UNAM, 1998.

García Morales, Soledad, *La rebelión delahuertista en Veracruz, 1923,* Biblioteca Universidad Veracruzana, Jalapa, Universidad Veracruzana, 1986.

García Ugarte, María Eugenia, "El chisme en corto o el espionaje profesional en Querétaro", *Eslabones. Revista Semestral de Estudios Regionales,* núm. 2 (1991), pp. 141-153.

Garciadiego Dantán, Javier, "La revuelta de Agua Prieta", tesis de licenciatura, UNAM, 1974.

_____, "The Universidad Nacional and the Mexican Revolution, 1910-1920", tesis doctoral, Universidad de Chicago, 1988.

• _____, *Rudos contra científicos: la Universidad Nacional durante la Revolución mexicana,* México, El Colegio de México-UNAM, 1996.

_____, "La prensa durante la Revolución mexicana", *Sólo Historia,* octubre-diciembre de 1999, pp. 29-34.

Garrido, Luis Javier, *El Partido de la Revolución Institucionalizada. La formación del nuevo Estado en México (1928-1945)*, México, Siglo XXI, 1982.

Ginzberg, Eitan, "Formación de la infraestructura política para una reforma agraria radical: Adalberto Tejeda y la cuestión municipal en Veracruz, 1928-1932", *Historia Mexicana*, XLIX, núm. 4 (2000), pp. 673-727.

Gojman de Backal, Alicia, *La expropiación petrolera vista a través de la prensa mexicana, norteamericana e inglesa, 1936-1940*, México, Petróleos Mexicanos, 1988.

Goldfrank, Walter, "Inequality and Revolution in Rural Mexico", *Social and Economic Studies*, XV, núm. 4 (1976), pp. 397-410.

Gómez López, Carlos G., "Madero y el cuarto poder", tesis de licenciatura, UNAM, 1988.

González del Rivero, Leticia, "La oposición almazanista y las elecciones de 1940", *Historia y Grafía*, núm. 3 (1994), pp. 11-33.

González, Fernando M., "Los católicos 'tiranicidas' en México durante la presidencia de Plutarco Elías Calles (1924-1928)", *Historia y Grafía*, núm. 14 (2000), pp. 105-114.

González Loscertales, Vicente, "La colonia española de México durante la revolución maderista, 1911-1913", *Revista de la Universidad Complutense*, XXVI, núm. 107 (1977), pp. 336-341.

Guadarrama, Rocío, *Los sindicatos y la política en México, la CROM, 1918-1928*, 2 vols., México, Era, 1981.

• Guerra, François-Xavier, *México, del antiguo régimen a la Revolución*, 2 vols., México, Fondo de Cultura Económica, 1988.

_____, "Las elecciones legislativas de la Revolución mexicana. 1912", *Revista Mexicana de Sociología*, LII, núm. 2 (1990), pp. 241-276.

Hall, Linda B., *Oil, Banks and Politics. The United States and Postrevolutionary Mexico, 1917-1924*, Austin, University of Texas Press, 1995.

_____, *Bancos, política y petróleo. Estados Unidos y el México postrevolucionario, 1917-1924*, México, Conaculta, 1999.

Hamilton, Nora, *The Limits of State Autonomy. Post-Revolutionary Mexico*, Princeton, Princeton University Press, 1982.

_____, "The State and the National Burgeoisie in Posrevolutionary Mexico, 1920-1940", *Latin American Perspectives*, IX, núm. 35 (1982), pp. 31-54.

Hamilton, Nora y Timothy Harding (eds.), *Modern Mexico, State, Economy, and Social Conflict*, Latin American perspectives readers. Beverly Hills, Sage Publications, 1986.

Hanrahan, Gene Z., *The Rebellion of Félix Díaz*, Salisbury, Documentary, 1983.

Hansen, Roger D., *The Politics of Mexican Development*, Baltimore, Johns Hopkins University Press, 1974.

Heau-Lambert, Catherine y Enrique Rajchenberg, "177 hombres en busca de una identidad: los primeros tiempos de la Soberana Convención", *Relaciones*, XIV, núm. 55 (1993), pp. 73-96.

Henderson, Peter V. N., *Félix Díaz, the Porfirians, and the Mexican Revolution*, Lincoln, University of Nebraska Press, 1981.

Henderson, Peter V. N., *In the Absence of Don Porfirio: Francisco León de la Barra and the Mexican Revolution,* Wilmington, Scholarly Resources, 2000.

Herrera-Lasso, Ana Lía, "Una élite dentro de la élite: El Casino Español de México entre el Porfiriato y la Revolución (1875-1915)", *Secuencia,* núm. 42 (1998), pp. 177-205.

Hocking, John David. "The Oil Industry and the Mexican Revolution, 1917-1927, Extra-Legal Activity in Pursuit of the Past", tesis de maestría, Universidad de Calgary, 1976.

Iturribarría, Jorge Fernando, "Limantour y la caída de Porfirio Díaz", *Historia Mexicana,* X, núm. 2 (1960), pp. 243-281.

_____, "La política de conciliación del general Díaz y el arzobispo Gillow", *Historia Mexicana,* XIV, núm. 1 (1964), pp. 81-101.

Jerónimo Romero, Saúl, *La incorporación del pueblo al proceso electoral de 1910,* México, INEHRM, 1995.

José Valenzuela, Georgette, "El secreto a voces que terminó en rebelión (septiembre-diciembre de 1923)", *Eslabones. Revista Semestral de Estudios Regionales,* núm. 2 (1991), pp. 159-162.

_____, *Legislación electoral mexicana (1812-1921). Cambios y Continuidades,* México, UNAM, 1992.

_____, *La campaña presidencial de 1923-1924 en México,* México, INEHRM, 1998.

_____, "1920-1924, ¡...y venían de una revolución! De la oposición civil a la oposición militar", en María Amparo Casar e Ignacio Marván Laborde (eds.), *Gobernar sin mayoría. México 1867-1997,* México, CIDE-Taurus, 2002, pp. 157-194.

_____, "Campaña, rebelión y las elecciones presidenciales de 1923 a 1924 en México", *Estudios de Historia Moderna y Contemporánea de México,* núm. 23 (2002), pp. 55-111.

Joseph, Gilbert M., "The Fragile Revolution: Caciques, Politics and Revolutionary Process in Yucatán", *Latin American Research Review,* XV, núm. 1 (1980), pp. 39-64.

Keyser, Cambell Dirck, *Emilio Portes Gil and Mexican politics,* Charlotesville, C. D. Keyser, 1995.

Knight, Alan, "The Politics of the expropriation", en Jonathan Brown y Alan Knight (eds.), *The Mexican Petroleum Industry in the Twentieth Century,* Austin, University of Texas Press, 1992.

_____, "Corruption in Twentieth Century", en Walter Little y Eduardo Posada-Carbó (eds.), *Political Corruption in Europe and Latin America,* Londres, University of London Press, 1996, pp. 119-133.

_____, "Habitus and homicide: Political Culture in revolutionary Mexico", en Wil G. Pansters (ed.), *Citizens of the Pyramid. Essays on Mexican Political Culture,* Amsterdam, Thela, 1997, pp. 107-129.

Koth, Karl B. "Crisis Politician and Political Counterweight: Teodoro A. Dehesa in Mexican Federal Politics", *Mexican Studies/Estudios Mexicanos,* XI, núm. 2 (1995), pp. 243-271.

_____, "Madero, Dehesa y el cientificismo: el problema de la sucesión gubernamental en Veracruz, 1911-1913", *Historia Mexicana,* XLVI, núm. 2 (1996), pp. 397-424.

Krauze, Enrique, *Biografía del poder: caudillos de la Revolución mexicana, 1910-1940*. Barcelona, Tusquets Editores, 1997.

Leal, Juan Felipe, "El Estado y el bloque de poder en México, 1867-1914", *Historia Mexicana*, XXIII, núm. 4 (1974), pp. 700-721.

_____, "The Mexican State 1915-1973", en Nora Hamilton y Timothy Harding (eds.), *Modern Mexico State Economy and Social Conflict*, Londres, Sage Publications, 1986, pp. 21-43.

Leyva Velázquez, Gabriel, *Resonancias de la lucha. Ecos de la epopeya sinaloense, 1910,* México, Cortés, 1945.

List Arzubide, Germán, "La rebelión constituyente de 1917", *Historia Mexicana,* I, núm. 2 (1951), pp. 227-250.

López González, Valentín, *El Cuartelazo: Morelos 1913,* México, Gobierno del Estado de Morelos, s. f.

Loyola Díaz, Rafael, *La crisis Obregón-Calles y el Estado mexicano,* México, Siglo XXI, 1980.

Ludlow Wiechers, Leonor, "Las demandas de la derecha clerical 1917-1940", en Cecilia Noriega (ed.), *El nacionalismo en México,* Zamora, El Colegio de Michoacán, 1992, pp. 313-327.

Luján, José María (ed.), *Entrevista Díaz-Creelman,* México, UNAM, 1963.

MacGregor, Josefina, *La XXVI Legislatura, un episodio en la historia legislativa de México,* México, Instituto de Investigaciones Legislativas, Cámara de Diputados, 1983.

• _____, "La XXVI legislatura frente a Victoriano Huerta. ¿Un caso de parlamentarismo?" *Secuencia,* núm. 4 (2000), pp. 10-23.

Madero, Francisco I. *et al., En torno a la democracia. El debate político en México. 1901-1916* (estudio preliminar de Gloria Villegas Moreno), México, INEHRM, 1989.

Martínez Assad, Carlos, *El henriquismo, una piedra en el camino,* México, Martín Casillas Editores, 1982.

_____, *Los rebeldes vencidos: Cedillo contra el estado cardenista,* México, Fondo de Cultura Económica, 1990.

_____, "Entre la historia política y el espionaje", *Eslabones, Revista Semestral de Estudios Regionales,* núm. 2 (1991), pp. 4-7.

Martínez, Rafael, *¡Sálvese el que pueda! Los días de la rebelión delahuertista,* México, El Gráfico, 1931.

• Marván Laborde, Ignacio, "De instituciones y caudillos: las relaciones entre la Cámara de Diputados de la XXVII legislatura y el presidente Carranza", *Historia Mexicana,* LI, núm. 2 (2001), pp. 261-321.

_____, "Ejecutivo fuerte y división de poderes: el primer ensayo de esa utopía de la Revolución mexicana", en María Amparo Casar e Ignacio Marván Laborde (eds.), *Gobernar sin mayoría. México 1867-1997,* México, CIDE-Taurus, 2002, pp. 127-156.

Matute Aguirre, Álvaro, *Contraespionaje político y sucesión presidencial. Correspondencia política de Trinidad W. Flores sobre la primera campaña electoral de Álvaro Obregón, 1919-1920,* Historia Moderna y Contemporánea, México, UNAM, 1985.

_____, "Dos casos de control telegráfico: espionaje político e inteligencia militar (1919-1924)", *Eslabones. Revista Semestral de Estudios Regionales*, núm. 2 (1991), pp. 154-158.

Medin, Tzvi, *El minimato presidencial: historia política del Maximato, 1928-1935,* México, Era, 1982.

Medina Peña, Luis, *Hacia el nuevo Estado. 1920-1994,* México, Fondo de Cultura Económica, 1995.

Melgar Valdés, Gregorio, "La Revolución mexicana a través de los planes políticos", tesis de licenciatura, UNAM, 1981.

Mena Brito, Bernardino, *Reestructuración histórica de Yucatán: influencia negativa de los políticos campechanos en los destinos de México y Yucatán de 1856 a 1913,* 3 vols., México, Editores Mexicanos Unidos, 1967.

Méndez Reyes, Jesús, "La prensa opositora al Maderismo, trinchera de la reacción", *Estudios de Historia Moderna y Contemporánea de México,* núm. 21 (2001), pp. 31-57.

Meyer Cosío, Francisco Javier, *El final del porfirismo en Guanajuato: élites en la crisis final, septiembre de 1910-junio de 1911,* Nuestra Cultura, Guanajuato, Gobierno del Estado de Guanajuato, 1993.

Meyer, Jean, "Revolution and reconstruction in the 1920s", en Leslie Bethell (ed.), *Mexico since Independence,* Cambridge, Cambridge University Press, 1991, pp. 201-240.

_____, "La diarquía (1924-1928)", en María Amparo Casar e Ignacio Marván Laborde (eds.), *Gobernar sin mayoría. México 1867-1997,* México, CIDE-Taurus, 2002, pp. 195-234.

Meyer, Lorenzo, "La Revolución mexicana y sus elecciones presidenciales: una interpretación (1911-1940)", *Historia Mexicana,* XXXII, núm. 2 (1982), pp. 143-197.

Mijangos Díaz, Eduardo Nomelí, *La Revolución y el poder político en Michoacán, 1910-1920,* Morelia, Universidad Michoacana de San Nicolás de Hidalgo, 1997.

_____, "La revolución y el poder político en Michoacán, 1910-1920", tesis de licenciatura, Universidad Michoacana de San Nicolás de Hidalgo, 1997.

Monroy Durán, Luis, *El último caudillo: apuntes para la historia de México acerca del movimiento armado de 1923, en contra del gobierno constituido,* México, José S. Rodríguez, 1924.

Muñoz Cota, José, *Querétaro: Sinaí en llamas. La constitución de 1917,* México, Costa Amic, 1967.

Nacif Hernández, Benito, "El impacto del PNR en la lucha por la presidencia y la supervivencia política de los legisladores (1928-1934)", en María Amparo Casar e Ignacio Marván Laborde (eds.), *Gobernar sin mayoría. México 1867-1997,* México, CIDE-Taurus, 2002, pp. 235-264.

Nava, Carmen, "La democracia interna del Partido de la Revolución Mexicana (PRM)", *Revista Mexicana de Sociología,* L, núm. 3 (1988), pp. 157-168.

Negrete, Marta Elena, *Relaciones entre la Iglesia y el Estado en México. 1930-1940,* México, El Colegio de México-Universidad Iberoamericana, 1988.

Niemeyer, Víctor E., *Revolution in Querétaro. The Mexican Constitutional Convention of 1916-1917,* Austin, University of Texas Press, 1974.

O'Dogherty Madrazo, Laura, *De urnas y sotanas. El partido católico en Jalisco, 1911-1913,* México, Conaculta-UNAM, 2001.

Orozco, Víctor, "Un aprendizaje para la Revolución. El Porfiriato en

Chihuahua", *Eslabones. Revista Semestral de Estudios Regionales,* núm. 11 (1996), pp. 104-113.

Palavicini, Félix F., *Libertad y demagogia,* México, Botas, 1938.

_____, *Los diputados* (presentación de Fernando Zertuche Muñoz), México, PRI, 1976.

Paoli Bolio, Francisco José, *Yucatán y los orígenes del nuevo estado mexicano: gobierno del general Salvador Alvarado. 1915-1918,* México, Era, 1984.

Pérez Montfort, Ricardo, *Por la patria y por la raza. La derecha secular en el sexenio de Lázaro Cárdenas,* México, UNAM, 1993.

• Piccato, Pablo, *Congreso y Revolución,* México, INEHRM, 1991.

Plasencia de la Parra, Enrique, "La rebelión delahuertista 1923-1924", tesis doctoral, UNAM, 1996.

• _____, *Personajes y escenarios de la rebelión delahuertista. 1923-1924,* México, UNAM-Porrúa, 1998.

Ponce de León, Gregorio, *El interinato presidencial de 1911,* México, Imprenta de la Secretaría de Fomento, 1912.

Priego Ojeda, Arturo y Mariana Hernández del Olmo, *Tratados de Teoloyucan,* México, INEHRM, 1985.

Pruneda, Salvador, *La caricatura como arma política,* México, INEHRM, 1958.

Quirk, Robert E., "Cómo se salvó Eduardo Iturbide", *Historia Mexicana,* VI, núm. 1 (1956), 39-58.

_____, "La Convención en Cuernavaca", *Historia Mexicana,* IX, núm. 4 (1960), pp. 571-557.

• _____, *The Mexican Revolution, 1914-1915: The Convention of Aguascalientes,* Bloomington, Indiana University Press, 1960.

Quirós Pérez, Miguel *et al., De Carranza a Salinas. Otras razones en el ejercicio del poder en México, estado, régimen y sistema. Ensayo de historia política* (prólogo de Eduardo Turrent Díaz), México, Universidad Autónoma Metropolitana, 1992.

Ramírez Ramírez, Serafín, "Problemas socio-jurídicos de la Revolución mexicana", tesis de licenciatura, UNAM, 1981.

Richmond, Douglas W., "Intentos externos para derrocar al régimen de Carranza (1915-1920)", *Historia Mexicana,* XXXII, núm. 1 (1982), pp. 106-132.

Rodríguez Kuri, Ariel, "El discurso del miedo: *El Imparcial* y Francisco I. Madero", *Historia Mexicana,* XL, núm. 4 (1989), pp. 697-740.

Rojas, Basilio, *La Soberana Convención de Aguascalientes,* México, Comaval, 1961.

Rojas Garciadueñas, José, *El Ateneo de la Juventud y la Revolución,* México, INEHRM, 1979.

Rojas, Rafael, "La oposición parlamentaria al gobierno de Francisco I. Madero", en María Amparo Casar e Ignacio Marván Laborde (eds.), *Gobernar sin mayoría. México 1867-1997,* México, CIDE-Taurus, 2002, pp. 107-123.

Romero Flores, Jesús, *Los constituyentes ante su obra, 1917,* México, Senado de la República, 1985.

_____, *Historia del Congreso Constituyente, 1916-1917,* México, Gobierno del Estado de Querétaro- INEHRM, 1987.

Sánchez Flavia, Alberto Enrique, "Logros sociales de la Revolución mexicana en la Constitución de 1917", tesis de licenciatura, UNAM, 1981.

Sánchez Rodríguez, Martín, *Grupos de poder y centralización política en México. El caso Michoacán 1920-1924,* México, INEHRM, 1994.

Sayeg Helú, Jorge, *El constitucionalismo social mexicano,* 2 vols., México, Cultura y Ciencia Política, 1972.

_____, *El Congreso Constituyente de 1916-1917,* México, INEHRM, 1978.

_____, *Significación histórico-política de la Cámara de Diputados de la XXVI Legislatura,* México, INEHRM, 1980.

_____, *La Revolución mexicana a través de sus documentos fundamentales (1900-1913),* México, INEHRM, 1981.

_____, *La Revolución mexicana a través de sus documentos fundamentales (1913-1916),* México, INEHRM, 1982.

_____, *Imágenes del Constituyente de Querétaro,* México, INEHRM, 1983.

Serrano Álvarez, Pablo, *La batalla del espíritu. El movimiento sinarquista en el Bajío (1932-1951),* 2 vols., México, Conaculta, 1992.

Smith, Peter H., "La política dentro de la Revolución: el Congreso Constituyente de 1916-1917", *Historia Mexicana,* XXII, núm. 3 (1973), pp. 363-395.

_____, "The Mexican Revolution and the Transformation of Political Elites", *Boletín de Estudios Latinoamericanos y del Caribe,* XXV (1978), pp. 3-20.

Smith, Robert Freeman, "Estados Unidos y las reformas de la Revolución mexicana, 1915-1928", *Historia Mexicana,* XVIII, núm. 3 (1969), pp. 189-227.

Takanikos-Quinones, John Nicolas, "The Men of Querétaro: A Group Biography of the Delegates to the Mexican Constitutional Congress of 1916-1917", tesis doctoral, Universidad de California, 1989.

Tamayo, Jaime y Fidelina G. Llerenas, "El espionaje político durante el conflicto Zuno-Calles", *Eslabones. Revista Semestral de Estudios Regionales,* núm. 2 (1991), pp. 163-168.

Tecuanhuey Sandoval, Alicia, *Los conflictos electorales de la élite política en una época revolucionaria: Puebla, 1910-1917,* México, INEHRM, 2001.

Terrones López, María Eugenia, "El Partido Cooperativista", *Boletín del Fideicomiso Archivos Plutarco Elías Calles y Fernando Torreblanca,* núm. 13 (1993), pp. 1-32.

• Ulloa, Berta, *Veracruz, capital de la nación, 1914-1915,* México, El Colegio de México, 1986.

Valencia Castrejón, Sergio, *Poder regional y política nacional. El gobierno de Maximino Ávila Camacho en Puebla (1937-1941),* México, INEHRM, 1996.

Wasserman, Mark, "Chihuahuan Politics in the Era of Transition", en Benjamin Thomas y Mark Wasserman (eds.), *Provinces of the Revolution: Essays on Regional Mexican History, 1910-1929,* Albuquerque, University of New Mexico Press, 1990, p. 220.

Weldon, Jeffrey A., "Las estrategias presidenciales con gobierno dividido en México, 1971-1937", en María Amparo Casar e Ignacio

Marván Laborde (eds.), *Gobernar sin mayoría. México 1867-1997,* México, CIDE-Taurus, 2002, pp. 265-292.

Zárate Ramírez, Guillermo Alfonso, "Los derechos sociales derivados de la Revolución mexicana", tesis de licenciatura, UNAM, 1981.

Zepeda Lecuona, Guillermo Raúl, *Constitucionalistas, Iglesia católica y derecho del trabajo en Jalisco,* México, INEHRM, 1997.

Historia intelectual, de los intelectuales y de las ideas

Águila M., Marcos Tonatiuh, "Daniel Cosío Villegas y Jesús Reyes Heroles: contrapuntos sobre el fracaso del liberalismo mexicano", *Memoria: Boletín de* CEMOS, núm. 41 (1992), pp. 5-18.

Aguilar, José Ángel, *Luis Cabrera (semblanza y opiniones),* México, INEHRM, 1976.

Aguilar Rivera, José Antonio, *La sombra de Ulises. Ensayo sobre intelectuales mexicanos y norteamericanos,* México, CIDE-Porrúa, 1998.

Alperovich, M. S., "La Revolución mexicana en la interpretación soviética del periodo de la 'Guerra Fría'", *Historia Mexicana,* XLIV, núm. 4 (1995), pp. 677-690.

Alvarado, Salvador, *La reconstrucción de México; un mensaje a los pueblos de América,* 2 vols., México, J. Ballesca y Cía., 1919.

Alvírez Fernández, Mario, "Las disciplinas jurídicas emanadas de la Revolución mexicana", tesis de licenciatura, UNAM, 1975.

Anaya Merchant, Luis, "La construcción de la memoria y la revisión de la Revolución", *Historia Mexicana,* XLIV, núm. 4 (1995), pp. 525-536.

Arenas Guzmán, Diego, *El periodismo en la Revolución mexicana (de 1876 a 1917),* 2 vols., México, INEHRM, 1966-1967.

• Ávila Espinosa, Felipe Arturo, *El pensamiento económico, político y social de la Convención de Aguascalientes,* Aguascalientes, Instituto Cultural de Aguascalientes-INEHRM, 1991.

_____, "Tres revolucionarios historiadores de la Revolución mexicana: Gildardo Magaña, Juan Barragán y Federico Cervantes", *Estudios de Historia Moderna y Contemporánea de México,* núm. 17 (1996), pp. 67-87.

Azuela Arriaga, María Elena, "Mariano Azuela, novelista de la Revolución mexicana", tesis de maestría, UNAM, 1955.

Azuela, Salvador, *La Revolución mexicana. Estudios históricos* (selección, introducción y notas de Javier Garciadiego Dantán), México, INEHRM, 1988.

Barrera Fuentes, Florencio (ed.), *Crónicas y debates de las sesiones de la Soberana Convención Revolucionaria,* México, INEHRM, pp. 1964-1965.

Bartra, Armando (ed.), *Regeneración 1900-1918. La corriente más radical de la Revolución mexicana a través de su periódico de combate,* México, Era, 1977.

Bassols, Narciso, *El pensamiento político de Álvaro Obregón,* México, Nuestro Tiempo, 1967.

Blanquel F., Eduardo, "El pensamiento político de Ricardo Flores Magón, precursor de la Revolución mexicana", tesis de maestría, UNAM, 1963.

Britton, John A., *Revolution and Ideology: Images of the Mexican Revolution in the United States,* Lexington, University of Kentucky Press, 1995.

Cabrera, Luis, *El pensamiento de Luis Cabrera,* México, INEHRM, 1960.

● _____, *Obras completas,* 4 vols., México, Oasis, 1972-1975.

Cadenhead, Ivie, "Flores Magón y el periódico The Appeal to Reason", *Historia Mexicana,* XIII, núm. 1 (1964), pp. 88-93.

Calderón Juárez, Víctor Manuel, "La sociología de Antonio Caso como efecto de una nueva necesidad de producción de saber derivada de la Revolución mexicana", tesis de licenciatura, UNAM, 1988.

Calles, Plutarco Elías, *Pensamiento político y social. Antología,* México, Patria, 1939.

Camp, Roderic Ai, *Intellectuals and the State in Twentieth-Century Mexico,* Austin, University of Texas Press, 1985.

Carbó Darnaculleta, Margarita, "El magonismo en la Revolución mexicana", tesis de licenciatura, UNAM, 1964.

_____, "¡Viva la tierra y libertad!: la utopía magonista", *Boletín Americanista,* XXXVII, núm. 47 (1997), pp. 91-100.

Cárdenas, Lázaro, *Ideario político,* México, Era, 1972.

Carr, Barry, "Marxism and Anarchism in the Formation of the Mexican Communist Party: 1910-1919", *Hispanic American Historical Review,* LXIII, núm. 2 (1983), pp. 277-305.

_____, "The Fate of the Vanguard under a Revolutionary State: Marxisim's Contribution to the Constuction of the Great Arch", en Gilbert M. Joseph y Daniel Nugent (eds.), *Everyday Forms of State Formation: Revolution and the Negotiation of Rule in Modern Mexico,* Durham, Duke University Press, 1994, pp. 326-352.

Christopulos, Diana K., "American Radicals and the Mexican Revolution, 1900-1925", tesis doctoral, Universidad Estatal de Nueva York, 1980.

Cockcroft, James, "Intellectuals in the Mexican Revolution: the San Luis Potosí Group and the Partido Liberal Mexicano, 1900-1913", tesis doctoral, Universidad de Stanford, 1966.

● _____, *Intellectual Precursors of the Mexican Revolution, 1900-1913,* Austin, University of Texas Press, 1968.

Conn, Robert Thompson, "Alfonso Reyes: Exile and Intellectual Traditions", tesis doctoral, Universidad de Princeton, 1993.

● Córdova, Arnaldo, *La ideología de la Revolución mexicana. La formación del nuevo régimen,* México, Era, 1973.

Cunningham, Christopher George, "The Casa del Obrero Mundial and the Mexican Revolution: Radical Ideology and the Role of The Urban Worker in Mexico City, 1912-1916", tesis doctoral, Universidad de Toronto, 1978.

Díaz Trejo, Rodrigo, "Precursores del agrarismo constitucionalista", *Sólo Historia,* mayo-junio de 1999, pp. 26-31.

England, Shawn Louis, "Anarchy, Anarcho-magonismo, and the Mexican Peasant: The Evolution of Ricardo Flores Magon's Revolutionary Philosophy", tesis de maestría, Universidad de Calgary, 1995.

● Fabela, Isidro, *Biblioteca Isidro Fabela,* 17 vols., Toluca, Instituto Mexiquense de Cultura, 1994.

Falcón, Jorge, *Mariátegui y la Revolución mexicana y el estado "anti" imperialista,* Lima, Empresa Editora Amauta, 1980.

Flores Magón, Enrique, *Práxedis G. Guerrero. Artículos literarios y de combate; pensamientos, crónicas revolucionarias,* México, Ediciones del grupo cultural "Ricardo Flores Magón", 1924.

Flores Magón, Ricardo, *Artículos políticos, 1910,* México, Ediciones Antorcha, 1983.

_____, *Artículos políticos, 1911,* México, Ediciones Antorcha, 1983.

Fuller, Troy Robert, " 'Our Cause is your Cause': The Relationship Between the Industrial Workers of the World and the Partido Liberal Mexicano, 1905-1911", tesis de maestría, Universidad de Calgary, 1997.

García Cantú, Gastón, *Utopías mexicanas,* México, Fondo de Cultura Económica, 1978.

Garciadiego Dantán, Javier, "Daniel Cosío Villegas y la modernización de la historiografía mexicana", en Javier Garciadiego Dantán y Charles A. Hale (eds.), *Daniel Cosío Villegas. Llamadas.* México, El Colegio de México, 2001, pp. 11-33.

_____, "Revistas revisitadas: ventana a la historiografía mexicana del siglo XX", *Historia Mexicana* LI, núm. 2 (2001), pp. 261-321.

Gervassi León, María Berenice, "Génesis de los principios revolucionarios de política exterior", tesis de licenciatura, El Colegio de México, 1996.

Gill, Mario, *El sinarquismo, su origen, su esencia, su misión,* México, Ollin, 1962.

Gómez Izquierdo, José Jorge, "El movimiento antichino en México, 1871-1934. Problemas del racismo y del nacionalismo durante la Revolución mexicana", tesis de licenciatura, UNAM, 1988.

_____, "El nacionalismo antichino en México (1928-1934)", *Dosfilos,* núm. 37 (1989), pp. 33-36.

_____, *El movimiento antichino en México, 1871-1934: problemas del racismo y del nacionalismo durante la Revolución mexicana,* México, INAH, 1991.

Gómez Navas, Leonardo, "La educación y la Revolución mexicana. Principales normas legislativas", tesis de licenciatura, UNAM, 1967.

Gómez Quiñones, Juan, *Sembradores: Ricardo Flores Magón y el Partido Liberal Mexicano. A Eulogy and Critique,* Los Ángeles, Aztlán Publications, 1973.

Gómez Villanueva, Augusto, "Nacionalismo revolucionario: orígenes socio-económicos de la doctrina internacional de la Revolución mexicana", tesis de licenciatura, UNAM, 1965.

González Calzada, Manuel (ed.), *La Revolución mexicana ante el pensamiento de José Carlos Mariátegui,* Villahermosa, Gobierno del Estado de Tabasco, 1980.

González Marín, Silvia, "José Valadez. Historiador, político y periodista", *Nuestro Siglo,* enero-marzo de 2002, pp. 34-45.

• González Navarro, Moisés, "La ideología de la Revolución mexicana", *Historia Mexicana,* X, núm. 4 (1961), pp. 628-636.

_____, "Xenofobia y xenofilia en la Revolución mexicana", *Historia Mexicana,* XVIII, núm. 4 (1969), pp. 569-614.

González Navarro, Moisés, *Los extranjeros en México y los mexicanos en el extranjero, 1821-1970,* 3 vols., México, El Colegio de México, 1993.

González Zamora, Adolfo, "La Revolución mexicana y el artículo 123 constitucional", tesis de licenciatura, UNAM, 1981.

Gortari Rabiela, Rebeca de, "Educación y conciencia nacional: los ingenieros después de la Revolución mexicana", *Revista Mexicana de Sociología,* XLIX, núm. 3 (1987), pp. 123-144.

Gutiérrez, Edgar Iván, "Revolution Outside the Revolution: 'Leftist' Intellectuals Face Mexico's Official 'Revolutionary' Party since 1929", tesis doctoral, Universidad de California, 2000.

• Hale, Charles A., "Los mitos políticos de la nación mexicana: el liberalismo y la Revolución", *Historia Mexicana,* XLVI, núm. 4 (1979), pp. 821-837.

_____, "Frank Tannenbaum and the Mexican Revolution", *Hispanic American Historical Review,* LXXV, núm. 2 (1995), pp. 215-246.

Hart, John Mason, *Los anarquistas mexicanos, 1860-1900,* traducido por María Elena Hope, México, Secretaría de Educación Pública, 1974.

_____, *Anarchism and the Mexican Working Class, 1860-1931,* Austin, University of Texas Press, 1978.

Heiliger, Edwar M., "La Revolución mexicana en la prensa de la lengua inglesa, 1910-1952", *Historia Mexicana,* III, núm. 3 (1954), pp. 451-471.

Hernández Chávez, Alicia, *La tradición republicana del buen gobierno,* México, El Colegio de México-Fondo de Cultura Económica, 1993.

Hernández Padilla, Salvador, *El magonismo: historia de una pasión libertaria 1900-1922,* México, Era, 1984.

Hopper, Rex D. "Aspectos ideológicos y de jefatura de la Revolución mexicana", *Revista Mexicana de Sociología,* XVIII, núm. 1 (1956), pp. 19-36.

Hovey, Tamara, *John Reed, testigo de la Revolución,* traducido por Antonio Garst, México, Diana, 1981.

Iglesias, Augusto, *Vasconcelos, Gabriela Mistral y Santos Chocano. Un filósofo y dos poetas en la encrucijada* (prólogo de Luis Javier Garrido), México, Clásica Selecta Editora Librera, 1967.

José C. Valadés, historiador y político, México, UNAM, 1992.

Knight, Alan, "Los intelectuales en la Revolución mexicana", *Revista Mexicana de Sociología,* LI, núm. 2 (1989), pp. 25-66.

_____, "Racism, Revolution and Indigenismo: Mexico, 1910-1940", en Richard Graham (ed.), *The Idea of Race in Latin America, 1870-1940,* Austin, University of Texas Press, 1990, pp. 71-113.

Lemoine Villicaña, Ernesto, "John Kennet Turner, defensor de México en 1919", *Siempre. Suplemento La Cultura en México,* 23 de octubre, 1963, I-VII.

Loaeza, Soledad, "Los orígenes de la propuesta modernizadora de Manuel Gómez Morín", *Historia Mexicana,* XLVI, núm. 2 (1996), pp. 425-478.

López Portillo, Felícitas, "La revolución institucionalizada y sus censores", *Cuadernos Americanos* VI, núm. 31 (1992), pp. 196-206.

Luquín Romo, Eduardo (ed.), *El pensamiento de Luis Cabrera,* México, INEHRM, 1960.

Magdaleno, Mauricio, *Retórica de la Revolución,* México, INEHRM, 1978.

_____, *Escritores extranjeros en la Revolución mexicana,* México, INEHRM, 1979.

Manzanilla Domínguez, Anastasio [Hugo Sol], *El comunismo en México y el archivo de Carrillo Puerto,* México, s. e., 1955.

Marentes, Luis A., *José Vasconcelos and the Writing of the Mexican Revolution,* Nueva York, Twayne Publishers, 2000.

Marín Marín, Álvaro, "José Mancisidor Ortiz, historiador estridentista y anarquista de la Revolución mexicana", tesis de maestría, UNAM, 2002.

Márquez Gallegos, Gregorio Silvio, "Aspecto ideológico de la Revolución mexicana", tesis de licenciatura, UNAM, 1956.

Martínez Carbajal, Roberto Enrique, "Estudio sociológico de las corrientes políticas surgidas de la Revolución mexicana", tesis de licenciatura, UNAM, 1970.

Martínez Lozada, Diego, "B. Traven y la Revolución mexicana", tesis de licenciatura, UNAM, 2001.

Martínez Montesinos, Alma Evelyn, "Influencia de la filosofía marxista en la Revolución mexicana", tesis de licenciatura, UNAM, 1987.

Mayorga Olague, Andrea Guillermina, "Algunas ideas de la época porfiriana precursoras de la Revolución mexicana", tesis de maestría, Universidad Iberoamericana, 1963.

Medina, Hilario, "Emilio Rabasa y la Constitución de 1917", *Historia Mexicana,* X, núm. 2 (1960), pp. 177-195.

Mena Brito, Bernardino, *Bolchevismo y democracia en México. Pugna entre dos partidos políticos en Yucatán durante la Revolución constitucionalista,* México, M. A. Mena, 1933.

Mendoza Tello, José Antonio, "La Revolución mexicana en la perspectiva del Partido Liberal Mexicano y el Floresmagonismo 1905-1911", tesis de licenciatura, UNAM, 2000.

Meyer, Eugenia, *Conciencia histórica norteamericana sobre la Revolución de 1910,* México, INAH, 1970.

_____, "Los intelectuales de la Revolución: Luis Cabrera", *Revista Mexicana de Ciencias Políticas y Sociales,* XXXI, Nueva Época, núm. 122 (1985), pp. 81-89.

_____ (ed.), *Revolución e historia en la obra de Luis Cabrera: antología,* México, Fondo de Cultura Económica, 1994.

Meyer, Jean, *El sinarquismo, ¿un fascismo mexicano?,* México, Joaquín Mortiz, 1979.

Michaels, Albert L., "El nacionalismo conservador mexicano, desde la Revolución hasta 1940", *Historia Mexicana,* XVI, núm. 2 (1966), pp. 213-238.

Miranda Vázquez, Jorge Humberto, "Mariátegui, Amauta y la Revolución mexicana", tesis de licenciatura, UNAM, 2002.

• Molina Enríquez, Andrés, *Los grandes problemas nacionales, 1909 y otros textos, 1911-1919,* México, Era, 1978.

Montes de Oca Navas, Elvia, "Las ideologías de la Revolución mexicana (1910-1917) a través de las novelas de la Revolución", tesis doctoral, UNAM, 1988.

Ortiz Castro, Ignacio, "La filosofía político-social del anarquismo en la Revolución mexicana de 1910", tesis de maestría, UNAM, 2001.

Pacheco Méndez, Guadalupe, "La ideología de la dependencia en la Revolución mexicana", tesis de licenciatura, UNAM, 1972.

Padilla, Juan Ignacio, Sinarquismo: contrarrevolución, México, Polis, 1948.

Palacios, Guillermo, "La idea oficial de la Revolución mexicana", tesis de maestría, El Colegio de México, 1969.

_____, "Calles y la idea oficial de la Revolución mexicana", Historia Mexicana, XXII, núm. 3 (1973), pp. 261-278.

Paoli Bolio, Francisco José y Enrique Montalvo, El socialismo olvidado en Yucatán. Elementos para una reinterpretación de la Revolución mexicana, México, Siglo XXI, 1977.

El pensamiento mexicano sobre la Constitución de 1917. Antología, México, Gobierno del Estado de Querétaro-INEHRM, 1987.

Powel, T. G., "Mexican Intellectuals and the Indian Question, 1876-1911", Hispanic American Historical Review, XLVIII, núm. 1 (1968), pp. 19-36.

Puga, Cristina, "Los intelectuales de la Revolución: José Vasconcelos", Revista Mexicana de Ciencias Políticas y Sociales, XXXI, Nueva Época, núm. 122 (1985), 94-97.

Quezada Lara, Sergio, "La ideología de la Revolución mexicana diversa a la declaración de los derechos sociales del Constituyente de 1917", tesis de licenciatura, UNAM, 1975.

Quintanilla, Susana, "Los intelectuales y la política en la Revolución mexicana: estudio de casos", Secuencia, núm. 24 (1992), pp. 47-73.

Quirk, Robert E., "Liberales y radicales en la Revolución mexicana", Historia Mexicana, II, núm. 4 (1953), pp. 503-528.

Raat, William Dirk, "Los intelectuales, el positivismo y la cuestión indígena", Historia Mexicana, XX, núm. 3 (1971), pp. 412-427.

_____, "The antipositivist movement in prerevolutionary Mexico, 1892-1911", Journal of Interamerican Studies and World Affairs, XIX, núm. 1 (1977), 83-98.

• Rabasa, Emilio, La constitución y la dictadura: estudio sobre la organización política de México, México, Revista de Revistas, 1912.

_____, La evolución histórica de México, París, Librería de la Viuda de C. Bouret, 1920.

Rivadeneyra Barbero, Patricia, "La Revista mexicana: órgano de la reacción en el exilio, 1914-1919", tesis de licenciatura, UNAM, 1974.

Rodríguez Kuri, Ariel, "Francisco Bulnes, Porfirio Díaz y la Revolución maderista", Estudios de Historia Moderna y Contemporánea de México, XIII (1990), pp. 187-202.

Román, Richard, Ideología y clase en la Revolución mexicana. La Convención y el Congreso Constituyente, México, Secretaría de Educación Pública, 1976.

• Rouaix, Pastor, Génesis de los artículos 27 y 123 de la Constitución Política de 1917, México, INEHRM, 1959.

Sandos, James A., A Rebellion in the Borderlands: Anarchism and the Plan of San Diego, 1904-1923, Norman, University of Oklahoma Press, 1992.

Sandoval Abarca, Carlos, "Influencia del pensamiento de los precursores de la Revolución mexicana en la declaración de derechos sociales", tesis de licenciatura, UNAM, 1979.

Sandoval Abarca, Elsa María, "Práxedis Gilberto Guerrero en el pensamiento y acción de la Revolución mexicana", tesis de licenciatura, UNAM, 1970.

Serna Ramírez, Ernesto, "El anarquismo y su influencia en la Revolución mexicana", tesis de licenciatura, UNAM, 1975.

Shadle, Stanley Frank, "Mexican Land Reformer: Andrés Molina Enríquez and the Mexican Revolution", tesis doctoral, Universidad de California, 1990.

_____, *Andrés Molina Enríquez: Mexican Land Reformer of the Revolutionary Era,* Tucson, University of Arizona Press, 1994.

Sosenski, Gregorio, "Múgica, Cárdenas y Trotski. Correspondencia entre revolucionarios", *Sólo Historia,* abril-junio de 2001, pp. 64-73.

Valdés Silva, María Candelaria, "El 'Ateneo Fuente': del liberalismo a la Revolución", en Ricardo León García (ed.), *Tercer Congreso Internacional de Historia Regional Comparada, 1991,* Ciudad Juárez, Universidad Autónoma de Ciudad Juárez, 1992, pp. 349-356.

• Vasconcelos, José, *Obras completas,* México, Libreros Mexicanos Unidos, 1957-1961.

_____, *Ulises Criollo* (edición crítica de Claude Fell), México, Fondo de Cultura Económica, 2000.

Villegas Moreno, Gloria, *Emilio Rabasa: su pensamiento histórico-político y el constituyente de 1916-1917* (investigaciones históricas), México, Instituto de Investigaciones Legislativas, Cámara de Diputados, LII Legislatura, 1984.

_____, "La militancia de la clase media intelectual en la Revolución mexicana", en Roderic Ai Camp *et al.* (eds.), *Los intelectuales y el poder en México*, México, El Colegio de México-University of California Los Angeles, 1991, pp. 211-233.

_____, *El debate sobre la legitimidad del sistema político porfiriano en la prensa de los tiempos prerrevolucionarios,* Cuernavaca, Centro de Investigaciones y Docencia en Humanidades, 1996.

_____, "El Programa de la Soberana Convención Revolucionaria y su influencia en los artículos de la Constitución", en *La Constitución hoy y su proyección hacia el siglo XXI. Exposición bibliohemerográfica y mesas de discusión,* México, UNAM, 1997, pp. 146-148.

_____, "Roque Estrada, un revolucionario evolucionista. Análisis historiográfico", en Saúl Jerónimo Romero y Carmen Valdez Vega (eds.), *Memorias. Primer Encuentro de Historiografía,* México, Universidad Autónoma Metropolitana, 1997, pp. 315-340.

Yankelevich, Pablo, "Una mirada argentina de la Revolución mexicana: la gesta de Manuel Ugarte, 1910-1917", *Historia Mexicana,* XLIV, núm. 4 (1995), pp. 645-676.

_____, "Las redes intelectuales de la solidaridad latinoamericana: José Ingenieros y Alfredo Palacios frente a la Revolución mexicana", *Revista Mexicana de Sociología,* LVIII, núm. 4 (1996), pp. 127-149.

_____, "Los magonistas de La Protesta. Lecturas rioplatenses del anarquismo en México", *Estudios de Historia Moderna y Contemporánea de México,* XIX (1999), pp. 53-84.

Zea, Leopoldo, *Del liberalismo a la Revolución en la educación mexicana*, México, INEHRM, 1956.

Cardenismo

• Águila M., Marcos Tonatiuh y Alberto Enríquez Perea (eds.), *Perspectivas sobre el cardenismo, ensayos sobre economía, trabajo, política, cultura en los años treinta*, México, Universidad Autónoma Metropolitana, 1996.

Anguiano, Arturo, *El estado y la política obrera del cardenismo*, México, Era, 1975.

Anguiano Equihua, Victoriano, *Lázaro Cárdenas: su feudo y la política nacional*, México, Eréndira, 1951.

Ashby, Joe, *Organized Labor and the Mexican Revolution under Cárdenas*, Chapel Hill, University of North Carolina Press, 1967.

Basurto, Jorge, *Cárdenas y el poder sindical*, México, Era, 1983.

Becker, Marjorie, "Lázaro Cárdenas and the Mexican Counter-Revolution: The Struggle over Culture in Michoacán, 1934-1940", tesis doctoral, Universidad de Yale, 1988.

_____, "Torching La Purísima, Dancing at the Altar: The Construction of Revolutionary Hegemony in Michoacán, 1934-1940", en Gilbert M. Joseph y Daniel Nugent (eds.), *Everyday Forms of State Formation: Revolution and the Negotiation of Rule in Modern Mexico*, Durham, Duke University Press, 1994, pp. 247-264.

_____, *Setting the Virgin on Fire. Lázaro Cárdenas, Michoacán Peasants, and the Redemption of the Mexican Revolution*, Berkeley, University of California Press, 1995.

Benítez, Fernando, *Lázaro Cárdenas y la Revolución mexicana*, 3 vols., México, Fondo de Cultura Económica, 1984.

Bokser Liwerant, Judith, "Cárdenas y los judíos: entre el exilio y la inmigración", *Canadian Journal of Latin American and Caribbean Studies*, XX, núm. 39-40 (1995), pp. 13-37.

Cárdenas, Lázaro, *Seis años de gobierno al servicio de México, 1934-1940*, México, Talleres Tipográficos de El Nacional, 1940.

• Córdova, Arnaldo, *La política de masas del cardenismo*, México, Era, 1974.

Cortés Zavala, María Teresa, *Lázaro Cárdenas y su proyecto cultural en Michoacán, 1930-1950*, Centenario, Morelia, Universidad Michoacana de San Nicolás de Hidalgo, 1995.

Covo, Jaqueline, "El periódico al servicio del cardenismo: El Nacional", *Historia Mexicana*, XLVI, núm. 1 (1996), pp. 133-161.

Fallaw, Ben, "The Life and Deaths of Felipa Poot: Women, Fiction, and Cardenismo in Postrevolutionary Mexico", *Hispanic American Historical Review*, LXXXII, núm. 4 (2002), pp. 645-683.

Ginzberg, Eitan, "Cárdenas y el movimiento del trabajo michoacano, 1928-1932: la formación de la estructura política para la revolución social en Michoacán", *Estudios Interdisciplinarios de América Latina y el Caribe*, II, núm. 1 (1991), pp. 39-60.

_____, "Ideología, política y la cuestión de las prioridades: Lázaro

Cárdenas y Adalberto Tejeda, 1928-1934", *Mexican Studies / Estudios Mexicanos*, XIII, núm. 1 (1997), pp. 55-85.

• Knight, Alan, "The Rise and Fall of Cardenismo, c. 1930-c.1946", en Leslie Bethell (ed.), *Mexico since Independence*, Cambridge, Cambridge University Press, 1991, pp. 241-320.

Loyo, Engracia, "Popular Reactions to the Educational Reforms of Cardenismo", en William H. Beezley, Cheryl English Martin y William E. French (eds.), *Rituals of Rule, Rituals of Resistance. Public Celebration and Popular Culture in Mexico*, Wilmington, Scholarly Resources, 1994, pp. 247-260.

Meyer, Jean, *El sinarquismo, el cardenismo y la Iglesia, 1937-1947*, México, Tusquets Editores, 2003.

Michaels, Albert L., "The Crisis of Cardenismo", *Journal of Latin American Studies*, II, núm. 1 (1970), pp. 51-79.

Pérez Montfort, Ricardo, "Las camisas doradas", *Secuencia*, núm. 4 (1986), 66-78.

Pérez Rosales, Laura, "Notas sobre anticardenismo y antisemitismo en México. 1934-1940", *Historia y Grafía*, núm. 2 (1994), pp. 179-297.

Semo, Ilán, "El cardenismo: gramática del sobreviviente", *Historia y Grafía*, núm. 3 (1994), pp. 77-95.

Sosa Elizaga, Raquel de la Luz, *Los códigos ocultos del cardenismo; un estudio de la violencia política, el cambio social y la continuidad institucional*, México, Plaza y Valdés, 1996.

Historia de la etapa precursora de la Revolución

Ayón Zester, Francisco, *Reyes y el reyismo*, Guadalajara, Font, 1980.

Baca Calderón, Esteban, *Juicio sobre la guerra del Yaqui y génesis de la huelga de Cananea*, México, Sindicato Mexicano de Electricistas, 1956.

Barrera Fuentes, Florencio, *Historia de la Revolución mexicana (etapa precursora)*, México, INEHRM, 1970.

Bastian, Jean-Pierre, "Las sociedades protestantes y la oposición a Porfirio Díaz, 1877-1911", *Historia Mexicana*, XXXVII, núm. 3 (1988), pp. 469-512.

_____, *Los disidentes: sociedades protestantes y revolución en México, 1872-1911*, México, Fondo de Cultura Económica-El Colegio de México, 1989.

_____, "Las sociedades protestantes y la oposición a Porfirio Díaz en México, 1877-1911", en *Protestantes, liberales y francmasones. Sociedades de ideas y modernidad en América Latina, siglo XIX*, México, Fondo de Cultura Económica, 1990, pp. 132-164.

Benavides Hinojosa, Artemio, *El general Bernardo Reyes. Vida de un liberal porfirista*, Monterrey, Ediciones Castillo, 1998.

• Bryan, Anthony, "Mexican Politics in Transition, 1900-1913: the Role of General Bernardo Reyes", tesis doctoral, Universidad de Nebraska, 1970.

Cárdenas Ayala, Elsa, "Un paréntesis reformista: los católicos y la política a fines del porfiriato", en Humberto Morales y William Fowler (eds.), *El conservadurismo mexicano en el siglo XIX (1810-*

1910), México, Universidad Autónoma de Puebla-Saint Andrews University-Gobierno del Estado de Puebla, 1999, pp. 303-316.

Ceballos Ramírez, Manuel, *El catolicismo social: un tercero en la discordia. Rerum Renovarum,"la cuestión social" y la movilización de los católicos mexicanos (1891-1911),* México, El Colegio de México, 1991.

Fernández de Castro, Patricia, "La rebelión de Catarino Garza", en Manuel Ceballos Ramírez (ed.), *Encuentro en la frontera: mexicanos y norteamericanos en un espacio común,* México, El Colegio de México-El Colegio de la Frontera Norte-Universidad Autónoma de Tamaulipas, 2001, pp. 283-314.

González de Arellano, Josefina, *Bernardo Reyes y el movimiento reyista en México,* México, INAH, 1982.

Koth, Karl B. " 'Not a Mutiny but a Revolution': The Río Blanco Labor Dispute, 1906-1907", *Canadian Journal of Latin American and Caribbean Studies,* XVIII, núm. 35 (1993), pp. 39-65.

Pasquel, Leonardo, *El conflicto obrero de Río Blanco en 1907,* México, Citlaltépetl, 1976.

Sayeg Helú, Jorge, *La huelga de Cananea y Río Blanco,* México, INEHRM, 1980.

HISTORIA SOCIAL

Águila M., Marcos Tonatiuh y Alberto Enríquez Perea (eds.), *Perspectivas sobre el cardenismo, ensayos sobre economía, trabajo, política, cultura en los años treinta,* México, Universidad Autónoma Metropolitana, 1996.

Ángel González, Vicente, "La Revolucion mexicana y los trabajadores del campo", tesis de licenciatura, UNAM, 1979.

Arciniega Rangel, Amelia, "La Revolución mexicana y los problemas agrarios y obreros a través de la teoría integral", tesis de licenciatura, UNAM, 1973.

Ávila Espinosa, Felipe Arturo, "El zapatismo: orígenes y peculiaridades de una rebelión campesina", tesis doctoral, El Colegio de México, 1999.

⸺, *Los orígenes del zapatismo,* México, El Colegio de México-UNAM, 2001.

Azaola Garrido, Elena, *Rebelión y derrota del magonismo agrario,* México, Fondo de Cultura Económica, 1982.

Baca Calderón, Esteban, *Juicio sobre la guerra del Yaqui y génesis de la huelga de Cananea,* México, Sindicato Mexicano de Electricistas, 1956.

Baitenmann, Helga, "Rural Agency and State Formation in Postrevolutionary Mexico: The Agrarian Reform in Central Veracruz (1915-1921)", tesis doctoral, New School for Social Research, 1997.

Bartra, Armando, *Los herederos de Zapata. Los movimientos campesinos posrevolucionarios en México, 1920-1980,* México, Era, 1985.

Bartra, Roger, *Caciquismo y poder político en el México rural,* México, Siglo XXI-UNAM, 1975.

⸺, "Peasants and Political Power in México, A Theoretical Approach", *Latin American Perspectives,* II, núm. 2 (1975), pp. 125-145.

Bartra, Roger, *Campesinado y poder político en México,* México, Era, 1982.

Bliss, Katherine, "Prostitution, Revolution and Social Reform in Mexico City, 1918-1940", tesis doctoral, Universidad de Chicago, 1996.

_____, "Paternity Test: Fatherhood on Trials in Mexico's Revolution", *Journal of Family History,* XXIV, núm. 3 (1999), pp. 330-350.

_____, "The Science of Redemption: Syphilis Sexual Promiscuity, and Reformism in Revolutionary Mexico City", *Hispanic American Historical Review,* LXXIX, núm. 1 (1999), pp. 1-40.

Bloch, Avital H. y Servando Ortoll, "¡Viva México! ¡Mueran los yanquis!: The Guadalajara Riots of 1910", en *Riots in the Cities: Popular Politics and the Urban Poor in Latin America,1765-1910,* 195-223, Wilmington, Scholarly Resources, 1996.

Bracamonte Allaín, Jorge, "Modernización y ciudadanía: la experiencia de la ciudad de México, 1870-1930", *Allpanchis,* XXIX, núm. 49 (1997), pp. 87-113.

• Brading, David (ed.), *Caudillo and Peasant in the Mexican Revolution,* Cambridge, Cambridge University Press, 1980.

Brondo Whitt, E., *La División del Norte (1914) por un testigo presencial,* México, Lumen, 1940.

Buick, Harry Arthur, *The Gringoes of Tepehuanes,* Londres, Longmans, 1967.

Buve, Raymond, "'Neither Carranza nor Zapata!': The Rise and Fall of a Peasant Movement that Tried to Challange Both, Tlaxcala, 1910-19", en Friedrich Katz (ed.), *Riot, Rebellion and Revolution: Rural Social Conflicts in Mexico*, Princeton, Princeton University Press, 1988, pp. 338-375.

_____, "Agricultores, dominación política y estructura agraria en la Revolución mexicana: el Caso de Tlaxcala (1910-1918)", *Revista Mexicana de Sociología,* LI, núm. 2 (1989), pp. 181-236.

Castellanos Suárez, José Alfredo, *Empeño por una expectativa agraria, experiencia ejidal en el municipio de Acolman, 1915-1940,* México, INEHRM-Universidad Autónoma de Chapingo, 1998.

Coatsworth, John, "Comment on the United States and the Mexican Peasantry", en Daniel Nugent (ed.), *Rural Revolt in Mexico and U. S. Intervention,* La Jolla, Center for U.S.-Mexican Studies, 1988, pp. 61-68.

Córdova, Arnaldo, "México, Revolución burguesa y política de masas", *Cuadernos Políticos,* julio-septiembre de 1977, pp. 85-101.

Cumberland, Charles, "The Sonora Chinese and the Mexican Revolution", *Hispanic American Historical Review,* XL, núm. 2 (1960), pp. 191-211.

Díaz de León Valdez, Carlos, "La política agraria del partido de la Revolución mexicana y la influencia en la economía 1929-1952", tesis de licenciatura, UNAM, 1985.

• Díaz Soto y Gama, Antonio, *La revolución agraria del sur y Emiliano Zapata su caudillo,* México, Policromía, 1960.

Díaz Trejo, Rodrigo, "Precursores del agrarismo constitucionalista", *Sólo Historia,* mayo-junio de 1999, pp. 26-31.

Domínguez Pérez, Olivia, *Política y movimientos sociales en el tejedismo,* Historias Veracruzanas, Xalapa, Universidad Veracruzana, 1986.

Dwyer, John Joseph, *Between the Peasant and the Leviatan: The Expropriation and Spontaneous Seizure of American-Owned Agricultural Property in Mexico, 1934-1971,* Urbana, University of Illinois Press, 1998.

Ervin, Michael Andrew, "The Art of the Possible: Agronomists, Agrarian Reform, and the Middle Politics of the Mexican Revolution, 1908-1934", tesis doctoral, Universidad de Pittsburgh, 2002.

Escobar Ohmstede, Antonio, "Los pueblos de las Huastecas y las leyes revolucionarias", *Sólo Historia,* enero-marzo de 2000, pp. 36-42.

Falcón Vega, Romana, "Charisma, Tradition, and Caciquismo: Revolution in San Luis Potosí", en Friedrich Katz (ed.), *Riot, Rebellion and Revolution: Rural Social Conflicts in Mexico,* Princeton, Princeton University Press, 1988, pp. 417-447.

Falcón Vega, Romana y Soledad García, *La semilla en el surco. Adalberto Tejeda y el radicalismo en Veracruz, 1883-1960,* México, El Colegio de México, 1986.

Fallaw, Ben, "Dry law, wet politics: Drinking and Prohibition in Post-Revolutionary Yucatán, 1915-1935", *Latin American Research Review,* XXXVII, núm. 2 (2002), pp. 37-64.

Favret Tondato, Rita, *Tenencia de la tierra en el estado de Coahuila (1880-1987),* Saltillo, Universidad Autónoma Agraria "Antonio Narro", 1992.

Flores Torres, Óscar, "El constitucionalismo como redentor de almas. Empresarios y quema de confesionarios en Nuevo León, 1914", *Sólo Historia,* octubre-diciembre de 2000, pp. 16-21.

Fowler-Salamini, Heather, *Agrarian Radicalism in Veracruz, 1920-38,* Lincoln, University of Nebraska Press, 1971.

_____, *Movilización campesina en Veracruz (1920-1938),* México, Siglo XXI, 1979.

Friedlander, Judith, "The Secularization of the Cargo System: an example from Postrevolutionary Mexico", *Latin American Research Review,* XVI, núm. 2 (1981), pp. 132-144.

Friedrich, Paul, *Agrarian Revolt in a Mexican Village,* Englewood Cliffs, Prentice Hall, 1970.

Fujigaki Cruz, Esperanza, "Las haciendas y la Revolución en México, 1910-1920", *Investigación Económica,* núm. 221 (1997), pp. 129-152.

García de la Cruz, Régulo, "La Revolución mexicana y los problemas sociales agrario y obrero", tesis de licenciatura, UNAM, 1977.

García de León, Antonio, "Los contornos regionales del problema de la tierra en la Revolución mexicana", *Revista Mexicana de Sociología,* XLIX, núm. 3 (1987), 83-104.

_____, *Resistencia y utopía. Memorial de agravios y crónica de revueltas y profecías acaecidas en la provincia de Chiapas durante los últimos quinientos años de su historia,* 2 vols., México, Era, 1989.

García Morales, Soledad. "Agentes confidenciales del tejedismo (1920-1924)", *Eslabones. Revista Semestral de Estudios Regionales,* núm. 2 (1991), pp. 163-168.

García Ugarte, María Eugenia (ed.), *En torno a la democracia. La política agraria en México, 1893-1921. Homenaje a Jesús Silva Herzog,* México, UNAM, 1993.

García Ugarte, Marta Eugenia, "La propuesta agraria de Venustiano Carranza y los sonorenses, 1915-1929", *Estudios: Filosofía, Historia, Letras,* núm. 41 (1995), pp. 31-47.

Garciadiego Dantán, Javier, "Revolución constitucionalista y contrarrevolución: movimientos reaccionarios en México, 1914-1920", tesis doctoral, El Colegio de México, 1981.

_____, "Higinio Aguilar: milicia, rebelión y corrupción como *modus vivendi*", *Historia Mexicana,* XII, núm. 163 (1992), pp. 437-488.

Gasque Sol, Jorge R., "Trascendencia del pensamiento social y jurídico de don Venustiano Carranza y su influencia en la integración del derecho agrario de la Revolución mexicana", tesis de licenciatura, UNAM, 1969.

Ginzberg, Eitan, "Ideología, política y la cuestión de las prioridades: Lázaro Cárdenas y Adalberto Tejeda, 1928-1934", *Mexican Studies / Estudios Mexicanos,* XIII, núm. 1 (1997), pp. 55-85.

_____, "State Agrarianism versus Democratic Agrarianism: Adalberto Tejeda's Experiment in Veracruz, 1928-1932", *Journal of Latin American Studies,* XXX, núm. 2 (1998), pp. 341-372.

Goldner, Anthony Michael, "The Demise of the Landed Elite in Revolutionary Mexico, 1913-1920", tesis doctoral, Universidad de Chicago, 2002.

Gómez Izquierdo, José Jorge, "El movimiento antichino en México, 1871-1934. Problemas del racismo y del nacionalismo durante la Revolución mexicana", tesis de licenciatura, UNAM, 1988.

_____, "El nacionalismo antichino en México (1928-1934)", *Dosfilos,* núm. 37 (1989), pp. 33-36.

_____, *El movimiento antichino en México, 1871-1934: problemas del racismo y del nacionalismo durante la Revolución mexicana,* México, INAH, 1991.

Gómez, Marte R., *La reforma agraria en las filas villistas, años 1913 a 1915 y 1920,* México, INEHRM, 1966.

_____, *Las Comisiones Agrarias del Sur,* México, INEHRM, 1987.

González de Cossío, Francisco, *Historia de la tenencia y explotación del campo desde la época precortesiana hasta las Leyes del 6 de enero de 1915,* 2 vols., México, INEHRM, 1957.

González Loscertales, Vicente, *Los españoles en la vida social, política y económica de México, 1910-1930,* Madrid, Universidad de Madrid, 1976.

González Navarro, Moisés, *Población y sociedad en México, 1900-1970,* México, UNAM, 1974.

_____, "El trabajo forzoso en México, 1821-1917", *Historia Mexicana,* XXVII, núm. 4 (1978), pp. 588-615.

_____, "El maderismo y la revolución agraria", *Historia Mexicana,* XXXVII, núm. 1 (1987), pp. 5-27.

González Roa, Fernando, *El aspecto agrario de la Revolución mexicana,* México, Departamento de Aprovisionamientos Generales, Dirección de Talleres Gráficos, 1919.

Guerra Manzo, Enrique, "La gubernatura de Lázaro Cárdenas en Michoacán (1928-1932), una vía agrarista moderada", *Secuencia,* núm. 45 (1999), pp. 131-166.

Guttman, Myron P., Robert McCaa, Rodolfo Gutiérrez-Montes y Gratton Montes-Brian, "Los efectos demográficos de la Revolución mexicana en Estados Unidos", *Historia Mexicana,* L, núm. 1 (2000), pp. 145-166.

Hart, John Mason, "U.S Economic Hegemony, Nationalism, and Violence in the Mexican Countryside, 1876-1920", en Daniel Nugent (ed.), *Rural Revolt in Mexico and U.S. Intervention,* La Jolla, Center for U.S.-Mexican Studies, 1988, pp. 69-86.

• Holden, Robert H., *Mexico and the Survey of Public Lands. The Management of Modernization, 1876-1911,* DeKalb, Northern Illinois University Press, 1994.

Hu-DeHart, Evelyn, "Peasant Rebellion in the Northwest: The Yaqui Indians of Sonora, 1740-1976", en Friedrich Katz (ed.), *Riot, Rebellion and Revolution: Rural Social Conflicts in Mexico,* Princeton, Princeton University Press, 1988, pp. 141-175.

Joseph, Gilbert M. "The United States, Feuding Elites and Rural Revolt in Yucatán, 1836-1915", en Daniel Nugent (ed.), *Rural Revolt in Mexico and U.S. Intervention,* La Jolla, Center for U.S.-Mexican Studies, 1988, p. 285.

Katz, Friedrich, "Labor Conditions on Haciendas in Porfirian Mexico: Some Trends and Tendences", *Hispanic American Historical Review,* LIV, núm. 1 (1974), pp. 1-47.

• _____, *La servidumbre agraria en México en la época porfiriana,* México, Secretaría de Educación Pública, 1976.

_____, "Peasants in the Mexican Revolution of 1910", en Joseph Spielberg y Scott Whiteford (eds.), *Forging Nations: A Comparative View of Rural Ferment and Revolt,* East Lansing, Michigan State University Press, 1976, pp. 61-85.

_____, "Los hacendados y la Revolución mexicana", en Heriberto Moreno García (ed.), *Después de los latifundios. Primer Coloquio de Antropología e Historia Regionales,* Zamora, El Colegio de Michoacán-FONAPAS, 1981, pp. 113-123.

_____ (ed.), *Riot, Rebellion, and Revolution. Rural Social Conflict in Mexico,* Princeton, Princeton University Press, 1988.

_____, "Los hacendados y la Revolución mexicana", en Ricardo León García (ed.), *Actas del Segundo Congreso de Historia Regional Comparada 1990,* Ciudad Juárez, Universidad Autónoma de Ciudad Juárez, 1991, pp. 396-405.

_____, "The Demise of the Old Order on Mexico's Haciendas, 1911-1913", *Ibero-Amerikanisches Archiv,* XX, núms. 3-4 (1994), pp. 399-435.

Kearney, Michael, "Mixtec Political Consciousness: from Passive to Active Resistance", en Daniel Nugent (ed.), *Rural Revolt in Mexico and U.S. Intervention,* La Jolla, Center for U.S.-Mexican Studies, 1988, pp. 113-126.

Knight, Alan, "Nationalism, Xenophobia and Revolution: The Place of Foreigners and Foreign Investment in Mexico, 1910-1915", tesis doctoral, Universidad de Oxford, 1974.

_____, "The United States and the Mexican Peasantry c. 1880-1940", en Daniel Nugent (ed.), *Rural Revolt in Mexico and U.S Intervention,* La Jolla, Center for U.S.-Mexican Studies, 1988, pp. 25-60.

Leal, Juan Felipe, "Campesinos, hacienda y Estado en México, 1856-1914", *Secuencia,* núm. 5 (1986), pp. 5-32.

Legorreta Sakar, Federico Antonio, "El sentido de la reforma agraria y de la Revolución mexicana", tesis de licenciatura, UNAM, 1962.

Lerner Sigal, Victoria, "Los fundamentos socioeconómicos del cacicazgo en el México postrevolucionario. El caso de Saturnino Cedillo", *Historia Mexicana,* XXIX, núm. 3 (1980), pp. 376-446.

_____, *Génesis de un cacicazgo: antecedentes del cedillismo,* México, UNAM, 1989.

• Lloyd, Jean-Dale, "Entre el rancho y la mina. Las peculiaridades de la cultura política del rancho norteño. 1886-1911", *Historia y Grafía,* núm. 2 (1994), pp. 145-178.

Luna Méndez, Gustavo M., "La natalidad y la mortalidad en el marco de la Revolución mexicana", *Revista Mexicana de Sociología,* XXI, núm. 1 (1959), pp. 103-126.

Maldonado Aguirre, Serafín, *De Tejeda a Cárdenas: el movimiento agrarista de la Revolución mexicana, 1920-1934,* Fin de Milenio, Biblioteca Movimientos Sociales, Guadalajara, Universidad de Guadalajara, 1992.

Markiewicz, Dana, *Ejido Organization in Mexico, 1934-1976,* Los Ángeles, UCLA Latin American Center Publications, 1980.

_____, *The Mexican Revolution and the Limits of Agrarian Reform, 1915-1946,* Boulder, Lynne Rienner Publishers, 1993.

Martínez Martínez, Guillermo y Álvaro López Mirates, *Figueroísmo versus zapatismo,* Chilpancingo, Universidad Autónoma de Guerrero, 1976.

Martínez Ríos, Jorge, *Tenencia de la tierra y desarrollo agrario en México (bibliografía selectiva y comentada 1522-1968),* México, UNAM, 1970.

McNeely, John H., "Origins of the Zapata Revolt in Morelos", *Hispanic American Historical Review,* XLVI, núm. 2 (1966), pp. 153-169.

Medina Un, Marta, "El movimiento popular en Yucatán, 1897-1918", tesis de licenciatura, Universidad Autónoma de Yucatán, 1991.

Mendieta y Núñez, Lucio, "La reforma agraria de la Revolución mexicana", tesis de licenciatura, UNAM, 1953.

_____, *Efectos sociales de la reforma agraria en tres comunidades ejidales de la República mexicana,* México, UNAM, 1960.

_____, *El problema agrario en México,* México, Porrúa, 1966.

Menegus Bornemann, Margarita (ed.), *El agrarismo de la Revolución mexicana,* Ediciones de Cultura Hispánica. Antología del pensamiento político, social y económico de América Latina, Madrid, Instituto de Cooperación Iberoamericana, 1990.

Meyer Cosío, Francisco Javier, *Tradición y progreso: la reforma agraria en Acámbaro, Guanajuato, 1915-1941,* México, INEHRM, 1993.

Meyer, Eugenia, "Hablan los villistas", *Antropología e Historia,* núm. 23 (1978), pp. 7-38.

Meyer, Jean, *Problemas campesinos y revueltas agrarias en México, 1821-1910,* México, Secretaría de Educación Pública, 1973.

_____, "Haciendas y ranchos, peones y campesinos en el porfiriato. Algunas falacias estadísticas", *Historia Mexicana,* XXXV, núm. 3 (1986), pp. 477-509.

Meyers, William K., "Second Division of the North: Formation and Fragmentation of the Laguna's Popular Movement, 1910-1911", en Friedrich Katz (ed.), *Riot, Rebellion and Revolution: Rural Social Conflicts in Mexico,* Princeton, Princeton University Press, 1988, pp. 448-486.

Molina Enríquez, Andrés, *Los grandes problemas nacionales, 1909 y otros textos, 1911-1919,* México, Era, 1978.

• Nugent, Daniel (ed.), *Rural Revolt in Mexico and U. S. Intervention,* La Jolla, Center for U. S.-Mexican Studies, 1988.

Ocampo, Manuel, *Historia de la Misión de la Tarahumara. 1900-1950,* México, Buena Prensa, 1950.

Ontiveros, Francisco P., *Toribio Ortega y la Brigada González Ortega,* Chihuahua, Imprenta del Norte, 1914.

Osorio Zúñiga, Rubén, "Villismo, Nationalism and Popular Mobilization", en Daniel Nugent (ed.), *Rural Revolt in Mexico and U.S. Intervention,* La Jolla, Center for U. S.-Mexican Studies, 1988, pp. 149-166.

Palacios, Guillermo, "Julio Cuadros Caldas: un agrarista colombiano en la Revolución mexicana", *Historia Mexicana,* XLIX, núm. 3 (2000), 431-476.

Piccato, Pablo, *City of Suspects: Crime in Mexico City, 1900-1931,* Durham, Duke University Press, 2001.

Portilla G., Santiago, *Una sociedad en armas: insurrección antirreeleccionista en México, 1910-1911,* México, El Colegio de México, 1995.

Purnell, Jennie, *Popular Movements and State Formation in Revolutionary Mexico: The "Agraristas" and "Cristeros" of Michoacán,* Durham, Duke University Press, 1999.

Rabadán Figueroa, Macrina, "Discurso vs. realidad en las campañas antichinas de Sonora (1899-1932)", *Secuencia,* núm. 38 (1997), pp. 77-94.

Razo Olivo, Juan Diego, *Rebeldes populares del Bajío, hazañas, tragedias y corridos, 1910-1927,* México, Katún, 1983.

Rocha Islas, Marta Eva, *Las defensas sociales en Chihuahua: Una paradoja de la Revolución,* México, INAH, 1988.

Rodríguez García, Rubén, *La Cámara Agrícola Nacional Jalisciense: una sociedad de terratenientes en la Revolución mexicana,* México, INEHRM, 1990.

Salmerón Castro, Alicia, "Un general agrarista en la lucha contra los cristeros. El movimiento en Aguascalientes y las razones de Genovevo de la O", *Historia Mexicana,* XLIV, núm. 4 (1995), pp. 537-580.

Samaniego López, Marco Antonio, "La rebelión indígena de Emilio Guerrero en Baja California", *Eslabones. Revista Semestral de Estudios Regionales,* núm. 11 (1996), pp. 114-131.

Santiago, Myrna Isela, "Huasteca Crude: Indians, Ecology, and Labor in the Mexican Oil Industry, Northern Veracruz, 1900-1938", tesis doctoral, Universidad de California, 1997.

Schulze, Karl Willheim, "Las leyes agrarias del villismo", en Ricardo León García (ed.), *Actas del Segundo Congreso de Historia Regional Comparada 1990,* Ciudad Juárez, Universidad Autónoma de Ciudad Juárez, 1991, pp. 385-395.

Schyer, Frans, *The Rancheros of Pisaflores: The History of a Peasant Bourgeoisie in Twentieth-Century Mexico,* traducido por Ana María Palos, Toronto, University of Toronto Press, 1980.

Silva Herzog, Jesús, *El agrarismo mexicano y la reforma agraria,* México, Fondo de Cultura Económica, 1959.

Tablada, Juan José, *La defensa social: Historia de la campaña de la División del Norte,* México, Imprenta del Gobierno Federal, 1913.

Tobler, Hans Werner, "Las paradojas del ejército revolucionario. Su papel social en la reforma agraria mexicana 1920-1935", *Historia Mexicana,* XXI, núm. 1 (1971), pp. 38-79.

_____, "La burguesía revolucionaria en México, su origen y su papel, 1915-1935", *Historia Mexicana,* XXXIV, núm. 2 (1984), pp. 213-237.

_____, "Peasants and the Shaping of the Revolutionary State, 1910-40", en Friedrich Katz (ed.), *Riot, Rebellion and Revolution: Rural Social Conflicts in Mexico,* Princeton, Princeton University Press, 1988, pp. 487-518.

Tutino, John, *From Insurrection to Revolution in Mexico: Social Bases of Agrarian Violence, 1750-1940,* Princeton, Princeton University Press, 1986.

Ulloa Cuevas, Edith, "La realidad social, económica y jurídica del ejido, después de la Revolución mexicana y sus repercusiones en el panorama nacional", tesis de licenciatura, UNAM, 1992.

Urías Horcasitas, Beatriz, "Franz Boas en México (1911-1919)", *Historia y Grafía,* núm. 16, 2001.

Vanderwood, Paul J., *Disorder and Progress: Bandits, Police and Mexican Development,* Lincoln, University of Nebraska Press, 1981.

_____, *Los rurales mexicanos,* México, Fondo de Cultura Económica, 1982.

Vázquez Alfaro, Guillermo, *La reforma agraria de la Revolución mexicana,* México, s. e., 1953.

Vázquez Ramírez, Esther Martina, *Organización y resistencia popular en la ciudad de México,* México, INEHRM, 1996.

Velázquez, Primo Feliciano, *La División del Nordeste: capítulo de un libro inédito* (introducción, transcripción e iconografía de Alberto Alcocer Andalón), Biblioteca de Historia Potosina. Serie Cuadernos, San Luis Potosí, Evolución, 1976.

Warman, Arturo, *Y venimos a contradecir: los campesinos de Morelos y el Estado nacional,* México, INAH, 1976.

Waterbury, Ronald. "Non-revolutionary Peasants: Oaxaca Compared to Morelos in the Mexican Revolution", *Comparative Studies in Society and History,* XVII, núm. 4 (1975), pp. 410-442.

Zarauz López, Héctor, "El petróleo como elemento de disputa mundial y rebelión local", *Sólo Historia,* octubre-diciembre de 1999, pp. 50-56.

Historia laboral, del movimiento obrero y de los trabajadores

Adleson G., Lief, "Historia social de los obreros industriales de Tampico, 1906-1919", tesis doctoral, El Colegio de México, 1982.

Agetro, Leafar [Rafael Ortega C.], *Las luchas proletarias en Veracruz. Historia y autocrítica,* Jalapa, Barricada, 1942.

Alanís Enciso, Fernando S., "Las políticas migratorias de Estados Unidos y los trabajadores mexicanos (1880-1940)", en Manuel

Ceballos Ramírez (ed.), *Encuentro en la frontera: mexicanos y norteamericanos en un espacio común,* México, El Colegio de México-El Colegio de la Frontera Norte-Universidad Autónoma de Tamaulipas, 2001.

Anderson, Rodney D., "Mexican Workers and the Politics of Revolution, 1906-1911", *Hispanic American Historical Review,* LIV, núm. 1 (1974), 94-113.

_____, *Outcasts in Their Own Land: Mexican Industrial Workers 1906-1911,* DeKalb, Northern Illinois University Press, 1976.

Andrews, Gregg, *Shoulder to Shoulder? The American Federation of Labor, the United States and the Mexican Revolution, 1910-1924,* Berkeley, University of California Press, 1991.

Andrews, Gregory Alan, "American Labor and the Mexican Revolution, 1910-1924", tesis doctoral, Universidad del Norte de Illinois, 1988.

Anguiano, Arturo, *El Estado y la política obrera del cardenismo,* México, Era, 1975.

Araiza, José Luis, *Historia del movimiento obrero mexicano,* 4 vols., México, Casa del Obrero Mundial, 1964-1965.

Ashby, Joe, *Organized Labor and the Mexican Revolution under Cárdenas,* Chapel Hill, University of North Carolina Press, 1967.

Ávila Espinosa, Felipe Arturo, "La sociedad mutualista y moralizadora de obreros del Distrito Federal", *Historia Mexicana,* XLIII, núm. 1 (1993), 117-154.

Ávila Ruiz, Sergio Leonardo, "El impacto social de los migrantes mexicanos en Estados Unidos durante la Revolución mexicana", *Sólo Historia,* julio-septiembre de 2000, pp. 18-24.

Basurto, Jorge, *Cárdenas y el poder sindical,* México, Era, 1983.

Bellingeri, Marco, "Del peonaje al salario: el caso de San Antonio Tochatlaco de 1880 a 1920", *Revista Mexicana de Ciencias Políticas y Sociales,* XXIV, núm. 91 (1994), pp. 121-136.

Bortz, Jeffrey, "Génesis del sistema mexicano de relaciones laborales: política federal de trabajo e industria textil, 1925 y 1940", *Anuario de Estudios Sociales,* núm. 96 (1997), pp. 9-38.

Brown, Jonathan, "Foreign Oil Companies, Oil Workers, and the Mexican Revolutionary State in the 1920's", en Alice Teichova, Maurice Lévy-Leboyer y Helga Nussbaum (eds.), *Multinational Enterprise in Historical Perspective,* Cambridge, Cambridge University Press, 1986, p. 319.

Cárdenas García, Nicolás, "Trabajadores y lucha por el poder político en el gobierno de Carranza. Los orígenes de la acción múltiple", *Secuencia,* núm. 6 (1986), pp. 11-32.

• Carr, Barry, *El movimiento obrero y la política en México, 1910-1929,* México, Era, 1981.

Castro López, Juan Carlos, "La vida cotidiana del obrero textil en la Ciudad de México durante la Revolución mexicana (1910-1920)", tesis de licenciatura, UNAM, 1988.

Cunningham, Christopher George, "The Casa del Obrero Mundial and the Mexican Revolution: Radical Ideology and the Role of the Urban Worker in Mexico City, 1912-1916", tesis doctoral, Universidad de Toronto, 1978.

Flores Torres, Óscar, *Burguesía, militares y movimiento obrero en Monterrey, 1909-1923: revolución y comuna empresarial,* Monterrey, Universidad Autónoma de Nuevo León, 1991.

Frost, Elsa Cecilia, Michael C. Meyer y Josefina Zoraida Vázquez (eds.), *El trabajo y los trabajadores en la historia de México,* México, El Colegio de México-University of Arizona Press, 1979.

Fuller, Troy Robert, "'Our Cause is your Cause': The relationship between the Industrial Workers of the World and the Partido Liberal Mexicano, 1905-1911", tesis de maestría, Universidad de Calgary, 1997.

García Luna Ortega, Margarita, *Huelgas de mineros en El Oro, México, 1911-1920,* Toluca, Secretaría del Trabajo del Gobierno del Estado de México, 1993.

Gonzales, Michael J., "United States Copper Companies: the State and Labor Conflict in Mexico, 1900-1910", *Journal of Latin American Studies,* LXXVI, núm. 3 (1994), pp. 651-681.

_____, "U. S. Copper Companies, the Mine Workers' Movement, and the Mexican Revolution, 1910-1920", *Hispanic American Historical Review,* LXXVI, núm. 3 (1996), pp. 503-534.

González Marín, Silvia, "Heriberto Jara: luchador obrero en la Revolución mexicana, 1879-1917", tesis de maestría, UNAM, 1983.

González Navarro, Moisés, "La huelga de Río Blanco", *Historia Mexicana,* VI, núm. 4 (1957), pp. 510-533.

González Roa, Fernando, *El problema ferrocarrilero y la compañía de ferrocarriles nacionales de México,* México, Carranza e Hijos, Impresores, 1915.

González Zamora, Adolfo, "La Revolución mexicana y el artículo 123 constitucional", tesis de licenciatura, UNAM, 1981.

Guadarrama, Rocío, *Los sindicatos y la política en México, la* CROM, *1918-1928,* 2 vols., México, Era, 1981.

• Hart, John Mason, *Anarchism and the Mexican Working Class, 1860-1931,* Austin, University of Texas Press, 1978.

_____, "The Urban Working Class and the Mexican Revolution: the Case of the Casa del Obrero Mundial", *Hispanic American Historical Review,* LVIII, núm. 1 (1978), pp. 1-20.

Kirkwood, James Burton, "Resistance and Accommodation: The Working People of Guadalajara, Mexico, 1910-1926", tesis doctoral, Universidad Estatal de Florida, 1995.

• Knight, Alan, "The Working Class and the Mexican Revolution, c. 1900-1930", *Journal of Latin American Studies,* XVI, núm. 1 (1984), pp. 51-79.

Koth, Karl B., "'Not a Mutiny but a Revolution': The Río Blanco Labor Dispute, 1906-1907", *Canadian Journal of Latin American and Caribbean Studies,* XVIII, núm. 35 (1993), pp. 39-65.

Leal, Juan Felipe y José Villaseñor, *En la Revolución (1910-1917),* México, Siglo XXI, 1988.

Lear, John Robert, "Workers, Vecinos and Citizens: the Revolution in Mexico City, 1909-1917", tesis doctoral, Universidad de California, 1993.

Loveira, Carlos, *El obrerismo yucateco y la Revolución mexicana,* Washington D.C., The Law Reporting Printing Company, 1917.

Loyola Díaz, Rafael, *El ocaso del radicalismo revolucionario. Ferroca-rrileros y petroleros, 1938-1947,* México, UNAM, 1991.

Maldonado R., Calixto y Amado Cantón Meneses, *Vindicación social. La defensa de los obreros ferrocarrileros,* Mérida, Imprenta El Porvenir, 1915.

Malpica Uribe, Samuel, "La Revolución mexicana y los obreros de la fábrica de Metepec, Atlixco (1902-1912)", en Enrique J. Alfaro Anguiano (ed.), *La Revolución en las regiones. Memorias,* II, Gua-dalajara, Instituto de Estudios Sociales de la Universidad de Guadalajara, 1986, pp. 321-336.

Meyer, Jean, "Los obreros en la Revolución mexicana. Los Batallones Rojos", *Historia Mexicana,* XXI, núm. 1 (1971), pp. 1-37.

Morales Jiménez, Alberto, *La Casa del Obrero Mundial: ensayo his-tórico,* México, INEHRM, 1982.

Ortega C., Rafael, *Las luchas proletarias en Veracruz, historia y auto-crítica,* México, Barricada, 1942.

Pasquel, Leonardo, *El conflicto obrero de Río Blanco en 1907,* México, Citlaltépetl, 1976.

Quintero Ramírez, Cirila, "La organización laboral en la frontera este de México y Estados Unidos (1900-1940)", en Manuel Ceballos Ramírez (ed.), *Encuentro en la frontera: mexicanos y norteame-ricanos en un espacio común,* México, El Colegio de México-El Colegio de la Frontera Norte-Universidad Autónoma de Tamau-lipas, 2001, pp. 373-408.

Rendón, Víctor, *Reivindicaciones obreras. Su justicia y medios de con-seguirlas,* Mérida, Imprenta de La Voz de la Revolución, 1915.

Ruiz, Ramón Eduardo, *Labor and ambivalent revolutionaries: Mexi-co, 1911-1923,* Baltimore, Johns Hopkins University Press, 1976.

_____, *La Revolución mexicana y el movimiento obrero,* traducido por Roberto Gómez Cirisa, México, Era, 1978.

Salazar, Rosendo, *Las pugnas de la gleba: 1907-1922,* México, Avante, 1923.

_____, *La Casa del Obrero Mundial,* México, Costa Amic, 1962.

_____, *Antecedentes del movimiento obrero revolucionario de Méxi-co,* México, INEHRM, 1973.

Sayeg Helú, Jorge, *La Huelga de Cananea y Río Blanco,* México, INEHRM, 1980.

• *75 años de sindicalismo mexicano,* México, INEHRM, 1986.

Snodgrass, Michael David, "Deference and Defiance in Monterrey: Workers, Paternalism and Revolution in Mexico, 1890-1942", te-sis doctoral, Universidad de Texas, 1998.

Torres Pares, Javier, *La revolución sin frontera: el Partido Liberal Me-xicano y las relaciones entre el movimiento obrero de México y el de Estados Unidos, 1900-1923,* México, UNAM, 1990.

Historia de las iglesias y de las religiones

Adame Goddard, Jorge, *El pensamiento político y social de los católi-cos mexicanos, 1867-1914,* México, UNAM, 1981.

Aguilar V., Rubén y Guillermo Zermeño Padilla, *Religión, política y sociedad. El sinarquismo y la Iglesia en México. Nueve ensayos,* México, Universidad Iberoamericana, 1992.

Baldwin, Deborah J., "Variaton within the Vanguard: Protestantism and the Mexican Revolution", tesis doctoral, Universidad de Chicago, 1979.

_____, *Protestants and the Mexican Revolution: Missionaries, Ministers, and Social Change,* Urbana, University of Illinois Press, 1990.

Barabas, Alicia, *Utopías indias: movimientos sociorreligiosos en México,* México, Grijalbo, 1989.

Barbosa Guzmán, Francisco, "Iglesia y hacendados. Una propuesta agraria contemporánea contrarrevolucionaria", en Enrique J. Alfaro Anguiano (ed.), *La Revolución en las regiones. Memorias,* II, Guadalajara, Instituto de Estudios Sociales de la Universidad de Guadalajara, 1986, pp. 531-564.

_____, *La Caja Rural Católica de préstamos y ahorros en Jalisco (1910-1914 y 1920-1924),* Guadalajara, Universidad de Guadalajara, 1996.

Barquín y Ruiz, Andrés, *Cristo, Rey de México,* México, JUS, 1967.

• Bastian, Jean-Pierre, "Las sociedades protestantes y la oposición a Porfirio Díaz, 1877-1911", *Historia Mexicana,* XXXVII, núm. 3 (1988), pp. 469-512.

_____, *Los disidentes: sociedades protestantes y revolución en México, 1872-1911,* México, Fondo de Cultura Económica-El Colegio de México, 1989.

_____, "Las sociedades protestantes y la oposición a Porfirio Díaz en México, 1877-1911", en *Protestantes, liberales y francmasones. Sociedades de ideas y modernidad en América Latina, siglo XIX,* México, Fondo de Cultura Económica, 1990, pp. 132-164.

Blount, Melesine Mary, *Gods Jesters. The Story of the life Martyrdom of Father Miguel Pro,* Londres, Logmans Green and Co., 1931.

Bokser Liwerant, Judith, "El movimiento nacional judío. El sionismo en México, 1922-1947", tesis doctoral, UNAM, 1991.

_____, "Cárdenas y los judíos: entre el exilio y la inmigración", *Canadian Journal of Latin American and Caribbean Studies,* XX, núm. 39-40 (1995), 13-37.

Cárdenas Ayala, Elsa, "Un paréntesis reformista: los católicos y la política a fines del porfiriato", en Humberto Morales y William Fowler (eds.), *El conservadurismo mexicano en el siglo XIX (1810-1910),* México, Universidad Autónoma de Puebla-Saint Andrews University-Gobierno del Estado de Puebla, 1999, pp. 303-316.

Ceballos Ramírez, Manuel, *El catolicismo social: un tercero en la discordia. Rerum Renovarum, "la cuestión social" y la movilización de los católicos mexicanos (1891-1911),* México, El Colegio de México, 1991.

Curley, Robert, "Slouching towards Bethlehem: Catholics and the Political Sphere in Revolutionary Mexico", tesis doctoral, Universidad de Chicago, 2001.

Degollado Guízar, Jesús, *Memorias de Jesús Degollado Guízar, último general en jefe del ejército cristero,* México, JUS, 1957.

Díaz, José y Román Rodríguez, *El movimiento cristero. Sociedad y conflicto en los Altos de Jalisco,* México, CIESAS-Nueva Imagen, 1979.

Díaz Patiño, Gabriela, "Un arzobispo entre dos fuerzas: el proyecto católico social de Atenógenes Silva en Michoacán", *Sólo Historia,* octubre-diciembre de 2000, pp. 29-33.

Esparza, Manuel, *Gillow durante el Porfiriato y la Revolución en Oaxaca (1887-1922),* Tlaxcala, Talleres Gráficos de Tlaxcala, 1985.

García Gutiérrez, Fidel, "La actuación política del Partido Católico Nacional durante la Revolución mexicana 1911-1914", tesis de licenciatura, UNAM, 1998.

Gill, Mario, *El sinarquismo, su origen, su esencia, su misión,* México, Ollin, 1962.

González, Genaro María, *Catolicismo y Revolución,* México, Imprenta de Murguía, 1961.

Iturribarría, Jorge Fernando, "La política de conciliación del general Díaz y el arzobispo Gillow", *Historia Mexicana,* XIV, núm. 1 (1964), pp. 81-101.

Lara y Torres, Leopoldo, *Documentos para la historia de la persecución religiosa en México,* México Heroico, México, JUS, 1954.

Lau, Rubén, "Iglesia y Estado en Chihuahua, 1880-1990", en Ricardo García León (ed.), *Actas del Segundo Congreso de Historia Regional Comparada 1990,* Ciudad Juárez, Universidad Autónoma de Ciudad Juárez, 1991, pp. 565-572.

Livingston, Craig, "From Above and Below: The Mormon Embrace of Revolution, 1840-1940 (Mexico)", tesis doctoral, Universidad de Temple, 2002.

• Ludlow Wiechers, Leonor, "Las demandas de la derecha clerical 1917-1940", en Cecilia Noriega (ed.), *El nacionalismo en México,* Zamora, El Colegio de Michoacán, 1992, pp. 313-327.

Manríquez y Zárate, José de Jesús, *¡Viva Cristo Rey! a mis compatriotas: mensaje que el Ilustrísimo Señor Doctor Don..., dirige al pueblo mexicano,* Los Ángeles, Vincent, 1928.

Menéndez Mena, Rodolfo, *Criterio revolucionario. La obra del clero y la llamada persecución religiosa en México. Defensa de la política reformista y anticlerical del constitucionalismo,* Mérida, Grandes Talleres Tipográficos del Gobierno Constitucionalista-Imprenta y Linotipia La Voz de la Revolución, 1916.

Meyer, Jean, *El catolicismo social en México hasta 1913,* México, Instituto Mexicano de Doctrina Social Cristiana, 1985.

_____, "El conflicto religioso en Chihuahua, 1925-1929", en Ricardo León García (ed.), *Tercer Congreso Internacional de Historia Regional Comparada, 1991,* Ciudad Juárez, Universidad Autónoma de Ciudad Juárez, 1992, pp. 357-366.

_____, *El sinarquismo, el cardenismo y la Iglesia, 1937-1947,* México, Tusquets Editores, 2003.

Negrete, Marta Elena, *Relaciones entre la Iglesia y el Estado en México. 1930-1940,* México, El Colegio de México-Universidad Iberoamericana, 1988.

• O'Dogherty Madrazo, Laura, *De urnas y sotanas. El partido católico en Jalisco, 1911-1913,* México, Conaculta-UNAM, 2001.

Olmos Velázquez, Evarista, *El conflicto religioso en México,* México,

Instituto Tecnonológico Salesiano-Pontificia Universidad Mexicana-Ediciones Don Bosco, 1991.

O'Rourke, Gerald, *La persecución religiosa en Chihuahua, 1913-1938,* Centenario, Chihuahua, Camino, 1991.

Portes Gil, Emilio, *La lucha entre el poder civil y el clero* (prólogo de Vicente Fuentes Díaz), México, s. e., 1934.

• Quirk, Robert E., *The Mexican Revolution and the Catholic Church, 1910-1929,* Bloomington, Indiana University Press, 1973.

Redinger, Matthew Alan, "To Arouse and Inform: American Catholic Attempts to Influence United-States Mexican Relations, 1920-1937", tesis doctoral, Universidad de Washington D.C., 1993.

Reich, Peter L., *Mexico's Hidden Revolution. The Catholic Church in Law and Politics since 1929,* Notre Dame, University of Notre Dame Press, 1995.

Rice, Elizabeth Ann, *The Diplomatic Relations between the United States and Mexico, as Affected by the Struggle for Religious Liberty in Mexico, 1925-1929,* Washington, D. C., Catholic University of America Press, 1959.

Rius Facius, Antonio, *La juventud católica y la Revolución Mejicana, 1910-1925,* México histórico, México, JUS, 1963.

Savarino Roggero, Franco, "Italia y el conflicto religioso en México (1916-1929)", *Historia y Grafía,* núm. 18 (2002), pp. 123-147.

Schell, Patience A., "An honorable avocation for ladies. The work of the Mexico City Unión de Damas Católicas Mexicanas, 1912-1926", *Journal of Women's History,* X, núm. 4 (1999), pp. 78-103.

Toro, Alfonso, *La Iglesia y el Estado en México. Estudios sobre los conflictos entre el clero y los gobiernos mexicanos, desde la Independencia hasta nuestros días,* Villahermosa, Talleres Tipográficos de Redención, 1928.

Zepeda Lecuona, Guillermo Raúl, *Constitucionalistas, Iglesia católica y derecho del trabajo en Jalisco,* México, INEHRM, 1997.

Zermeño Padilla, Guillermo y Rubén Aguilar, *Hacia una reinterpretación del sinarquismo actual: notas y materiales para su estudio,* México, Universidad Iberoamericana, 1988.

La Cristiada

Bailey, David, *¡Viva Cristo Rey! The Cristero Rebellion and the Church-State Conflict in Mexico,* Austin, University of Texas Press, 1974.

Buttler, Mathew, "The 'Liberal' Cristero Ladislao Molina and the Cristero Rebellion in Michoacán, 1927-1929", *Journal of Latin American Studies,* XXXI, núm. 3 (1999), pp. 645-671.

González, Fernando M. "Los católicos 'tiranicidas' en México durante la presidencia de Plutarco Elías Calles (1924-1928)", *Historia y Grafía,* núm. 14 (2000), pp. 105-114.

Guerra Manzo, Enrique, "Guerra Cristera y orden público en Coacolman, Michoacán (1927-1932)", *Historia Mexicana* LI, núm. 2 (2001), pp. 325-362.

_____, "Católicos y agraristas zamoranos ante el estado posrevolucionario (1929-1938)", *Secuencia,* núm. 53 (2002), pp. 103-138.

Jrade, Ramón, "Counterrevolution in Mexico: the Cristero Movement in Sociological and Historical perspective", tesis doctoral, Universidad de Brown, 1980.

Kelly, Brian John, *The Cristero Rebellion 1926-1929: its Diplomacy and Solution*, Albuquerque, University of New Mexico Press, 1974.

Mendoza Barragán, Ezequiel, *Confesiones de un cristero* (prólogo de Jean Meyer), México, Breve Fondo Editorial, 2001.

• Meyer, Jean, *La Cristiada*, México, Siglo XXI, 1973.

_____, *El coraje cristero*, Colotlán, Universidad de Guadalajara, 2001.

_____, *Tierra de cristeros ¡viva Cristo Rey!*, Guadalajara, Universidad de Guadalajara, 2002.

Moctezuma, Aquiles P., *El conflicto religioso de 1926: sus orígenes, su desarrollo, su solución*, México, s. e., 1929.

Olivera Sedano, Alicia, *Aspectos del conflicto religioso de 1926-1929. Sus antecedentes y consecuencias*, México, INAH, 1966.

Ortoll, Servando, "La campaña militar en Colima durante la Revolución cristera (1926-1929)", en Ricardo León García (ed.), *Actas del Segundo Congreso de Historia Regional Comparada 1990*, Ciudad Juárez, Universidad Autónoma de Ciudad Juárez, 1991, pp. 450-460.

Padilla Rangel, Yolanda, *El catolicismo social y el movimiento cristero en Aguascalientes*, Aguascalientes, Instituto Cultural de Aguascalientes, 1992.

Rius Facius, Antonio, *México cristero. Historia de la ACJM, 1925-1935*, México, Patria, 1966.

Sáenz, Alfredo, *Anacleto González Flores y la epopeya cristera*, Guadalajara, Asociación Pro-Cultura Occidental, 2001.

Sánchez Dávalos, Roberto J., *El conflicto religioso y sus arreglos* (prefacio de Jean Meyer), México, edición del autor, 2001.

Shadow, Robert D. y María J. Rodríguez Shadow, "Religión, economía y política en la rebelión cristera: el caso de los gobiernistas de Villa Guerrero, Jalisco", *Historia Mexicana*, XLIII, núm. 4 (1994), pp. 657-699.

HISTORIA CULTURAL

Aguilar Mora, Jorge, *Una muerte sencilla, justa, eterna: cultura y guerra durante la Revolución mexicana*, México, Era, 1990.

Alberro, Solange, "Las imágenes en la historia del México porfiriano y posrevolucionario", en *Historia Mexicana*, XLVIII, núm. 2 (1998), pp. 157-159.

Alcubierre, Beatriz y Tania Carreño King, *Los niños villistas. Una mirada a la historia de la infancia en México, 1900-1920*, México, INEHRM, 1996.

Alonso, Ana María, "Gender, Ethnicity and the Constitution of Subjects: Accommodation, Resistance and Revolution on the Chihuahua Frontier", tesis doctoral, Universidad de Chicago, 1986.

_____, "'Progress' as Disorder and Dishonor: Discourses of *Serrano* Resistance", *Critique of Anthropology*, VIII, núm. 1 (1988), pp. 13-33.

Alonso, Ana María, "U. S. Military Intervention, Revolutionary Mobilization, and Popular Ideology", en Daniel Nugent (ed.), *Rural Revolt in Mexico and U. S. Intervention*, La Jolla, Center for U.S.-Mexican Studies, 1988, pp. 199-228.

_____, *Thread Of Blood: Colonialism, Revolution, and Gender on Mexico's Northier Frontier,* Tucson, University of Arizona Press, 1995.

● Anaya Merchant, Luis, "La construcción de la memoria y la revisión de la Revolución", *Historia Mexicana*, XLIV, núm. 4 (1995), pp. 525-536.

Anda Alanís, Enrique X. de, "La arquitectura de la Revolución mexicana: corrientes y estilos en la década de los veinte", tesis de maestría, UNAM, 1990.

● Arenas Guzmán, Diego, *El periodismo en la Revolución mexicana (de 1876 a 1917),* 2 vols., México, INEHRM, 1966-1967.

Aronson, Julian, *The Murder of the Mexican Teachers,* Lancaster: s. e., 1936.

Azuela Arriaga, María Elena, "Mariano Azuela, novelista de la Revolución mexicana", tesis de maestría, UNAM, 1955.

Azuela de la Cueva, Alicia, "La revolución pictórica de la Revolución mexicana y su influencia en la construcción de una imagen", tesis doctoral, El Colegio de Michoacán, 2001.

Azuela, Mariano, *Obras completas,* 3 vols., México, Fondo de Cultura Económica, 1958-1960.

Azuela, Salvador, *La Revolución mexicana. Estudios históricos* (selección, introducción y notas de Javier Garciadiego Dantán), México, INEHRM, 1988.

Bantjes, Adrian A., "Burning Saints, Molding Minds: Iconoclasm, Civic Ritual, and the Failed Cultural Revolution", en William H. Beezley, Cheryl English Martin y William E. French (eds.), *Rituals of Rule, Rituals of Resistance. Public Celebration and Popular Culture in Mexico*, Wilmington, Scholarly Resources, 1994, pp. 261-284.

_____, "Idolatry and Iconoclasm in Revolutionary Mexico: The De-Christianization Campaigns, 1929-1940", *Mexican Studies/Estudios Mexicanos*, XIII, núm. 1 (1997), pp. 87-120.

Basurto, Jorge y Guadalupe Viveros Pabello, *Vivencias femeninas de la Revolución. Mi padre revolucionario,* México, INEHRM, 1993.

Bautista Bautista, Severiano, "Política educativa de la Revolución mexicana en la escuela primaria: investigación documental", tesis de licenciatura, Universidad Pedagógica Nacional, 1983.

Beals, Carleton, *Mexican Maze,* Londres, J. B. Lippincott, 1931.

Becker, Marjorie, "Lázaro Cárdenas and the Mexican Counter-Revolution: the Struggle over Culture in Michoacán, 1934-1940", tesis doctoral, Universidad de Yale, 1988.

_____, "Torching La Purísima, Dancing at the Altar: The Construction of Revolutionary Hegemony in Michoacán, 1934-1940", en Gilbert M. Joseph y Daniel Nugent (eds.), *Everyday Forms of State Formation: Revolution and the Negotiation of Rule in Modern Mexico*, Durham, Duke University Press, 1994, pp. 247-264.

_____, *Setting the Virgin on Fire. Lázaro Cárdenas, Michoacán Peasants, and the Redemption of the Mexican Revolution,* Berkeley, University of California Press, 1995.

Benedet, Sandra Maria, "The Estridentista movement: The Avant-garde in Mexican Life and Letters", tesis doctoral, Universidad de Stanford, 2001.

Benjamin, Thomas, "La Revolución hecha monumento", *Historia y Grafía*, núm. 6 (1996), pp. 113-139.

_____, *La Revolución. Mexico's Great Revolution as Memory, Mith and History*, Austin, University of Texas Press, 2000.

_____, "Rebuilding the Nation", en William H. Beezley y Michael C. Meyer (eds.), *The Oxford History of Mexico*, Nueva York, Oxford University Press, 2000, pp. 467-502.

Beristáin, Helena, "Reflejos de la Revolución mexicana en la novela", tesis de maestría, UNAM, 1963.

Bliss, Katherine, "Prostitution, Revolution and Social Reform in Mexico City, 1918-1940", tesis doctoral, Universidad de Chicago, 1996.

_____, "Paternity Test: Fatherhood on Trials in Mexico's Revolution", *Journal of Family History*, XXIV, núm. 3 (1999), pp. 330-350.

_____, "The Science of Redemption: Syphilis Sexual Promiscuity, and Reformism in Revolutionary Mexico City", *Hispanic American Historical Review*, LXXIX, núm. 1 (1999), 1-40.

_____, *Compromised Positions: Prostitution, Public Health, and Gender Politics in Revolutionary Mexico City*, University Park, Pennsylvania State University Press, 2001.

Boyer, Christopher R., "The Cultural Politics of Agrarismo: Agrarian Revolt, Village Revolutionaries, and State Formation in Michoacan, Mexico", tesis doctoral, Universidad de Chicago, 1997.

_____, "Old loves, new Loyalties: Agrarismo in Michoacán, 1920-1929", *Hispanic American Historical Review*, LXXVIII, núm. 3 (1998), pp. 419-456.

Brushwood, John S., *Mexico in its Novel: A Nation's Search for Identity*, Austin, University of Texas Press, 1966.

Bullock, Marion Dorothy, "Pancho Villa and Emiliano Zapata in the Literature of the Mexican Revolution", tesis doctoral, Universidad de Georgia, 1982.

Calderón Juárez, Víctor Manuel, "La sociología de Antonio Caso como efecto de una nueva necesidad de producción de saber derivada de la Revolución mexicana", tesis de licenciatura, UNAM, 1988.

Camp, Roderic Ai, "The Time of the Technocrats and Deconstruction of the Revolution", en William H. Beezley y Michael C. Meyer (eds.), *The Oxford History of Mexico*, Nueva York, Oxford University Press, 2000, pp. 609-636.

Cano, Gabriela, "Revolución, feminismo y ciudadanía en México (1915-1940)", en Georges Duby y Michelle Perrot (eds.), *Historia de las mujeres en Occidente*, 10. *El siglo XX. Los grandes cambios del siglo y la nueva mujer*, Madrid, Taurus, 1993, pp. 301-311.

Cano, Gabriela y Verena Radkau, *Ganando espacios. Historias de vida: Guadalupe Zúñiga, Alura Flores y Josefina Vicens, 1920-1940*, México, Universidad Autónoma Metropolitana, 1989.

Cano, Gabriela, Carmen Ramos Escandón y Julia Tuñón, *Problemas en torno a la historia de las mujeres*, México, Universidad Autónoma Metropolitana, 1991.

Carr, Barry, "The Fate of the Vanguard under a Revolutionary State:

Marxisim's Contribution to the Construction of the Great Arch", en Gilbert M. Joseph y Daniel Nugent (eds.), *Everyday Forms of State Formation: Revolution and the Negotiation of Rule in Modern Mexico*, Durham, Duke University Press, 1994, pp. 326-352.

Carranza, Luis Esteban, "Paradigms of the Avant-Garde: Mexican Modern Architecture, 1920-1940", tesis doctoral, Universidad de Harvard, 1998.

Carrasco García, Luis, "Las funciones periodísticas del corrido durante la Revolución mexicana", tesis de licenciatura, UNAM, 1987.

Carreño King, Tania, *El charro. La construcción de un estereotipo nacional (1920-1949)*, México, INEHRM-Federación Mexicana de Charrería, 2000.

Casas, Benigno, "El movimiento muralista de la Revolución mexicana", *Sólo Historia,* mayo-junio de 1999, 58-62.

Castillo Cámara, María de Guadalupe, "Alternativas didácticas para hacer un análisis crítico de la Revolución mexicana en 6º grado de la educación primaria: propuesta pedagógica", tesis de licenciatura, Universidad Pedagógica Nacional, 1993.

Castro López, Juan Carlos, "La vida cotidiana del obrero textil en la ciudad de México durante la Revolución mexicana (1910-1920)", tesis de licenciatura, UNAM, 1988.

Celebración del 20 de Noviembre, 1910-1985, México, INEHRM, 1985.

Cockcroft, James, "El maestro de primaria en la Revolución mexicana", *Historia Mexicana,* XVI, núm. 4 (1967), pp. 565-602.

Córdova Abundis, Patricia, *Estereotipos sociolingüísticos de la Revolucion Mexicana,* México, INEHRM, 2000.

Cortés Zavala, María Teresa, *Lázaro Cárdenas y su proyecto cultural en Michoacán, 1930-1950,* Centenario, Morelia, Universidad Michoacana de San Nicolás de Hidalgo, 1995.

Covo, Jaqueline, "La prensa en la historiografía mexicana: Problemas y perspectivas", *Historia Mexicana,* XLII, núm. 3 (1993), pp. 689-710.

_____, "El periódico al servicio del cardenismo: El Nacional", *Historia Mexicana* XLVI, núm. 1 (1996), pp. 133-161.

Dávalos Orozco, Federico y Esperanza Vázquez Bernal, *Filmografía general del cine mexicano (1906-1931),* Difusión Cultural, Serie Cine, Puebla, Universidad Autónoma de Puebla, 1985.

Delgado González, Arturo, *Martín Luis Guzmán y el estudio de lo mexicano,* México, Secretaría de Educación Pública, 1975.

Delpar, Helen, "Mexican Culture, 1920-1945", en William H. Beezley y Michael C. Meyer (eds.), *The Oxford History of Mexico,* Nueva York, Oxford University Press, 2000, pp. 543-572.

Demello, Marie Christiane, "The Unfinished Mexican Revolution: Revisioning Interpretive Perspectives in Literature and Film", tesis doctoral, Universidad de Texas, 2001.

Doremus, Anne T., *Culture, Politics and National Identity in Mexican Literature and Film: 1929-1952,* Madison, University of Wisconsin Press, 1998.

Durand Ponte, Víctor Manuel y María Marcia Smith Martins, "La educación y la cultura política en México, una relación agotada", *Revista Mexicana de Sociología,* LIX, núm. 2 (1997), pp. 41-74.

Estrada, Julio (ed.), *La música de México. Periodo nacionalista,* México, UNAM, 1984.

Fabila, Alfonso, *Las tribus yaquis de Sonora; su cultura y anhelada autodeterminación,* México, Instituto Nacional Indigenista, 1978.

Fallaw, Ben, "Peasants, Caciques, and Camarillas: Rural Politics and State-Formation in Yucatán, 1924-1940", tesis doctoral, Universidad de Chicago, 1995.

_____, "The Life and Deaths of Felipa Poot: Women, Fiction, and Cardenismo in Postrevolutionary Mexico", *Hispanic American Historical Review,* LXXXII, núm. 4 (2002), pp. 645-683.

Fein, Seth, "El cine y las relaciones culturales entre México y Estados Unidos durante la década de 1930", *Secuencia,* núm. 348 (1996), 155-195.

Figueroa Torres, Carolina, *Señores vengo a contarles...: la Revolución mexicana a través de sus corridos,* México, INEHRM, 1995.

Flores Benítez, Jorge, "La enseñanza de la Revolución mexicana en la Escuela Nacional Preparatoria", tesis de licenciatura, UNAM, 2001.

Flores Ramírez, Alfonso, "Propuesta pedagógica para la enseñanza y aprendizaje de los contenidos históricos: la Revolución mexicana en el 6° grado de la escuela primaria", tesis de licenciatura, Universidad Pedagógica Nacional, 1992.

Fogelquist, Donald Frederick, "The Figure of Pancho Villa in the Literature of the Mexican Revolution", tesis doctoral, Univerisdad de Wisconsin, 1941.

Fowler-Salamini, Heather y Mary Kay Vaughan (eds.), *Women of the Mexican Countryside, 1850-1990: Creating Spaces, Shaping Transitions,* Tucson, University of Arizona Press, 1994.

Gallo, Ruben, "Technology as Metaphor: Representations of Modernity in Mexican Art and Literature, 1920-1940 (Tina Modotti, José Vasconcelos, Jaime Torres Bodet, Luis Quintanilla, Federico Sánchez Fogarty)", tesis doctoral, Universidad de Columbia, 2001.

Gamboa Ojeda, Leticia, "Siluetas femeninas de la Revolución mexicana en Puebla", *Sólo Historia,* abril-junio de 2000, pp. 34-40.

García, María Magdalena, "The Daily Voices of Violence = Unlove = Desolation = Death = Revolution as Metaphoric Equivalences in 'Cartucho' (Spanish text, Nellie Campobello, Mexico)", tesis de maestría, Universidad de Texas A&M- Kingsville, 2002.

García Torres, Guadalupe, "Los Corridos de Inés Chávez García: lírica de una leyenda moderna", *Aztlán,* XXII, núm. 1 (1997), pp. 49-71.

Garciadiego Dantán, Javier, *Política y literatura. Las vidas paralelas de los jóvenes Rodolfo y Alfonso Reyes,* México, Condumex, 1990.

_____, *Rudos contra científicos: la Universidad Nacional durante la Revolución mexicana,* México, El Colegio de México-UNAM, 1996.

_____, "De Justo Sierra a Vasconcelos: La Universidad Nacional durante la Revolución mexicana", *Historia Mexicana,* XLVI, núm. 4 (1997), pp. 769-819.

_____, "La prensa durante la Revolución mexicana", *Sólo Historia,* octubre-diciembre de 1999, pp. 29-34.

García-Guajardo, Elizabeth, "Mariano Azuela y José Clemente Orozco: Imágenes de la Revolución mexicana", tesis de maestría, Universidad del Estado de San José, 2001.

Giasson Gagnon, Patrice Michel Joseph, "Oralidad e historia: dos grupos indígenas en la Revolución mexicana", tesis de maestría, UNAM, 2001.

Gojman de Backal, Alicia, *La expropiación petrolera vista a través de la prensa mexicana, norteamericana e inglesa, 1936-1940,* México, Petróleos Mexicanos, 1988.

Gómez Navas, Leonardo, "La educación y la Revolución mexicana. Principales normas legislativas", tesis de licenciatura, UNAM, 1967.

Gómez Robleda, José, "Condiciones económicas de la familia mexicana de la clase media después de la Revolución", *Revista Mexicana de Sociología,* XXI, núm. 1 (1959), pp. 127-134.

González Urista, Ignacio César, "La Revolución mexicana como contenido en el 6° grado de la educación primaria: propuesta pedagógica", tesis de licenciatura, Universidad Pedagógica Nacional, 1992.

• González y González, Luis, "La Revolución mexicana desde el punto de vista de los revolucionados", en Comisión Organizadora de los Festejos Conmemorativos del 75 Aniversario de la Apertura de la Universidad Nacional Autónoma de México (ed.), *Independencia y Revolución mexicanas,* México, UNAM, 1985, pp. 139-148.

Grimes, Larry M., "The Revolutionary Cycle in the Literary Production of Martín Luis Guzmán", *Hispanic American Historical Review,* LI, núm. 3 (1971), pp. 546-547.

Guerra Manzo, Enrique, "Los límites del proyecto educativo postrevolucionario: el caso de los pueblos tarascos (1930-1935)", *Relaciones,* XX, núm. 78 (1999), pp. 251-286.

Guevara-Vázquez, Fabián, "El indígena en la novela de la Revolución mexicana: El fracaso de su representación", tesis doctoral, Universidad de Columbia, 1999.

Guillermo, Palacios, "La idea oficial de la Revolución mexicana", tesis de maestría, El Colegio de México, 1969.

Heau de Jiménez, Catalina, *Así cantaban la Revolución,* México, Grijalbo-Conaculta, 1990.

Hernández Carballido, Elvira Laura, "La participación femenina en el periodismo nacional durante la Revolución mexicana (1910-1917)", tesis doctoral, UNAM, 2003.

Herrera Frimont, Celestino, *Corridos de la Revolución,* Pachuca, Instituto Científico y Literario, 1934.

Horcasitas, Fernando (ed.), *De Porfirio Díaz a Zapata. Memoria Náhuatl de Milpa Alta,* México, UNAM, 1968.

Iracheta Cenecorta, María del Pilar, "Luz y sombra. Las mujeres y la Revolución mexicana en el Estado de México", *Sólo Historia,* abril-junio de 2000, pp. 34-40.

Joseph, Gilbert M., "Rethinking Mexican Revolutionary Mobilization: Yucatán's Seasons of Upheaval, 1909-1915", en Gilbert M. Joseph y Daniel Nugent (eds.), *Everyday Forms of State Formation: Revolution and the Negotiation of Rule in Modern Mexico,* Durham, Duke University Press, 1994, pp. 135-169.

• Joseph, Gilbert M. y Daniel Nugent, "Popular Culture and State Formation in Revolutionary Mexico", en Gilbert M. Joseph y Daniel Nugent (eds.), *Everyday Forms of State Formation: Revolution and the Negotiation of Rule in Modern Mexico*, Durham, Duke University Press, 1994, pp. 3-23.

Joseph, Gilbert M. y Allen Wells, "Un replanteamiento de la movilización revolucionaria mexicana. Los tiempos de sublevación en Yucatán", *Historia Mexicana*, XLIII, núm. 3 (1993), pp. 505-546.

Kirkwood, James Burton, "Resistance and Accommodation: The Working People of Guadalajara, Mexico, 1910-1926", tesis doctoral, Universidad Estatal de Florida, 1995.

• Knight, Alan, "Popular Culture and the Revolutionary State in Mexico, 1910-1940", *Hispanic American Historical Review*, LXXIV, núm. 3 (1994), pp. 393-444.

_____, "Weapons and Arches in the Mexican Revolutionary Landscape", en Gilbert M. Joseph y Daniel Nugent (eds.), *Everyday Forms of State Formation: Revolution and the Negotiation of Rule in Modern Mexico*, Durham, Duke University Press, 1994, pp. 24-68.

_____, "Habitus and Homicide: Political Culture in Revolutionary Mexico", en Wil G. Pansters (ed.), *Citizens of the Pyramid. Essays on Mexican Political Culture*, Amsterdam, Thela, 1997, pp. 107-129.

_____, "Subalterns, Signifiers, and Statistics: Perspectives on Mexican Historiography", *Latin American Research Review*, XXXVII, núm. 2 (2002), pp. 136-158.

Koreck, María Teresa, "Space and Revolution in Northeastern Chihuahua", en Daniel Nugent (ed.), *Rural Revolt in Mexico and U.S. Intervention*, La Jolla, Center for U.S.-Mexican Studies, 1988, pp. 127-148.

Kowalenski, Stephen A. y Jacqueline J. Saindon, "The Spread of Literacy in a Latin American Peasant Society: Oaxaca, Mexico, 1890-1980", *Comparative Studies in Society and History*, XXXIV, núm. 1 (1992), pp. 110-140.

• Krauze, Enrique, *Caudillos culturales de la Revolución mexicana*, México, Siglo XXI, 1976.

_____, *Mexicanos eminentes*, México, Tusquets Editores, 1999.

Lacy, Elaine Cantrell, "Literacy policies and programs in Mexico, 1920-1958", tesis doctoral, Universidad Estatal de Arizona, 1991.

Langle Ramírez, Arturo, "Vocabulario, apodos, seudónimos y hemerografía de la Revolución", *Historia Mexicana*, XVI, núm. 3 (1967), pp. 309-319.

Lara Klahr, Flora y Marco Antonio Hernández, *El poder de la imagen y la imagen del poder. Fotografías de prensa del Porfiriato a la época actual*, Chapingo, Universidad Autónoma de Chapingo, 1985.

Lau Jaiven, Ana, "Las mujeres en la Revolución mexicana. Un punto de vista historiográfico", *Secuencia*, núm. 33 (1995), pp. 85-102.

• Lau Jaiven, Ana y Carmen Ramos Escandón (eds.), *Mujeres y Revolución, 1900-1917*, México, INEHRM -INAH, 1993.

Lempérière, Annick. "Los dos centenarios de la independencia mexicana (1910-1921), de la historia patria a la antropología cultural", *Historia Mexicana*, XLV, núm. 2 (1995), pp. 317-352.

Llinás Álvarez, Edgar, *Revolución, educación y mexicanidad. La búsqueda de la identidad nacional en el pensamiento educativo mexicano*, México, UNAM, 1978.

Lloyd, Jean-Dale, "Cultura material ranchera en el noroeste de Chihuahua", tesis doctoral, Universidad Iberoamericana, 1995.

Loyo, Engracia, "Escuelas rurales 'Artículo 123' (1917-1940)", *Historia Mexicana* XL, núm. 2 (1990), pp. 299-336.

_____, "Popular Reactions to the Educational Reforms of Cardenismo", en William H. Beezley, Cheryl English Martin y William E. French (eds.), *Rituals of Rule, Rituals of Resistance. Public Celebration and Popular Culture in Mexico*, Wilmington, Scholarly Resources, 1994, pp. 247-260.

MacGregor, Josefina, "La Revolución mexicana y su enseñanza en la educación secundaria", *Sólo Historia,* enero-marzo de 2000, pp. 51-58.

Macazaga Ordoño, César (ed.), *Corridos de la Revolución mexicana: desde 1910 a 1930, y otros notables de varias épocas* (colección de 100 corridos publicados por Eduardo Guerrero en 1931), México, Innovación, 1985.

Maciel, David R. y Joanne Hershfield, *Mexico's Cinema. A Century of Films and filmmakers,* Wilmington, Scholarly Resources, 1999.

MacLachlan, Colin M. y William H. Beezley, *El Gran Pueblo. A History of Greater Mexico,* Englewood Cliffs, Prentice Hall, 1994.

Magaña Esquivel, Antonio, *La novela de la Revolución mexicana,* 2 vols., México, INEHRM, 1964-1965.

Magdaleno, Mauricio, *Retórica de la Revolución,* México, INEHRM, 1978.

_____, *Escritores extranjeros en la Revolución mexicana,* México, INEHRM, 1979.

Maldonado, Braulio, "La representación funcional y la Revolución mexicana", tesis de licenciatura, UNAM, 1933.

Marentes, Luis A., "Narrativizing the Storm: José Vasconcelos and the Writing of the Mexican Revolution", tesis doctoral, Universidad de Texas, 1994.

Maria y Campos, Armando de, *El teatro del género chico en la Revolución mexicana,* México, INEHRM, 1956.

_____, *El teatro del género dramático en la Revolución mexicana,* México, INEHRM, 1957.

_____, *La Revolución mexicana a través de sus corridos populares,* México, INEHRM, 1962.

Marino, Daniela, "Dos miradas a los sectores populares: fotografiando el ritual y la política en México", *Historia Mexicana,* XLVIII, núm. 2 (1998), pp. 209-278.

Martin, JoAnn, "Contesting Authenticity: Battles over the Representation of history in Morelos, Mexico", *Ethnohistory / Society,* XL, núm. 3 (1993), pp. 438-465.

Martínez Hernández, Santiago, *Tiempos de Revolución. La Revolución mexicana en el sur de Veracruz vista por un campesino zoque-popoluca,* México, Premiá, 1982.

Martínez Lozada, Diego, "B. Traven y la Revolución mexicana", tesis de licenciatura, UNAM, 2001.

Matranga, Edward Cosmo, "Radical Educational Reform and the Alternatives to Schooling in Revolutionary Mexico", tesis doctoral, Universidad de Connecticut, 1981.

Matute Aguirre, Álvaro, *José Vasconcelos y la Universidad de México,* México, UNAM-IPN, 1987.

Mayer, Leticia, "El proceso de recuperación simbólica de cuatro héroes de la Revolución mexicana de 1910 a través de la prensa nacional", *Historia Mexicana,* XL, núm. 2 (1995), pp. 353-381.

McNamara, Patrick John, "Sons of the Sierra: Memory, Patriarchy, and Rural Political Culture in Mexico, 1855-1911", tesis doctoral, Universidad de Wisconsin, 1999.

Mendieta Alatorre, Ángeles, *La mujer en la Revolución,* México, INEHRM, 1961.

Mendoza, Vicente T., *El corrido de la Revolución mexicana,* México, INEHRM, 1956.

Meyer, Eugenia, "Hablan los villistas", *Antropología e Historia,* núm. 23 (1978), pp. 7-38.

Meyer, Eugenia, Víctor Alba, Ximena Sepúlveda y María Isabel Souza, "La vida con Villa en Canutillo", *Secuencia,* núm. 5 (1986), pp. 170-183.

Mock, Melody, "Hojas volantes: José Guadalupe Posadas, the Corrido, and the Mexican Revolution", tesis de maestría, Universidad del Norte de Texas, 1996.

Monroy Nasr, Rebeca, "Enrique Díaz y fotografías de actualidad (de la nota gráfica al fotoensayo)", *Historia Mexicana,* XLVIII, núm. 2 (1998), 375-410.

Monroy Pérez, Adriana, "Trece mujeres sonorenses en la Revolución", en *Memoria del 16 Simposio de Historia y Antropología de Sonora,* Hermosillo, Universidad de Sonora, 1993, pp. 457-470.

Monsiváis, Carlos, "La aparición del subsuelo. Sobre la cultura de la Revolución mexicana", *Historias,* núm. 8-9 (1995), pp. 159-166.

Montes de Oca Navas, Elvia, "Las ideologías de la Revolución mexicana (1910-1917) a través de las novelas de la Revolución", tesis doctoral, UNAM, 1988.

Mora, Carlos J., *Mexican Cinema: Reflections of a Society, 1896 to 1980,* Berkeley, University of California Press, 1982.

Mora, María Elvira y Clara Inés Ramírez, *La música en la Revolución,* Cuadernos Conmemorativos, México, INEHRM, 1985.

Moral González, Fernando del, "Rescate de la Decena Trágica", *El Acordeón. Revista de Cultura,* núm. 4 (1991), 20-29.

_____, *El rescate de un camarógrafo: las imágenes perdidas de Eustasio Montoya,* Monterrey, Universidad Autónoma de Nuevo León, 1997.

Morales, Luis Gerardo, "Museopatria revolucionaria", tesis de maestría, Universidad Autónoma Metropolitana, 1991.

_____, "Museopatria revolucionaria", en *Congreso Internacional sobre Revolución mexicana,* México, Gobierno del Estado de San Luis Potosí-INEHRM, 1991, pp. 398-411.

Moreno, Daniel (ed.), *Batallas de la Revolución y sus corridos,* México, Porrúa, 1985.

Moreno de Alba, José G., "Villa y Zapata: sus estereotipos en la literatura", *Universidad de México,* julio-agosto de 1998, pp. 10-19.

Morton, F. Rand, "Los novelistas de la Revolución mexicana", tesis de maestría, UNAM, 1949.

Las mujeres en la Revolución mexicana: 1884-1920, México, Cámara de Diputados-INEHRM, 1992.

Nicasio Olvera, Humberto, "Mariano Azuela y Martín Luis Guzmán, escritores de la Revolución mexicana", tesis de licenciatura, UNAM, 1987.

Nieto Sotelo, Jesús, "The National University of Mexico in the Mexican Revolution (1910-1921)", tesis doctoral, Universidad de Valencia, 1994.

Novo, Salvador, *La vida en México en el periodo presidencial de Lázaro Cárdenas,* México, Empresas Editoriales, 1964.

Noyola Vázquez, Luis, *La elocuencia en la época de la Revolución mexicana,* México, INEHRM, 1982.

Nugent, Daniel, *Spent Cartridges of Revolution: An Anthropological History of Namiquipa Chihuahua,* Chicago, University of Chicago Press, 1993.

Nugent, Daniel y Ana María Alonso, "Multiple Selective Traditions in Agrarian Reform and Agrarian Struggle: Popular Culture and State Formation in the Ejido of Namiquipa, Chihuahua", en Gilbert M. Joseph y Daniel Nugent (eds.), *Everyday Forms of State Formation: Revolution and the Negotiation of Rule in Modern Mexico,* Durham, Duke University Press, 1994 pp. 209-246.

Obregón, Álvaro, *Ocho mil kilómetros en campaña* (prólogo de Manuel González Ramírez), México, Fondo de Cultura Económica, 1970.

Obregón Santacilia, Carlos, *El Monumento a la Revolución, simbolismo e historia,* México, Secretaría de Educación Pública, 1960.

Olmedo Jiménez, Leticia, *José Guadalupe Posadas: el artista que retrató toda una época,* Cuadernos Conmemorativos, Revolución. México, INEHRM, 1985.

Olsen, Patrice Elizabeth, "Artifacts of Revolution: Architecture, Society and Politics in Mexico City, 1920-1940", tesis doctoral, Universidad Estatal de Pennsylvania, 1998.

O'Malley, Irene V., *The Myth of the Revolution: Hero Cults and the Institutionalization of the Mexican State, 1920-1940,* Connecticut, Greenwood Press, 1986.

• Orellana, Margarita de, *La mirada circular: el cine norteamericano de la Revolución mexicana. 1911-1917* (prólogo de Friedrich Katz), México, Joaquín Mortiz, 1991.

Ortiz Gaitán, Julieta, "Arte, publicidad y consumo en la prensa. Del porfirismo a la posrevolución", *Historia Mexicana,* XLVIII, núm. 2 (1998), pp. 411-436.

Oudin, Bernard, "Hollywood franchit le rio Grande", en *Villa, Zapata et le Mexique en Feu,* París, Decouvertes Gallimard, 1989, pp. 160-163.

_____, "La Revolution au bout de la caméra", en *Histoire,* París, Decouvertes Gallimard, 1989, pp. 164-167.

Palacios, Guillermo, "Calles y la idea oficial de la Revolución mexicana", *Historia Mexicana,* XXII, núm. 3 (1973), pp. 261-278.

Pérez Moncada, Diana Guadalupe, "El Nacional: Testimonios de poder. Historia e imágenes", *Sólo Historia,* enero-marzo de 2001, pp. 51-58.

_____, "La Danza Escénica. Medio de expresión cultural y político", *Sólo Historia,* enero-marzo de 2001, p. 73.

Pérez Montfort, Ricardo, "Francisco I. Madero, 1908-1913. Una mirada desde las expresiones populares", *Nuestro Siglo,* abril-junio de 2002, pp. 14-31.

Piccato, Pablo, *City of Suspects: Crime in Mexico City, 1900-1931,* Durham, Duke University Press, 2001.

Poesías folklóricas y patrióticas: diez corridos de la Revolución, México, Editores Mexicanos Unidos, 1971.

Pruneda, Salvador, *La caricatura como arma política,* México, INEHRM, 1958.

Puente, Ramón, "Villa en la memoria popular", en *Tres revoluciones, tres testimonios* (prólogo de Octavio Paz), I, México, Instituto Mora, 1986, pp. 133-205.

Raat, William Dirk, "The Antipositivist Movement in Prerevolutionary Mexico, 1892-1911", *Journal of Interamerican Studies and World Affairs,* XIX, núm. 1 (1977), pp. 83-98.

Ramírez, Gabriel, *Crónica del cine mudo mexicano,* México, Cineteca Nacional, 1989.

Ramos Escandón, Carmen (ed.), *Género e Historia: la historiografía sobre la mujer,* México, Universidad Autónoma Metropolitana, 1992.

Razo Olivo, Juan Diego, *Rebeldes populares del Bajío, hazañas, tragedias y corridos, 1910-1927,* México, Katún, 1983.

Reed, John, *Hija de la Revolución y otras narraciones,* México, Fondo de Cultura Económica, 1972.

Reséndez Fuentes, Andrés, "Battleground Women: Soldaderas and Female Soldiers in the Mexican Revolution", *The Americas,* LI, núm. 4 (1995), pp. 525-553.

Reséndiz, Rosalva, "Female Subjectivity and Agency in Popular Mexican Corridos (ballads), An Examination of Images and Representations of Soldaderas (Female Soldiers) in the Mexican Revolution, 1910-1920", tesis doctoral, Universidad Femenina de Texas, 2001.

Reyes, Aurelio de los, *Con Villa en México. Testimonios de camarógrafos norteamericanos en la Revolución, 1911-1916,* México, UNAM, 1985.

_____, *Medio siglo de cine mexicano (1896 a 1947),* México, Trillas, 1987.

_____, *Cine y sociedad en México,* 2 vols., México, UNAM, 1996.

_____, "Sobre el cine y las relaciones culturales entre México y Estados Unidos durante la década de 1930", *Secuencia,* núm. 348 (1996), pp. 197-211.

Reyes Solís, Ramiro, "Cómo lograr que el alumno comprenda los hechos suscitados en la Revolución mexicana: propuesta pedagógica", tesis de licenciatura, Universidad Pedagógica Nacional, 1991.

Rico Cervantes, Araceli, "El estridentismo: otra alternativa a la cultura de la Revolución mexicana", tesis de licenciatura, UNAM, 1978.

Río, Marcela del, *Perfil y muestra del teatro de la Revolución mexicana,* Nueva York, P. Lang, 1993.

Rocha Islas, Marta Eva, "El archivo de veteranas de la Revolución mexicana: una historia femenina dentro de la historia oficial", en Eliane Garcindo Dayrell y Zilda Márcia Gricoli Iokoi (eds.),

America Latina contemporánea: desafíos e perspectivas, Rio de Janeiro, Expressâo e cultura, 1996, pp. 619-635.

Rockwell, Elsie, "Schools of the Revolution: Enacting and Contesting State Forms in Tlaxcala, 1910-1930", en Gilbert M. Joseph y Daniel Nugent (eds.), *Everyday Forms of State Formation: Revolution and the Negotiation of Rule in Modern Mexico*, Durham, Duke University Press, 1994, pp. 170-208.

Rojas Garciadueñas, José, *El Ateneo de la Juventud y la Revolución*, México, INEHRM, 1979.

Romero Flores, Jesús, *La obra cultural de la Revolución. Michoacán en la Revolución; memoria de los trabajos realizados en el ramo de instrucción pública durante el periodo preconstitucional en el estado de Michoacán*, Morelia, Imprenta del Gobierno en la Escuela de Artes, 1917.

_____, *Anales históricos de la Revolución mexicana. Corridos de la Revolución mexicana*, México, El Nacional, 1941.

Ross, Stanley Robert, "El historiador y el periodismo mexicano", *Historia Mexicana*, XIV, núm. 3 (1965), pp. 347-382.

Rubenstein, Anne, "Mass Media and Popular Culture in the Postrevolutionary Era", en William H. Beezley y Michael C. Meyer (eds.), *The Oxford History of Mexico*, Nueva York, Oxford University Press, 2000, pp. 637-670.

Ruiz Martínez, Aspen, "Nación y género en el México revolucionario. La India Bonita y Manuel Gamio", *Signos Históricos*, núm. 5 (2001), pp. 55-86.

Rutherford, John, *Mexican Society During the Revolution: A Literature Approach*, Oxford, Clarendon Press, 1971.

Salas, Elizabeth, *Soldaderas in the Mexican Military. Myth and History*, Austin, University of Texas Press, 1990.

_____, "The Soldadera in the Mexican Revolution: War and Men's Illusions", en Heather Fowler-Salamini y Mary Kay Vaughan (eds.), *Women of the Mexican Countryside, 1850-1990*, Tucson, University of Arizona Press, 1994, pp. 93-105.

Salgado, Eva, "Fragmentos de historia popular: Las mujeres en la revolución", *Secuencia*, núm. 3 (1985), pp. 206-214.

Samponaro, Frank N. y Paul J. Vanderwood, *War Scare on the Rio Grande: Robert Runyon's Photographs of the Border Conflict, 1913-1916*, Austin, Texas State Historical Association, 1991.

Sánchez González, Agustín, *La banda del automóvil gris: la ciudad de México, la Revolución, el cine y el teatro*, México, Sensores & Aljure, 1997.

Sánchez Morales, Román Arturo, "Estados Unidos frente a la Revolución mexicana: una propuesta para su enseñanza", tesis de licenciatura, UNAM, 1992.

Sánchez Romay, Violeta, "La novela de la Revolución mexicana y el conflicto ideológico de José Rubén Romero", tesis de licenciatura, UNAM, 1981.

Schell, Patience A., "An Honorable Avocation for Ladies. The Work of the Mexico City Unión de Damas Católicas Mexicanas, 1912-1926", *Journal of Women's History*, X, núm. 4 (1999), pp. 78-103.

Sierra García, Antonio, "De la Revolución mexicana a la revolución del periodismo: Regino Hernández Llergo", tesis de licenciatura, UNAM, 2000.

Simmons, Merle Edwin, *The Mexican Corrido as a Source for Interpretative Study of Modern Mexico, 1870-1950,* Indiana University humanities, Bloomington, Indiana University Press, 1957.

Smith, Stephanie Jo., "Engendering the Revolution: Women and State Formation in Yucatan, Mexico, 1872-1930", tesis doctoral, Universidad Estatal de Nueva York, 2002.

Soto, Shirlene, *Emergence of the Modern Mexican Woman: Her Participation in Revolution and Struggle for Equality; 1910-1940,* Denver, Arden Press, 1990.

Stern, Alexandra Minna, "Eugenics Beyond Borders: Science and Medicalization in Mexico and the United States West, 1900-1950 (California, Texas)", tesis doctoral, Universidad de Chicago, 1999.

Taibo, Paco Ignacio, II, "Notas para una novela villista", *Vientos del Sur. Revista de Ideas, Historia y Política,* julio de 1994, pp. 35-39.

Tiempos y espacios laborales, México, Cámara de Diputados-Secretaría de Gobernación-Archivo General de las Nación, 1994.

Torres Sánchez, Rafael, "Revolución y vida cotidiana: la gestión por el espacio social en Guadalajara", *Sólo Historia,* enero-marzo de 2000, pp. 43-48.

_____, *Revolución y vida cotidiana: Guadalajara 1914-1934,* Culiacán, Galileo Ediciones-Universidad Autónoma de Sinaloa, 2001.

Tortajada Quiroz, Andrea, *La danza escénica de la Revolución mexicana, nacionalista y vigorosa,* México, INEHRM, 2000.

Tortolero Cervantes, Yolia, "Alteración de la vida diaria de los habitantes de Celaya, Guanajuato. Una perspectiva más de la batalla entre Villa y Obregón", *Sólo Historia,* octubre-diciembre de 2000, pp. 9-15.

Turner, Frederick C., "Los efectos de la participación femenina en la Revolución de 1910", *Historia Mexicana,* XVI, núm. 4 (1967), pp. 603-620.

_____, *The Dynamics of Mexican Nationalism,* Chapel Hill, University of North Carolina Press, 1968.

Tutino, John, "Family Economies in Agrarian Mexico, 1750-1919", *Journal of Family History,* X, núm. 3 (1985), pp. 258-271.

Urías Horcasitas, Beatriz, "Franz Boas en México (1911-1919)", *Historia y Grafía,* núm. 16, 2001.

Vaca, Agustín, Alma Dorantes González y Jaime Olveda, *La prensa jaliscience y la Revolución,* Divulgación, México, INAH-Unión Editorial, 1985.

Valadés, Edmundo y Luis Leal, *La Revolución y las letras: dos estudios sobre la novela y el cuento de la Revolución mexicana,* México, INBA, 1960.

Valdés Silva, María Candelaria, "El 'Ateneo Fuente': del liberalismo a la Revolución", en Ricardo León García (ed.), *Tercer Congreso Internacional de Historia Regional Comparada, 1991,* Ciudad Juárez, Universidad Autónoma de Ciudad Juárez, 1992, pp. 349-356.

Valero Silva, José *et al., Polvos de olvido: cultura y Revolución,* México, Universidad Autónoma Metropolitana-INBA, 1993.

Vanderwood, Paul J. y Frank N. Samponaro, *Border Fury: a Picture*

Postcard Record of Mexico's Revolution and U.S. War Preparedness, 1910-1917, Albuquerque, University of New Mexico Press, 1988.

Vargas Valdez, Jesús, *Corridos, poemas, sotol. Recital homenaje al general Francisco Villa,* México, Confederación Nacional Campesina, 1992.

Vaughan, Mary Kay, "The Construction of the Patriotic Festival in Tecamachalco, Puebla, 1910-1946", en William H. Beezley, Cheryl English Martin y William E. French (eds.), *Rituals of Rule, Rituals of Resistance. Public Celebration and Popular Culture in Mexico,* Wilmington, Scholarly Resources, 1994, pp. 213-245.

_____, *Cultural Politics in Revolution. Teachers, Peasants, and Schools in Mexico, 1930 a 1940,* Tucson, University of Arizona Press, 1997.

_____, "Cultural Approaches to Peasant Politics in the Mexican Revolution", *Hispanic American Historical Review,* LXXIX, núm. 2 (1999), pp. 269-305.

Vázquez, Josefina Zoraida, *Nacionalismo y educación en México,* México, El Colegio de México, 1970.

Vázquez, María Antonieta, "La Revolución mexicana, vista a través de la narrativa de Mariano Azuela", tesis de licenciatura, Universidad de Sonora, 1982.

• Villoro, Luis, "La cultura mexicana de 1910 a 1960", *Historia Mexicana,* X, núm. 2 (1960), pp. 196-219.

Winter, Nevin O., *Mexico and her People of To-day: An Account of the Customs, Characteristics, Amusements, History and Advancement of the Mexicans, and the Development and Resources of their Country,* Londres, Cassell, 1913.

• Zea, Leopoldo, *Del liberalismo a la Revolución en la educación mexicana,* México, INEHRM, 1956.

Zogbaum, Heidi, *Bruno Traven: A Vision of Mexico,* Wilmington, Scholarly Resources, 1992.

Zuno, José Guadalupe, *Historia de las artes plásticas en la Revolución mexicana,* 2 vols., México, INEHRM, 1967.

Zurita Castillo, Gloria Angelina, "La producción muralista de la Revolución mexicana 1910-1930", tesis de maestría, UNAM, 1986.

HISTORIA ECONÓMICA

Aguirre Rojas, Carlos Antonio, "Mercado interno, guerra y Revolución en México, 1870-1920", *Revista Mexicana de Sociología,* núm. 2 (1990), 183-224.

Anaya Merchant, Luis, "De convenios y deudas en la Revolución mexicana", *Boletín del Fideicomiso Archivos Plutarco Elías Calles y Fernando Torreblanca,* núm. 36, 2001.

Barbosa Guzmán, Francisco, *La Caja Rural Católica de préstamos y ahorros en Jalisco (1910-1914 y 1920-1924),* Guadalajara, Universidad de Guadalajara, 1996.

• Bazant, Jean, *Historia de la deuda exterior de México (1823-1946),* México, El Colegio de México, 1968.

Bernstein, Marvin, *The Mexican Mining Industry, 1890-1950. A Stu-*

dy of the Interaction of Politics, and Technology, Albany, State University of New York Press, 1964.

Blanco, Mercedes, "Empleo público en la administración central mexicana. Evolución y tendencias: 1920-1988", tesis doctoral, El Colegio de México, 1993.

Bortz, Jeffrey, "Génesis del sistema mexicano de relaciones laborales: política federal de trabajo e industria textil, 1925 y 1940", *Anuario de Estudios Sociales,* núm. 96 (1997), pp. 9-38.

• Bortz, Jeffrey y Stephen H. Haber (eds.), *The Mexican Economy, 1870-1930: Essays on the Economic History of Institutions, Revolution, and Growth,* Stanford, Stanford University Press, 2002.

Buttrey, Adon Gordus, "The Silver Coinage of Zapata, 1914-1915", *Hispanic American Historical Review,* LII, núm. 3 (1972), pp. 456-462.

• Cárdenas, Enrique (ed.), *Historia económica de México,* México, Fondo de Cultura Económica, 1989-1994.

_____, *La hacienda pública y la política económica, 1929-1958,* México, Fondo de Cultura Económica-El Colegio de México, 1994.

Cárdenas García, Nicolás, "La Revolución mexicana y los inicios de la organización empresarial (1917-1918)", *Secuencia,* núm. 4 (1985), pp. 24-41.

_____, "Trabajadores y lucha por el poder político en el gobierno de Carranza. Los orígenes de la acción múltiple", *Secuencia,* núm. 6 (1986), pp. 11-32.

_____, *La quimera del desarrollo,* México, INEHRM, 1996.

_____, *Empresas y trabajadores en la gran minería mexicana, 1909-1929,* México, INEHRM, 1998.

Cardoso, Ciro, *Formación y desarrollo de la burguesía en México,* México, Siglo XXI, 1978.

Casillas de Alba, Martín, *La villa de Chapala: los promotores, sus inversiones y un inspirado escritor, 1895-1933,* México, Banca Promex, 1994.

Ceceña, José Luis, *México en la órbita imperial. Las empresas trasnacionales,* México, El Caballito, 1973.

Cendejas Cruz, Héctor Carlos, "Aspecto económico del Porfiriato y de la Revolución mexicana", tesis de licenciatura, UNAM, 1994.

• Cerda, Luis, "Causas económicas de la Revolución mexicana", *Revista Mexicana de Sociología,* LIII, núm. 1 (1991), pp. 307-347.

Cerutti, Mario, "Propietarios y empresarios españoles en La Laguna (1870-1910)", *Historia Mexicana,* XLVIII, núm. 4 (1999), pp. 825-870.

Collado Herrera, María del Carmen Guadalupe, *La burguesía mexicana. El emporio Braniff y su participación política, 1865-1920,* México, Siglo XXI, 1987.

_____, "Admiración y competencia: la visión empresarial mexicana sobre Estados Unidos, 1920-1923", en Víctor Arriaga Weiss y Ana Rosa Suárez Argüello (eds.), *Estados Unidos desde América Latina: sociedad, política y cultura,* México, CIDE-El Colegio de México-Instituto Mora, 1995, pp. 269-284.

_____, *Los empresarios mexicanos durante el gobierno del general Álvaro Obregón, 1920-1924,* México, Universidad Iberoamericana, 1995.

Collado Herrera, María del Carmen Guadalupe, *Empresarios y políticos, entre la restauración y la Revolución, 1920-1924,* México, INEHRM, 1996.

_____, "Los empresarios y la politización de la economía entre 1876 y 1930: un recuento historiográfico", *Secuencia,* núm. 46 (2000), pp. 51-92.

• Crespo P., Horacio, "La industria azucarera mexicana, 1920-1940. Estado y empresarios frente a la crisis: la cartelización del sector", *Secuencia,* núm. 8 (1987), 70-110.

Davis, Jules, *American Political and Economic Penetration of Mexico, 1877-1920,* Nueva York, Arno Press, 1976.

Díaz de León Valdez, Carlos, "La política agraria del partido de la Revolución mexicana y la influencia en la economía 1929-1952", tesis de licenciatura, UNAM, 1985.

Esquivel Obregón, Toribio, *Toribio Esquivel Obregón: una visión sobre la economía de México de 1891 a 1945; recopilación hemerográfica,* México, Universidad Iberoamericana, 1997.

Femat Romero, José Carlos, "Causas económicas de la Revolución mexicana: Morelos y La Laguna, principales actores del movimiento revolucinario mexicano", tesis de licenciatura, Instituto Tecnológico Autónomo de México, 1995.

Fernández, Raúl A., *The United States-Mexico Border: A Politic-Economic Profile,* Notre Dame, University of Notre Dame Press, 1977.

Flores Torres, Óscar, *Burguesía, militares y movimiento obrero en Monterrey, 1909-1923: Revolución y comuna empresarial,* Monterrey, Universidad Autónoma de Nuevo León, 1991.

_____, "El constitucionalismo como redentor de almas. Empresarios y quema de confesionarios en Nuevo León, 1914", *Sólo Historia,* octubre-diciembre de 2000, pp. 16-21.

Fosse, Katherine de la, *The First Hundred Years: British Industry and Commerce in Mexico, 1821-1921 (Los primeros cien años: industria y comercio británicos en México, 1821-1921),* México, Instituto Anglo-Mexicano de Cultura, 1978.

French, William E., "Progreso Forzado: Workers and the Inculcation of the Capitalist Work Ethic in the Parral Mining District", en William H. Beezley, Cheryl English Martin y William E. French (eds.), *Rituals of Rule, Rituals of Resistance. Public Celebration and Popular Culture in Mexico*, Wilmington, Scholarly Resources, 1994, pp. 191-212.

Fujigaki Cruz, Esperanza, "Las haciendas y la Revolución en México, 1910-1920", *Investigación Económica,* núm. 221 (1997), pp. 129-152.

Gamboa Ojeda, Leticia, "Manuel Rivero Collado. Negocios y política en Puebla, 1897-1916", *Historia Mexicana,* XLVIII, núm. 4 (1999), pp. 795-824.

Glade, William P., Jr. y Charles W. Anderson, *The Political Economy of Mexico: Two Studies,* Madison, University of Wisconsin Press, 1968.

Goldfrank, Walter, "Inequality and Revolution in Rural Mexico", *Social and Economic Studies,* XV, núm. 4 (1976), 397-410.

Gómez, Galo, "Villa no fue un vulgar bandolero como Somoza o Batista. Entrevista a Friedrich Katz", *Milenio Semanal,* 12 de octubre de 1998, pp. 52-54.

Gomez-Galvarriato Freer, Aurora, "The Impact of Revolution: Business and Labor in the Mexican Textile Industry, Orizaba, Veracruz, 1900-1930", tesis doctoral, Universidad de Harvard, 2000.

Gonzales, Michael J. "United States Copper Companies: The State and Labor conflict in Mexico, 1900-1910", *Journal of Latin American Studies,* LXXVI, núm. 3 (1994), pp. 651-681.

_____, "U. S. Copper Companies, the Mine Workers' Movement, and the Mexican Revolution, 1910-1920", *Hispanic American Historical Review,* LXXVI, núm. 3 (1996), 503-534.

González Herrera, Carlos, "Las consecuencias de un auge o los antecedentes de una revolución. Transformaciones de las estructuras económicas y sociales en el periodo anterior a la Revolución", en Enrique J. Alfaro Anguiano (ed.), *La Revolución en las regiones. Memorias,* I, Guadalajara, Instituto de Estudios Sociales de la Universidad de Guadalajara, 1986, pp. 5-25.

González Ramírez, Eduardo, "La Revolución 1910-1920 y el desarrollo del capitalismo en México, estructura y dinámica de la economía mexicana antes y después del movimiento revolucionario", tesis de licenciatura, Universidad Autónoma de Nuevo León, 1975.

González Roa, Fernando, *El problema ferrocarrilero y la compañía de ferrocarriles nacionales de México,* México, Carranza e Hijos, Impresores, 1915.

• Haber, Stephen H., *Industria y subdesarrollo. La industrialización de México, 1890-1940,* México, Alianza Editorial, 1992.

Hall, Linda B., *Bancos, política y petróleo. Estados Unidos y el México postrevolucionario, 1917-1924,* México, Conaculta, 1999.

Hansen, Roger D., *The Politics of Mexican Development,* Baltimore, Johns Hopkins University Press, 1974.

Harrer, Hans Jürgen, *1910-1917: raíces económicas de la Revolución mexicana,* México, Ediciones Taller Abierto, 1979.

Hefley, James C., *Aarón Sáenz, México's Revolutionary Capitalist,* Waco, Texas Word Books, 1970.

Henderson, Peter V. N., "Modernization and Change in Mexico: La Zacualpa Rubber Plantation, 1890-1920", *Hispanic American Historical Review,* LXXIII, núm. 2 (1993), pp. 235-260.

_____, "Recent Economics and Regional Histories of the Mexican Revolution", *Latin American Research Review,* XXX, núm. 1 (1995), pp. 236-246.

Hernández Chávez, Alicia, "Militares y negocios en la Revolución mexicana", *Historia Mexicana,* XXXIV, núm. 134 (1984), pp. 181-212.

Hocking, John David, "The oil industry and the Mexican Revolution, 1917-1927: Extra-legal Activity in Pursuit of the Past", tesis de maestría, Universidad de Calgary, 1976.

Katz, Isaac M., *La Constitución y el desarrollo económico de México,* México, Cal y Arena, 1999.

Keesing, Donald B., "Structural Change in Development: Mexico's Changing Industrial and Occupational Structure from 1895-1950", *Journal of Economic History,* XXIX, núm. 4 (1969), pp. 716-737.

Kemmerer, Edwin Walter, *Inflation and Revolution; Mexico's Experience of 1912-1917,* Princeton, Princeton University Press, 1940.

Latapí de Kuhlmann, Paulina, "La testamentaría de Álvaro Obregón en una época de crisis", *Estudios de Historia Moderna y Contemporánea de México,* núm. 19 (1999), pp. 159-176.

Leal, Juan Felipe y Margarita Menegus Bornemann, "Inflación y Revolución. El caso de las haciendas de Mazaquiahuac y El Rosario", *Revista Mexicana de Ciencias Políticas y Sociales,* XXXI, nueva época, núm. 122 (1985), pp. 57-80.

López Miguel, Marcos Rubén, "La Revolución mexicana desde la perspectiva de la industria (1910-1920)", tesis de licenciatura, UNAM, 1999.

López Rosado, Diego, *Bibliografía Económica de la Revolución mexicana, 1910-1930,* México, UNAM, 1982.

Machado, Manuel A., *The North Mexican Cattle Industry, 1910-1975: Ideology, Conflict and Change,* College Station, Texas A&M University Press, 1981.

Manero, Antonio, *La reforma bancaria en la Revolución constitucionalista,* México, INEHRM, 1958.

Marichal, Carlos, "La deuda externa: el manejo coactivo en la política financiera mexicana, 1885-1995", *Revista Ciclos,* IX, núm. 1 (1999), pp. 29-45.

Méndez Reyes, Jesús, *La política económica durante el gobierno de Francisco I. Madero,* México, INEHRM, 1996.

Meyer Cosío, Francisco Javier, *La minería en Guanajuato: denuncios, minas y empresas (1892-1913),* Zamora, Universidad de Guanajuato-Colegio de Michoacán, 1998.

Middleton, P. Harvey, "Industrial Mexico: 1919. Facts and Figures", *Hispanic American Historical Review,* III, núm. 2 (1920), pp. 192-194.

Morris B., Parker, *Mules, Mines and me in Mexico, 1895-1932,* Tucson, University of Arizona Press, 1979.

Noé, Palomares P., "Minería y metalurgia chihuahuense: Batopilas y Santa Eulalia entre 1880 y 1920", en Ricardo León García (ed.), *Tercer Congreso Internacional de Historia Regional Comparada, 1991,* Ciudad Juárez, Universidad Autónoma de Ciudad Juárez, 1992, pp. 307-316.

Okada, Atsumi. "El impacto de la Revolución mexicana: la compañía constructora Richardson en el Valle del Yaqui (1905-1928)", *Historia Mexicana,* I, núm. 1 (2000), pp. 91-144.

Oñate, Abdiel, "La batalla por el Banco Central. Las negociaciones de México con los banqueros internacionales, 1920-1925", *Historia Mexicana,* XLIX, núm. 4 (2000), pp. 631-672.

Paz Sánchez, Fernando, *La política económica del Porfiriato,* México, INEHRM, 2000.

Prieto Riodelaloza, Raúl, *Álvaro Obregón resucita. De los Tratados de Bucareli al Tratado de Libre Comercio,* México, Daimon, 1993.

Puga, Cristina, "Los industriales y la Revolución mexicana (1917-1924)", tesis de licenciatura, UNAM, 1975.

Radding, Cynthia, "Revolucionarios y reformistas sonorenses: Las vías tendientes a la acumulación de capital en Sonora, 1913-1919", en Enrique J. Alfaro Anguiano (ed.), *La Revolución en las regiones. Memorias,* I, Guadalajara, Instituto de Estudios Sociales de la Universidad de Guadalajara, 1986, pp. 65-97.

Ramírez Aldana, Laura, "La economía minera durante la Revolución mexicana", tesis de licenciatura, UNAM, 2002.

Ramírez, José Carlos, "El proyecto económico de los callistas en Sonora, 1930-1934", en Enrique J. Alfaro Anguiano (ed.), *La Revolución en las regiones. Memorias,* I, Guadalajara, Instituto de Estudios Sociales de la Universidad de Guadalajara, 1986, pp. 129-154.

Reynolds, Clark W., *The Mexican Economy, Twentieth-Century Structure and Growth,* New Haven, Yale University Press, 1970.

Rippy, Merril, "El Petróleo y la Revolución mexicana", *Problemas Agrícolas e Industriales de México,* VI, núm. 3 (1954), pp. 9-180.

Rosas Robles, Alejandro, "El financiamiento de particulares norteamericanos a la Revolución mexicana (1910-1914)", tesis de licenciatura, UNAM, 1994.

Ruiz, Ramón Eduardo, *México 1920-1958: el reto de la pobreza y el analfabetismo,* México, Fondo de Cultura Económica, 1977.

_____, *The People of Sonora and Yankee Capitalists,* Tucson, University of Arizona Press, 1988.

Schyer, Frans, "A Ranchero Economy in Nortwestern Hidalgo, 1888-1920", *Hispanic American Historical Review,* LXIX, núm. 3 (1979), pp. 418-443.

Solís, Leopoldo, *La realidad económica mexicana: Retrovisión y perspectivas,* México, Siglo XXI, 1970.

Thompson, Wallace, *Trading with Mexico: Markets, Credits, Laws,* Nueva York, National Association for the Protection of American Rights in Mexico, 1921.

Tobler, Hans Werner, "La burguesía revolucionaria en México, su origen y su papel, 1915-1935", *Historia Mexicana,* XXXIV, núm. 2 (1984), pp. 213-237.

Topik, Steven, "La Revolución, el Estado y el desarrollo económico de México", *Historia Mexicana,* XL, núm. 1 (1990), pp. 79-144.

Turlington, Edgar, *Mexico and Her Foreign Creditors,* Nueva York, Columbia University Press, 1930.

Uhthoff López, Luz María, "La situación financiera durante la Revolución mexicana, 1910-1920. El papel de Luis Cabrera y Rafael Nieto al frente de la Secretaría de Hacienda", tesis doctoral, UNAM, 1996.

_____, *Las finanzas públicas durante la Revolución: el papel de Luis Cabrera y Rafael Nieto al frente de la Secretaría de Hacienda,* México, Universidad Autónoma Metropolitana, 1998.

• Wilkie, James W., *The Mexican Revolution: Federal Expenditure and Social Change since 1910,* Berkeley, University of California Press, 1967.

Womack, John, Jr., "The Spoils of the Mexican Revolution", *Foreign Affairs,* LXVIII, núm. 4 (1970), pp. 675-687.

• _____, "The Mexican Economy During the Revolution, 1910-1920: Historiography and Analysis", *Marxist Perspectives,* I, núm. 4 (1978), pp. 80-104.

Zebadúa, Emilio, *Banqueros y revolucionarios; la soberanía financiera de México, 1914-1929,* Hacienda, México, Fondo de Cultura Económica-El Colegio de México-Fideicomiso Historia de la Américas, 1994.

_____, "Los bancos de la Revolución", *Historia Mexicana,* XLV, núm. 1 (1995), pp. 67-98.

HISTORIA INTERNACIONAL

Alducin, Rafael (ed.), *La Revolución Constitucionalista, los Estados Unidos y el ABC. Recopilación de Documentos y artículos notables referentes a la intromisión de elementos extranjeros en los asuntos de México y a la patriótica actitud asumida por el C. Primer Jefe Venustiano Carranza,* México, Talleres Linotipográficos de Revista de Revistas, 1916.

Alessio Robles, Vito, *Los tratados de Bucareli,* México, A. del Bosque, 1937.

Alperovich, M. S. y B. T. Rudenko, *La Revolución mexicana de 1910-1917 y la política de los Estados Unidos,* México, Ediciones de Cultura Popular, 1960.

Álvarez Reina, Armando, "Los Estados Unidos ante la Revolución mexicana", tesis de licenciatura, UNAM, 1986.

Andrews, Gregg. *Shoulder to Shoulder? The American Federation of Labor, the United States and the Mexican Revolution, 1910-1924,* Berkeley, University of California Press, 1991.

Andrews, Gregory Alan, "American Labor and the Mexican Revolution, 1910-1924", tesis doctoral, Universidad del Norte de Illinois, 1988.

Anguiano Orozco, Arturo, "Política internacional de la Revolución mexicana", tesis de licenciatura, UNAM, 1972.

Ávila Ruiz, Sergio Leonardo, "El impacto social de los migrantes mexicanos en Estados Unidos durante la Revolución mexicana", *Sólo Historia,* julio-septiembre de 2000, pp. 18-24.

Baecker, Thomas, "Los intereses militares del Imperio alemán en México, 1913-1914", *Historia Mexicana,* XXII, núm. 3 (1972), pp. 347-362.

Barrera Bassols, Jacinto, "El espionaje en la frontera México-Estados Unidos (1905-1911)", *Eslabones. Revista Semestral de Estudios Regionales,* núm. 2 (1991), pp. 23-28.

Barros Horcasitas, Beatriz, "La cláusula Calvo y su proyección en la Doctrina Carranza", *Sólo Historia,* mayo-junio de 1999, pp. 18-21.

Boggs, Kevin William, "The Madero Revolution: Overcoming Obstacles on both Sides of the Border", tesis de maestría, Universidad de Michigan, 1992.

Brown, Jonathan, "Foreign Oil Companies, Oil Workers, and the Mexican Revolutionary State in the 1920's", en Alice Teichova, Maurice Lévy-Leboyer y Helga Nussbaum (eds.), *Multinational Enterprise in Historical Perspective,* Cambridge, Cambridge University Press, 1986, p. 319.

_____, *Oil and Revolution in Mexico,* Berkeley, University of California Press, 1993.

Buchenau, Jurgen, "Calles y el movimiento liberal en Nicaragua", *Boletín del Fideicomiso Archivos Plutarco Elías Calles y Fernando Torreblanca,* núm. 7 (1991), pp. 1-32.

Bulnes, Francisco, *Toda la verdad acerca de la Revolución mexicana; la responsabilidad criminal del Presidente Wilson en el desastre mexicano,* traducido por Florencio Sánchez Cámara, México, Los Insurgentes, 1977.

Calvert, Peter, *The Mexican Revolution 1910-1914: The Diplomacy of Anglo-American Conflict,* Cambridge, Cambridge University Press, 1968.

Castro Martínez, Pedro Fernando, "La intervención olvidada: Washington en la rebelión delahuertista", *Secuencia,* núm. 34 (1996), pp. 63-91.

Clendenen, Clarence, *The United States and Pancho Villa. A Study in Unconventional Diplomacy,* Ithaca, Cornell University Press, 1961.

Cline, Howard F., *The United States and Mexico,* Cambridge, Harvard University Press, 1953.

Coatsworth, John, "Comment on the United States and the Mexican Peasantry", en Daniel Nugent (ed.), *Rural Revolt in Mexico and U. S. Intervention,* La Jolla, Center for U.S.-Mexican Studies, 1988, pp. 61-68.

Coerver, Don M. y Linda B. Hall, *Texas y la Revolución mexicana. Un estudio sobre la política fronteriza nacional y estatal (1910-1920),* traducido por Carlos Valdés, Obras de Historia, México, Fondo de Cultura Económica, 1988.

Collado Herrera, María del Carmen Guadalupe, "Admiración y competencia: la visión empresarial mexicana sobre Estados Unidos, 1920-1923", en Víctor Arriaga Weiss y Ana Rosa Suárez Argüello (eds.), *Estados Unidos desde América Latina: sociedad, política y cultura,* México, CIDE-El Colegio de México-Instituto Mora, 1995, pp. 269-284.

Cronon, David E., *Josephus Daniels in Mexico,* Madison, University of Wisconsin Press, 1960.

Daniels, Josephus, *Diplomático en mangas de camisa,* traducido por Salvador Duhart M., México, Talleres Gráficos de la Nación, 1949.

Davis, Jules, *American Political and Economic Penetration of Mexico, 1877-1920,* Nueva York, Arno Press, 1976.

Delgado Larios, Almudena, *La Revolución mexicana en la España de Alfonso XIII, 1910-1931,* Estudios de historia, Madrid, Junta de Castilla y León-Consejería de Cultura y Turismo, 1993.

Dunn, Frederick Sherwood, *The Diplomatic Protection of Americans in Mexico,* Nueva York, Columbia University Press, 1933.

• Durán, Esperanza, *Guerra y revolución: las grandes potencias en México, 1914-1918,* México, El Colegio de México, 1985.

Dwyer, John Joseph, *Between the Peasant and the Leviatan: The Expropriation and Spontaneous Seizure of American-Owned Agricultural Property in Mexico, 1934-1971,* Urbana, University of Illinois Press, 1998.

Eisenhower, John S. D., *Intervention!: the United States and the Mexican Revolution, 1913-1917,* Nueva York, W. W. Norton, 1993.

Ellis, Louis Ethan, *Frank Kellog and American Foreign Relations 1925-1929,* New Brunswick, Rutgers University Press, 1961.

Esquivel Obregón, Toribio, *Influencia de España y los Estados Unidos sobre México. Ensayo de sociología hispanomexicana,* Madrid, Calleja, 1918.

_____, *México y Estados Unidos ante el derecho internacional,* México, Secretaría de Relaciones Exteriores, 1926.

Fabela, Isidro, *Biblioteca Isidro Fabela,* 17 vols., Toluca, Instituto Mexiquense de Cultura, 1994.

Falcón, Jorge, *Mariátegui y la Revolución mexicana y el estado "anti" imperialista,* Lima, Empresa Editora Amauta, 1980.

Flores Magón, Ricardo, *1914: La intervención americana en México,* México, Ediciones Antorcha, 1981.

Flores Torres, Óscar, *Revolución mexicana y diplomacia española: contrarrevolución y oligarquía hispana en México, 1909-1920,* México, INEHRM, 1995.

Fosse, Katherine de la, *The First Hundred Years: British Industry and Commerce in Mexico, 1821-1921 (Los primeros cien años: industria y comercio británicos en México, 1821-1921),* México, Instituto Anglo-Mexicano de Cultura, 1978.

Fuentes Mares, José, "Los diplomáticos españoles entre Obregón y el Maximato", *Historia Mexicana,* XXIV, núm. 2 (1973), pp. 206-229.

Gerhardt, Raymond Carl, "England and the Mexican Revolution, 1910-1920", tesis doctoral, Universidad Tecnológica de Texas, 1970.

Gervassi León, María Berenice, "Génesis de los principios revolucionarios de política exterior", tesis de licenciatura, El Colegio de México, 1996.

• Gilderhus, Mark Theodore, *Diplomacy and Revolution: U.S.-Mexican Relations Under Wilson and Carranza,* Tucson, University of Arizona Press, 1977.

Gojman de Backal, Alicia, *La expropiación petrolera vista a través de la prensa mexicana, norteamericana e inglesa, 1936-1940,* México, Petróleos Mexicanos, 1988.

Gómez Robledo, Antonio, *Los Convenios de Bucareli ante el derecho internacional,* México, Fábula, 1939.

• González Loscertales, Vicente, *Los españoles en la vida social, política y económica de México, 1910-1930,* Madrid, Universidad de Madrid, 1976.

_____, "La colonia española de México durante la revolución maderista, 1911-1913", *Revista de la Universidad Complutense,* XXVI, núm. 107 (1977), pp. 336-341.

• González Navarro, Moisés, *Los extranjeros en México y los mexicanos en el extranjero, 1821-1970,* 3 vols., México, El Colegio de México, 1993.

González Ramírez, Manuel, *El petróleo mexicano: la expropiación petrolera ante el derecho internacional,* México, América, 1941.

Gordillo y Ortiz, Octavio, *La Revolución y las relaciones internacionales de México,* México, INEHRM, 1982.

Greenleaf, Floyd Lincoln, "Diplomacy of the Mexican Revolution. Mexican Policy and American Response, 1910-1913", tesis doctoral, Universidad de Tennessee, 1976.

Gregg, Robert, *The influence of Border Troubles on Relations between the United States and Mexico, 1876-1910,* Baltimore, Johns Hopkins University Press, 1937.

Grieb, Kenneth, "El caso Benton y la diplomacia de la Revolución", *Historia Mexicana,* XIX, núm. 2 (1969), pp. 282-301.

• _____, *The United States and Huerta,* Lincoln, University of Nebraska Press, 1969.

Grieb, Kenneth, "Standard Oil and the Financing of the Mexican Revolution", *California Historical Society Quarterly*, XLV (1971), pp. 59-71.

Guttman, Myron P., Robert McCaa, Rodolfo Gutiérrez-Montes y Gratton Montes-Brian, "Los efectos demográficos de la Revolución mexicana en Estados Unidos", *Historia Mexicana*, L, núm. 1 (2000), pp. 145-166.

Haley, P. Edward, *Revolution and Intervention. The Diplomacy of Taft and Wilson with Mexico 1910-1917,* Cambridge, MIT Press, 1970.

Hall, Linda B., *Revolution on the Border. Mexico and the United States, 1910-1920,* Albuquerque, University of New Mexico Press, 1988.

_____, *Oil, Banks, and Politics. The United States and Postrevolutionary Mexico, 1917-1924,* Austin, University of Texas Press, 1995.

_____, *Bancos, política y petróleo. Estados Unidos y el México postrevolucionario, 1917-1924,* México, Conaculta, 1999.

Harper, James, "Hugh Lennox Scott y la diplomacia de los Estados Unidos hacia la Revolución mexicana", *Historia Mexicana*, XXVII, núm. 3 (1978), pp. 427-445.

Harris, Charles Houston, III, y Louis R. Sadler, "Pancho Villa and the Columbus Raid: The Missing Documents", *The New Mexico Historical Review,* L (1975), pp. 335-346.

_____, "The Plan of San Diego and the Mexican-United States war crisis of 1916: a re-examination", *Hispanic American Historical Review,* LVIII, núm. 3 (1978), pp. 381-408.

_____, "The Underside of the Mexican Revolution: El Paso, 1912", en *The Americas,* XXXIX, núm. 1 (1982), pp. 69-83.

Hart, John Mason, "U. S. Economic Hegemony, Nationalism, and Violence in the Mexican Countryside, 1876-1920", en Daniel Nugent (ed.), *Rural Revolt in Mexico and U.S. Intervention*, La Jolla, Center for U.S.-Mexican Studies, 1988, pp. 69-86.

_____, *Empire and Revolution. The Americans in Mexico since the civil war,* Berkeley, University of California Press, 2001.

Heiliger, Edwar M., "La Revolución mexicana en la prensa de la lengua inglesa, 1910-1952", *Historia Mexicana,* III, núm. 3 (1954), pp. 451-471.

Henderson, Peter V. N., *Mexican Exiles in the Borderlands, 1910-13,* El Paso, Texas Western Press, 1979.

Henderson, Timothy John, "The Robber Queen: Rosalie Evans and the Mexican Revolution", tesis doctoral, Universidad de Carolina del Norte, 1994.

Herr, Robert Woodmansee y Richard Herr, *An American Family in the Mexican Revolution,* Wilmington, Scholarly Resources, 1999.

Hill, Larry D., "Woodrow Wilson's Executive Agents in Mexico: From the Beginning of his Administration to the Recognition of Venustiano Carranza", tesis doctoral, Universidad Estatal de Louisiana, 1971.

_____, *Emissaries to a Revolution; Woodrow Wilson's Executive Agents in Mexico,* Baton Rouge, Louisiana State University Press, 1973.

Hines, Calvin W., "The Mexican Punitive Expedition in 1916", tesis doctoral, Universidad de Trinity, 1961.

Hinkle, Stacy C., *Wings and Saddles: the Air and Cavalry Punitive Expedition of 1919,* El Paso, Texas Western Press, 1967.

Hocking, John David., "The Oil Industry and the Mexican Revolution, 1917-1927: Extra-Legal Activity in Pursuit of the Past", tesis de maestría, Universidad de Calgary, 1976.

Horn, James J., "El embajador Sheffield contra el presidente Calles", *Historia Mexicana,* XX, núm. 2 (1970), pp. 265-284.

Hull, Cordel, *The Memoirs of Cordel Hull,* 2 vols., Nueva York, Macmillan, 1948.

Illades, Carlos (ed.), *México y España durante la Revolución mexicana,* Archivo Histórico Diplomático Mexicano, México, Secretaría de Relaciones Exteriores, 1985.

_____, "Presencia española en la Revolución mexicana", tesis de maestría, UNAM, 1987.

• _____, *Presencia española en la Revolución mexicana (1910-1915),* México, UNAM-Instituto Mora, 1991.

Kahle, Louis G., "Robert Lansing and the Recognition of Venustiano Carranza", *Hispanic American Historical Review,* XXXVIII, núm. 3 (1958), pp. 323-372.

Katz, Friedrich, "Alemania y Francisco Villa", *Historia Mexicana,* XII, núm. 1 (1962), pp. 88-102.

• _____, *The Secret War in Mexico: Europe, the United States, and the Mexican Revolution,* Chicago, University of Chicago Press, 1981.

_____, "La Revolución asediada. México, 1917-1918", *El Buscón,* núm. 2 (1983), pp. 21-34.

_____, "Villa y los Estados Unidos", en Ricardo León García (ed.), *Tercer Congreso Internacional de Historia Regional Comparada, 1991,* Ciudad Juárez, Universidad Autónoma de Ciudad Juárez, 1992, pp. 157-166.

_____, "La Revolución asediada (1917-1918)", *Sólo Historia,* mayo-junio de 1999, pp. 2-9.

Kelly, Brian John, *The Cristero Rebellion 1926-1929: Its Diplomacy and Solution,* Albuquerque, University of New Mexico Press, 1974.

Kerber, Víctor, "El supuesto nipo-mexicano contra Estados Unidos en la Revolución", *Eslabones. Revista Semestral de Estudios Regionales,* núm. 2 (1991), pp. 113-124.

Kirk, Betty, *Covering the Mexican Front; The Battle of Europe Versus America,* Norman, University of Oklahoma Press, 1942.

Knight, Alan, "Nationalism, Xenophobia and Revolution: The Place of Foreigners and Foreign Investment in Mexico, 1910-1915", tesis doctoral, Universidad de Oxford, 1974.

• _____, *US-Mexican Relations, 1910-1940: An Interpretation,* La Jolla, Center for U.S.-Mexican Studies, 1987.

_____, "The United States and the Mexican Peasantry c. 1880-1940", en Daniel Nugent (ed.), *Rural Revolt in Mexico and U.S Intervention,* La Jolla, Center for U.S.-Mexican Studies, 1988, pp. 25-60.

_____, *British Attitudes Towards the Mexican Revolution: 1910-1940,* Austin, University of Texas at Austin, 1994.

_____, "México y Estados Unidos, 1938-1940: rumor y realidad", *Secuencia,* núm. 34 (1996), pp. 129-153.

Kunimoto, Iyo Limura, "Japan and Mexico, 1888-1917", tesis doctoral, Universidad de Texas, 1975.

Lajous, Roberta, *México y el mundo. Historia de sus relaciones exteriores*, México, Senado de la República, 2000.

Lerner Sigal, Victoria, "Espionaje y Revolución mexicana", *Historia Mexicana*, XLIV, núm. 4 (1995), pp. 617-644.

_____, "Estados Unidos frente a las conspiraciones fraguadas en su territorio por los exiliados de la época de la Revolución. El caso huertista frente al villista", *Estudios de Historia Moderna y Contemporánea de México*, núm. 19 (1999), pp. 85-114.

_____, "El exilio villista en Estados Unidos. 1915-1921", *Journal of Mexican Studies*, XVII, núm. 1 (2001), pp. 109-141.

_____, "Una derrota diplomática crucial. La lucha villista por el reconocimiento norteamericano, 1914-1915", *Estudios de Historia Moderna y Contemporánea de México*, núm. 22 (2001), pp. 83-114.

Link, Arthur S., Jr., *La política de Estados Unidos en América Latina (1913-1916)*, México, Fondo de Cultura Económica, 1960.

López de Roux, María E., "Relaciones mexicano-norteamericanas 1917-1918", *Historia Mexicana*, XIV, núm. 3 (1965), pp. 445-468.

Luquín Romo, Eduardo, *La política internacional de la Revolución constitucionalista*, México, INEHRM, 1957.

MacGregor, Josefina, "España entre dos caminos: Villa y Carranza", *Eslabones. Revista Semestral de Estudios Regionales*, núm. 2 (1991), pp. 44-54.

_____, "México y España, 1910-1913", tesis de maestría, UNAM, 1991.

_____, "Agentes confidenciales en México, España y su primer contacto oficial ante la Revolución constitucionalista", *Secuencia*, núm. 24 (1992), pp. 75-106.

_____, *México y España. Del Porfiriato a la Revolución*, México, INEHRM, 1992.

_____, "México y España: de la representación diplomática a los agentes confidenciales", *Historia Mexicana*, L, núm. 2 (2000), 309-330.

_____, *Revolución y diplomacia: México y España 1913-1917*, México, INEHRM, 2002.

Macías Richard, Carlos, "Diplomacia y propaganda mexicana en Estados Unidos", *Eslabones. Revista Semestral de Estudios Regionales*, núm. 2 (1991), pp. 55-60.

Manero Suárez, Adolfo y José Paniagua Arredondo, *Los tratados de Bucareli: Traición y sangre sobre México! Un capitulo del 'Libro negro' de las relaciones entre México y E. U. durante la Revolución*, 2 vols., México, s. e., 1958.

Mano, Francis J. y Richard Bednarcik, "El incidente de Bahía Madgalena", *Historia Mexicana*, XIX, núm. 3 (1970), pp. 365-387.

_____, "El incidente de Bahía Magdalena", *Revista Mexicana de Política Exterior*, núm. 22 (1989), pp. 37-42.

Martínez Assad, Carlos, "Entre la historia política y el espionaje", *Eslabones. Revista Semestral de Estudios Regionales*, núm. 2 (1991), pp. 4-7.

McMullen, Christopher Jay, "Calles and the Diplomacy of Revolution: Mexican-American Relations, 1924-1928", tesis doctoral, Universidad de Georgetown, 1980.

Melo de Remes, María Luisa, *Veracruz mártir, la infamia de Woodrow Wilson (1914),* México, s. e., 1966.

Mentz, Brígida von, Daniela Spencer y Ricardo Pérez Montfort, *Los empresarios alemanes, el Tercer Reich y la oposición de derecha de Cárdenas,* 2 vols., México, CIESAS, 1988.

Meyer, Eugenia, "El caso de John Kenneth Turner, espionaje por carambola", *Eslabones. Revista Semestral de Estudios Regionales,* núm. 2 (1991), pp. 29-34.

Meyer, Lorenzo, *Mexico and the United States in the Oil Controversy, 1917-1942,* Austin, University of Texas Press, 1977.

_____, "La Revolución mexicana y las potencias anglosajonas. El final de la confrontación y el principio de la negociación, 1925-1927", *Historia Mexicana* XXXIV, núm. 2 (1984), pp. 300-352.

_____, *México y los Estados Unidos en el conflicto petrolero, 1917-1942,* México, Petróleos Mexicanos, 1988.

_____, *Su Majestad británica contra la Revolución mexicana, 1900-1950: el fin de un imperio informal,* México, El Colegio de México, 1991.

Meyer, Michael C., "Villa, Sommerfield, Columbus y los alemanes", *Historia Mexicana,* XXVIII, núm. 4 (1979), pp. 546-566.

Meyers, William K., "Pancho Villa and the Multinationals: United States Mining Interests in Villista Mexico, 1913-1915", *Journal of Latin American Studies,* XXIII, núm. 2 (1991), pp. 339-363.

Morgan, Hugh Joseph, "The United States Press Coverage of Mexico During the Presidency of Lázaro Cárdenas, 1934-1940", tesis doctoral, Universidad del Sur de Illinois, 1985.

Muñoz, Ignacio, *La verdad sobre los gringos en México, narración histórica de lo que ha hecho en Latinoamérica la oprobiosa política del dólar durante los últimos veinte años,* México, Ediciones Populares, 1964.

Nugent, Daniel (ed.), *Rural Revolt in Mexico and U. S. Intervention,* La Jolla, Center for U.S.-Mexican Studies, 1988.

O'Brien, Dennis J. "Petróleo e intervención: relaciones entre los Estados Unidos y México, 1917-1918", *Historia Mexicana,* XXVII, núm. 1 (1977), pp. 103-140.

Ortoll, Servando, "Rosalie Evans contra el Gobierno de Álvaro Obregón", *Eslabones. Revista Semestral de Estudios Regionales,* núm. 2 (1991), 98-107.

O'Shaughnessy, Edith Louise, *A Diplomat's Wife in Mexico: Letters from the American Embassy at Mexico City, Covering the Dramatic Period between October 8th, 1913 and the Breaking off of Diplomatic Relations on April 23rd, 1914, Together with an Account of the Occupation of VeraCruz,* Nueva York, Harper & Brothers, 1916.

Osorio Marbán, Miguel, *Carranza, soberanía y petróleo,* México, PRI, 1994.

Palma Vargas, Juan, "La Revolución mexicana y su influencia en las Confederaciones Panamericanas", *Sólo Historia,* julio-septiembre de 2000, pp. 4-9.

Pasquel, Leonardo, *Manuel y José Azueta —padre e hijo—, héroes de la gesta de 1914,* México, Citlaltépetl, 1967.

_____, *La invasión a Veracruz,* México, Citlaltépetl, 1976.

Pérez Hernández, Faustino, "La Revolución mexicana y sus repercusiones políticas y culturales en Cuba", *Cuba Socialista,* núm. 6 (1983), 45 y ss.

Pierre-Charles, Gerard, "América Latina a la hora de la Revolución mexicana", en *Independencia y Revolución mexicana,* México, UNAM, 1985, pp. 85-95.

Plasencia de la Parra, Enrique, "El papel de los consulados mexicanos durante la rebelión delahuertista", *Eslabones. Revista Semestral de Estudios Regionales,* núm. 2 (1991), pp. 61-67.

Prida, Ramón, *La culpa de Lane Wilson, embajador de los Estados Unidos de América en la tragedia de México de 1913,* México, Botas, 1962.

Prieto Riodelaloza, Raúl, *Álvaro Obregón resucita. De los Tratados de Bucareli al Tratado de Libre Comercio,* México, Daimon, 1993.

Py, Pierre, *Francia y la Revolución mexicana, 1910-1920. La desaparición de una potencia mediana,* traducido por Ismael Pizarro Suárez y Mercedes Pizarro Suárez, México, Centro de Estudios Mexicanos y Centroamericanos-Fondo de Cultura Económica, 1991.

Quirk, Robert E., "Cómo se salvó Eduardo Iturbide", *Historia Mexicana,* VI, núm. 1 (1956), pp. 39-58.

_____, *An Affair on Honor: Woodrow Wilson and the Occupation of Veracruz,* Nueva York, W. W. Norton, 1967.

Raat, William Dirk, *Revoltosos: Mexico's Rebels in the United States, 1913-1923,* College Station, Texas A&M University Press, 1963.

Rama, Carlos M., "La Revolución mexicana en el Uruguay", *Historia Mexicana,* VII, núm. 1 (1957), pp. 161-186.

Redinger, Matthew Alan, "To Arouse and Inform: American Catholic Attempts to Influence United-States Mexican Relations, 1920-1937", tesis doctoral, Universidad de Washington D. C., 1993.

Reina, Leticia, "Estados Unidos e Inglaterra en pugna por el Istmo de Tehuantepec", *Eslabones. Revista Semestral de Estudios Regionales,* núm. 2 (1991), pp. 82-89.

Reyes, Aurelio de los, "Sobre el cine y las relaciones culturales entre México y Estados Unidos durante la década de 1930", *Secuencia,* núm. 348 (1996), pp. 197-211.

Rice, Elizabeth Ann, *The Diplomatic Relations between the United States and Mexico, as Affected by the Struggle for religious Liberty in Mexico, 1925-1929,* Washington, D. C., Catholic University of America Press, 1959.

Richmond, Douglas W., "Intentos externos para derrocar al régimen de Carranza (1915-1920)", *Historia Mexicana,* XXXII, núm. 1 (1982), pp. 106-132.

_____, "Confrontation and Reconciliation, Mexican and Spaniards During the Mexican Revolution, 1910-1920", *The Americas,* XLI, núm. 2 (1984), pp. 215-228.

Rodríguez, Alberto A., *Don Pascual, o la invasión a Veracruz por los americanos en 1914. Novela histórica mexicana formada por la compilación metódica, comentada y concordada de documentos oficiales y particulares y de las informaciones de la prensa de Veracruz, México y otras ciudades,* París, Librería de la Viuda de C. Bouret, 1920.

Rodríguez Mejía, Arturo, "La doctrina internacional de la Revolución mexicana", tesis de licenciatura, UNAM, 1979.

Romo López, Rosa María, "La política exterior de México desde la Revolución mexicana hasta nuestros días (estudio de algunos de sus elementos determinantes. Su elaboración. Su control)", tesis de licenciatura, UNAM, 1971.

Rosas Robles, Alejandro, "El financiamiento de particulares norteamericanos a la Revolución mexicana (1910-1914)", tesis de licenciatura, UNAM, 1994.

Ross, Stanley Robert, "Dwight Morrow and the Mexican Revolution", *Hispanic American Historical Review*, XXXVIII, núm. 4 (1958), pp. 506-528.

Sáenz, Aarón, *La política internacional de la Revolución: estudios y documentos* (prólogo de Manuel González Ramírez), México, Fondo de Cultura Económica, 1961.

Salinas Carranza, Alberto, *La expedición punitiva*, México, Botas, 1936.

Samaniego López, Marco Antonio, "Prensa y filibusterismo en los sucesos de 1911", *Estudios Fronterizos*, núm. 33 (1994), pp. 125-155.

Sánchez, Andrés Agustín, "La normalización de las relaciones entre España y México durante el porfiriato (1876-1910)", *Historia Mexicana*, XLVIII, núm. 4 (1999), pp. 731-767.

Sánchez Mendoza, María de Lourdes, "El impacto de la Revolución mexicana en los principios de la política exterior de México", *Sólo Historia*, julio-septiembre de 2000, pp. 25-29.

Sánchez Morales, Román Arturo, "Estados Unidos frente a la Revolución mexicana: una propuesta para su enseñanza", tesis de licenciatura, UNAM, 1992.

Sandos, James A., "German Involvement in Northern Mexico, 1915-1916: A New Look at the Columbus Raid", *Hispanic American Historical Review*, L, núm. 1 (1970), pp. 79-89.

_____, "The Mexican Revolution and the United States, 1915-1917: The Impact of Conflict in the Tamaulipas-Texas Frontier upon the Emergence of Revolutionary Government in Mexico", tesis doctoral, Universidad de California, 1978.

_____, *A Rebellion in the Borderlands: Anarchism and the Plan of San Diego, 1904-1923,* Norman, University of Oklahoma Press, 1992.

Savarino Roggero, Franco, "Italia y el conflicto religioso en México (1916-1929)", *Historia y Grafía,* núm. 18 (2002), pp. 123-147.

Schmitt, Karl Michael, *Mexico and the United States, 1821-1973: Conflict and Coexistence,* Nueva York, John Wiley and Sons, 1974.

Sepúlveda, César, "Sobre reclamaciones de norteamericanos a México", *Historia Mexicana,* XI, núm. 2 (1961), pp. 180-206.

Serrano Magallón, Fernando, *Isidro Fabela y la diplomacia mexicana,* México, Secretaría de Educación Pública, 1981.

Serrano Ortega, José Antonio, "México y la fallida unificación de Centroamérica, 1916-1922", *Historia Mexicana,* XLV, núm. 4 (1996), pp. 843-866.

Serrano, Sol, *La diplomacia chilena y la Revolución mexicana,* Archivo Histórico Diplomático de México, Cuarta Época, México, Secretaría de Relaciones Exteriores, 1986.

Smith, Michael M., "Carrancista Propaganda and the Print Media in the United States: An Overview of Institutions", *The Americas*, LII, núm. 2 (1995), pp. 155-174.

Smith, Robert Freeman, "Estados Unidos y las reformas de la Revolución mexicana, 1915-1928", *Historia Mexicana*, XVIII, núm. 3 (1969), pp. 189-227.

_____, *The United States and Revolutionary Nationalism in México, 1916-1932*, Chicago, University of Chicago Press, 1972.

Snow, Livveun Ray, "The Texas Response to the Mexican Revolution: Texans' Involvement with United States Foreign Policy toward Mexico During the Wilson Administration", tesis de maestría, Universidad del Norte de Texas, 1994.

Staples, Anne *et al.*, *Diplomacia y Revolución: Homenaje a Berta Ulloa*, México, El Colegio de México, 2000.

Taylor Hansen, Lawrence Douglas, "Los voluntarios extranjeros entre los grupos beligerantes en la frontera (1910-1915)", *Eslabones. Revista Semestral de Estudios Regionales*, núm. 2 (1991), pp. 90-97.

_____, *La gran aventura en México, el papel de los voluntarios extranjeros en los ejércitos revolucionarios mexicanos, 1910-1915*, 2 vols., México, Conaculta, 1993.

_____, "¿Charlatán o filibustero peligroso?: el papel de Richard Dick Ferris en la revuelta magonista de 1911 en Baja California", *Historia Mexicana*, XLIV, núm. 4 (1995), pp. 581-616.

Teitelbaum, Louis M., *Woodrow Wilson and the Mexican Revolution (1913-1916). A History of United States-Mexican Relations. From the Murder of Madero until Villa's Provocation across the Border*, Nueva York, Exposition Press, 1967.

Tompkins, Frank, *Chasing Villa; the Story behind the Story of Pershing's Expedition into Mexico*, Harrisburg, The Military Service publishing company, 1934.

Torres Pares, Javier, *La revolución sin frontera: el Partido Liberal Mexicano y las relaciones entre el movimiento obrero de México y el de Estados Unidos, 1900-1923*, México, UNAM, 1990.

Tuchman, Barbara W., *The Zimmerman Telegram*, Nueva York, Viking Press, 1958.

Turner, Frederick C., "Anti-Americanism in Mexico, 1910-1913", *Hispanic American Historical Review*, XLVII, núm. 4 (1967), pp. 502-518.

Ulloa, Berta, "Las relaciones mexicano-norteamericanas, 1910-1911", *Historia Mexicana*, XV, núm. 1 (1965), pp. 25-46.

_____, "Carranza y el armamento norteamericano", *Historia Mexicana*, XVII, núm. 2 (1967), pp. 253-262.

_____, *La Revolución intervenida. Relaciones diplomáticas entre México y Estados Unidos, 1910-1914*, México, El Colegio de México, 1971.

Valenzuela, Barbara J., "An Analysis of the Rhetoric of Henry Lane Wilson in his Role as United States Ambassador to Mexico", tesis doctoral, Universidad Estatal de Wayne, 1993.

Valle, Rafael Heliodoro, "Mexican Books and Pamphlets of 1922, the Rosalie Evans Letters from Mexico", *Hispanic American Historical Review*, VI, núm. 4 (1926), pp. 276-287.

Vasconcelos, José, "A Mexican's Point of View", en *American Policies*

Abroad. México, Chicago, University of Chicago Press, 1928, pp. 101-143.

Vázquez, Josefina Zoraida y Lorenzo Meyer, *México frente a los Estados Unidos. Un ensayo histórico 1776-1980,* México, El Colegio de México, 1982.

Velasco Ceballos, Rómulo, *¿Se apoderará Estados Unidos de América de Baja California? (La invasión filibustera de 1911),* México, Imprenta Nacional, 1920.

Villalobos Calderón, Liborio, "El ABC en el conflicto México-Estados Unidos", *Sólo Historia,* julio-septiembre de 2000, pp. 10-17.

Walling, William English, "The Mexican Question: Mexico and American-Mexican Relations under Calles and Obregon", *Hispanic American Historical Review,* VIII, núm. 4 (1928), pp. 553-554.

Wilson, Henry Lane, *Diplomatic Episodes in Mexico, Belgium and Chile,* Garden City, Doubleday, Page & Company, 1927.

Wood, Molly Marie, "An American Diplomat's Wife in Mexico: Gender, Politics and Foreign Affairs Activism, 1907-1927 (Edith O'Shaughnessy)", tesis doctoral, Universidad de Carolina del Sur, 1998.

Yankelevich, Pablo, "La diplomacia argentina y la Revolución mexicana (1910-1914)", en *Eslabones. Revista Semestral de Estudios Regionales,* núm. 2 (1991), pp. 35-43.

_____, *La diplomacia imaginaria: Argentina y la Revolución mexicana 1910-1916,* México, Secretaría de Relaciones Exteriores, 1994.

_____, "Una mirada argentina de la Revolución mexicana: la gesta de Manuel Ugarte, 1910-1917", en *Historia Mexicana,* XLIV, núm. 4 (1995), pp. 645-676.

_____, "La Revolución propagandizada: imagen y proyección de la Revolución mexicana en Argentina, 1910-1930", tesis doctoral, UNAM, 1996.

_____, "Las redes intelectuales de la solidaridad latinoamericana: José Ingenieros y Alfredo Palacios frente a la Revolución mexicana", en *Revista Mexicana de Sociología,* LVIII, núm. 4 (1996), pp. 127-149.

_____, *Miradas australes. Propaganda, cabildeo y proyección de la Revolución mexicana en el Río de la Plata,* México, INEHRM, 1997.

_____, "En la retaguardia de la Revolución mexicana. Propaganda y propagandistas mexicanos en América Latina, 1914-1929", en *Mexican Studies/Estudios Mexicanos,* XV, núm. 1 (1999), pp. 35-71.

Zarauz López, Héctor, "El petróleo como elemento de disputa mundial y rebelión local", *Sólo Historia,* octubre-diciembre de 1999, pp. 50-56.

HISTORIA MILITAR Y DEL EJÉRCITO

Aguirre Benavides, Luis y Adrián Aguirre Benavides, *Las grandes batallas de la División del Norte al mando de Pancho Villa,* México, Diana, 1964.

Ángeles, Felipe, *La toma de Zacatecas,* México, Secretaría de Educación Pública-Conasupo, 1981.

Arrioja Vizcaíno, Adolfo, *El sueco que se fue con Pancho Villa. Aventuras de un mercenario en la Revolución mexicana,* México, Océano, 2000.

• Barragán Rodríguez, Juan, *Historia del ejército y de la Revolución constitucionalista,* 3 vols., México, INEHRM, 1985-1986.

Bolis Morales, Guillermo, *Los militares y la política en México, 1915-1974,* México, El Caballito, 1975.

Brondo Whitt, E., *La campaña sobre Zacatecas,* Zacatecas en la Revolución, Zacatecas, Gobierno del Estado de Zacatecas, 1990.

Bustamante, Luis F., *La defensa de "El Ébano"; los libertarios,* Tampico, El Constitucionalista 1917.

Cervantes M., Federico, *Asalto y toma de Zacatecas,* México, s. e., 1915.

González Garza, Roque, *La batalla de Torreón,* México, Secretaría de Educación Pública-Conasupo, 1981.

• Hernández Chávez, Alicia, "Militares y negocios en la Revolución mexicana", en *Historia Mexicana,* XXXIV, núm. 134 (1984), pp. 181-212.

_____, "Origen y ocaso del ejército porfiriano", en *Historia Mexicana,* XXXIX, núm. 1 (1989), pp. 257-296.

Hernández, Sonia, "Military Activities in Matamoros During the Mexican Revolution, 1910-1915", tesis de maestría, Universidad de Texas, 2001.

Hinkle, Stacy C., *Wings and Saddles: The Air and Cavalry Punitive Expedition of 1919,* El Paso, Texas Western Press, 1967.

Hughes, James B. Jr., *Mexican Military Arms. The Cartdrige Period, 1866-1967,* Houston, Deep River Armory, 1968.

Langle Ramírez, Arturo, *El ejército villista,* México, INAH, 1961.

Lieuwen, Edwin, *Mexican Militarism. The Political Rise and Fall of the Revolutionary Army 1910-1923,* Albuquerque, University of New Mexico Press, 1968.

López Salinas, Samuel, *La batalla de Zacatecas, recuerdos imborrables que dejan impacto para toda la vida,* México, Botas, 1964.

• Loyo Camacho, Martha Beatriz, *Joaquín Amaro y el proceso de institucionalización del ejército mexicano, 1917-1931,* México, Fondo de Cultura Económica-UNAM-Archivos Calles-Torreblanca- INEHRM, 2003.

Lozoya, Jorge Alberto, *El ejército mexicano,* México, El Colegio de México, 1976.

Ortoll, Servando, "La campaña militar en Colima durante la Revolución cristera (1926-1929)", en Ricardo León García (ed.), *Actas del Segundo Congreso de Historia Regional Comparada 1990,* Ciudad Juárez, Universidad Autónoma de Ciudad Juárez, 1991, pp. 450-460.

Portilla G., Santiago, *Una sociedad en armas: insurrección antirreeleccionista en México, 1910-1911,* México, El Colegio de México, 1995.

Quintero Corral, Lucio, *Pancho Villa derrotado en Tepehuanes Dgo., al intentar tomar la Cd. de Durango, 1918,* Ciudad Juárez, edición del autor, 1990.

Ramos, Marta E., "Los militares revolucionarios: un mosaico de reivindicaciones y de oportunismo", *Estudios de Historia Moderna y Contemporánea de México,* núm. 16 (1993), pp. 29-52.

Sánchez Lamego, Miguel A., *Historia militar de la Revolución constitucionalista. Primera parte. El nacimiento de la Revolucion y las primeras operaciones militares (de febrero a junio de 1913),* 2 vols., México, INEHRM, 1956-1960.

Sánchez Lamego, Miguel A., *Historia militar de la Revolución consti-tucionalista. Segunda parte. El desarrollo de la Revolución y las operaciones de desgaste (de julio a diciembre de 1913),* México, INEHRM, 1957.

————, *El ejército mexicano,* México, Secretaría de la Defensa Nacional, 1975.

————, *Historia militar de la Revolución mexicana en la época maderista,* 3 vols., México, INEHRM, 1976.

————, *Historia militar de la revolución zapatista bajo el régimen huertista,* 3 vols., México, INEHRM, 1979.

————, *Generales de la Revolución,* 2 vols., México, INEHRM, 1979-1981.

————, *Historia militar de la Revolución en la época de la Convención,* México, INEHRM, 1983.

• Tobler, Hans Werner, "Las paradojas del ejército revolucionario. Su papel social en la reforma agraria mexicana 1920-1935", *Historia Mexicana,* XXI, núm. 1 (1971), pp. 38-79.

Urquizo, Francisco Luis, *Origen del ejército constitucionalista,* México, INEHRM, 1964.

HISTORIA LOCAL Y REGIONAL

Aboites Aguilar, Luis, *La Revolución mexicana en Espita, Yucatán. 1910-1940,* México, CIESAS, 1982.

————, "De Almeida a Quevedo: lucha política en Chihuahua, 1927-1932", en Ricardo León García (ed.), *Actas del Segundo Congreso de Historia Regional Comparada 1990,* Ciudad Juárez, Universidad Autónoma de Ciudad Juárez, 1991, pp. 435-449.

Abud Flores, José Alberto, *Campeche: Revolución y movimiento social,* México, INEHRM-Universidad Autónoma de Campeche, 1992.

Acuña, Rodolfo, *Caudillo sonorense: Ignacio Pesqueira y su tiempo,* México, Era, 1981.

Adleson G., Lief., "Historia social de los obreros industriales de Tampico, 1906-1919", tesis doctoral, El Colegio de México, 1982.

Aguilar Camín, Héctor, *La Revolución sonorense, 1910-1914,* 2 vols., México, El Colegio de México, 1975.

• ————, *La frontera nómada: Sonora y la Revolución mexicana,* México, Siglo XXI, 1977.

Aguilar, José Ángel, *La Revolución en el Estado de México,* 2 vols., México, INEHRM, 1972.

Aguilar Mora, Jorge, *Una muerte sencilla, justa, eterna: cultura y guerra durante la Revolución mexicana,* México, Era, 1990.

Aguirre Colorado, Rafael, *Revolución constitucionalista en el estado de Tabasco,* 1934.

Alanís Boyzo, Rodolfo, "Notas sobre la Revolución de 1910 en Toluca", *Boletín del Archivo General del Estado de México,* núm. 7 segunda época (1981), pp. 7-14.

Aldana Rendón, Mario A., *Los primeros brotes revolucionarios en Jalisco, 1908-1911,* Guadalajara, Universidad de Guadalajara, 1982.

Aldrete, Enrique, *Baja California Heroica: Episodios de la Invasión Filibustera-Magonista de 1911,* México, Frementum, 1958.

• Alfaro Anguiano, Enrique J. (ed.), *La Revolución en las regiones. Me-*

morias, Guadalajara, Instituto de Estudios Sociales de la Universidad de Guadalajara, 1986.

Almada, Francisco R., *Gobernadores del estado de Chihuahua,* México, Imprenta de la Cámara de Diputados, 1950.

_____, *Diccionario de historia, geografía y biografía sonorenses,* Chihuahua, s. e., 1952.

_____, *Resumen de historia de Chihuahua,* México, Libros de México, 1955.

_____, *Historia de la Revolución en el estado de Chihuahua,* 2 vols., México, INEHRM, 1964.

_____, *Vida, proceso y muerte de Abraham González,* México, INEHRM, 1967.

_____, *La Revolución en el estado de Sonora,* México, INEHRM, 1971.

Altamirano Cozzi, Grazziela, "Movimientos sociales en Chihuahua, 1906-1912", en Enrique J. Alfaro Anguiano (ed.), *La Revolución en las regiones. Memorias,* I, Guadalajara, Instituto de Estudios Sociales de la Universidad de Guadalajara, 1986, pp. 27-63.

_____, "Los sonorenses y sus alianzas: la capitalización del poder", *Boletín del Fideicomiso Archivos Plutarco Elías Calles y Fernando Torreblanca,* núm. 7 (1991), pp. 1-32.

_____, "Los gobiernos villistas en Durango, 1914-1915", en Ricardo León García (ed.), *Tercer Congreso Internacional de Historia Regional Comparada, 1991,* Ciudad Juárez, Universidad Autónoma de Ciudad Juárez, 1992, pp. 167-178.

_____, "Durango, un estado en erupción", *Eslabones. Revista Semestral de Estudios Regionales,* núm. 11 (1996), pp. 132-146.

_____, "Los años de Revolución", en Grazziela Altamirano Cozzi *et al.* (ed.), *Durango. Una historia compartida,* II, México, Instituto Mora, 1997, pp. 7-162.

_____, "El dislocamiento de la élite. El caso de las confiscaciones revolucionarias en Durango", *Secuencia,* núm. 46 (2000), pp. 121-162.

Altamirano Cozzi, Grazziela y Guadalupe Villa, *Chihuahua. Textos de su Historia. 1824-1921,* 3 vols., México, Gobierno del Estado de Chihuahua-Instituto Mora-Universidad Autónoma de Ciudad Juárez, 1988.

_____, *Chihuahua: una historia compartida, 1824-1921,* México, Gobierno del Estado de Chihuahua-Instituto Mora-Universidad Autónoma de Ciudad Juárez, 1988.

Alvarado, Salvador, *Mi actuación revolucionaria en Yucatán,* París, Librería de la Viuda de C. Bouret, 1918.

_____, *Actuación revolucionaria del General Salvador Alvarado en Yucatán,* México, Costa Amic, 1965.

Anaya Pérez, Marco Antonio, "Rebelión y revolución en Chalco-Amecameca, Estado de México, 1821-1921", tesis doctoral, UNAM, 1996.

_____, *Rebelión y revolución en Chalco-Amecameca, Estado de México, 1821-1921,* México, INEHRM-Universidad Autónoma de Chapingo, 1997.

Ángeles Contreras, Jesús, *Jesús Silva Espinosa: primer gobernador maderista del Estado de Hidalgo,* Pachuca, Presidencia Municipal de Pachuca, 1994.

Ankerson, Dudley, *Agrarian Warlord: Saturnino Cedillo and the Me-*

xican Revolution in San Luis Potosí, DeKalb, Northern Illinois University Press, 1984.

Ankerson, Dudley, *El caudillo agrarista: Saturnino Cedillo y la Revolución mexicana en San Luis Potosí,* México, Gobierno del Estado de San Luis Potosí, 1994.

Arenas Guzmán, Diego, *Guanajuato en el Congreso Constituyente de 1916-1917,* México, INEHRM, 1972.

Atristán, Darío, *Notas de un ranchero, relación y documentos relativos a los acontecimientos ocurridos en una parte de la Costa Chica de febrero de 1911 a marzo de 1916,* México, Librería de la Viuda de C. Bouret, 1917.

Ávila Espinosa, Felipe Arturo, "La ciudad de México ante la ocupación de las fuerzas villistas y zapatistas: diciembre de 1914-junio de 1915", *Estudios de Historia Moderna y Contemporánea de México,* núm. 14 (1991), pp. 107-128.

Ávila Palafox, Ricardo, "Revolución en el Estado de México", en Enrique J. Alfaro Anguiano (ed.), *La Revolución en las regiones. Memorias,* II, Guadalajara, Instituto de Estudios Sociales de la Universidad de Guadalajara, 1986, pp. 337-372.

Ávila, Ricardo, "Carrancistas y zapatistas. Notas y anécdotas sobre una etapa de la lucha revolucionaria en el Estado de México", *Boletín del Archivo General del Estado de México,* núm. 4, segunda época (1984), pp. 3-32.

Avitia Hernández, Antonio, *Los alacranes alzados: historia de la Revolución en el estado de Durango,* Durango, Instituto Municipal del Arte y Cultura-Fondo Municipal para la Cultura y las Artes de Durango, 1998.

Baitenmann, Helga, "Rural Agency and State Formation in Postrevolutionary Mexico: The Agrarian Reform in Central Veracruz (1915-1921)", tesis doctoral, New School for Social Research, 1997.

Baños Ramírez, Othón, "Algunas reinterpretaciones recientes: breve revisión de la historiografía sobre el Yucatán de los siglos XIX y XX", en *Secuencia,* núm. 41 (1998), pp. 149-159.

Bautista Zane, Refugio, *Educación y Revolución en Michoacán: la gubernatura del general Lázaro Cárdenas, 1928-1932,* México, Universidad Autónoma de Chapingo, 1991.

Becker, Marjorie, "Torching La Purísima, Dancing at the Altar: The Construction of Revolutionary Hegemony in Michoacán, 1934-1940", en Gilbert M. Joseph y Daniel Nugent (eds.), *Everyday Forms of State Formation: Revolution and the Negotiation of Rule in Modern Mexico,* Durham, Duke University Press, 1994, pp. 247-264.

_____, *Setting the Virgin on Fire. Lázaro Cárdenas, Michoacán Peasants, and the Redemption of the Mexican Revolution,* Berkeley, University of California Press, 1995.

Beezley, William H., "Revolutionary Governor: Abraham González and the Mexican Revolution in Chihuahua, 1909-1913", tesis doctoral, Universidad de Nebraska, 1969.

_____, *Insurgent Governor: Abraham González and the Mexican Revolution in Chihuahua,* Lincoln, University of Nebraska Press, 1973.

Beezley, William H., "Governor Carranza and the Revolution in Coahuila", *The Americas* XXXIII, núm. 1 (1976), pp. 50-61.

Bellingeri, Marco, "Del peonaje al salario: el caso de San Antonio Tochatlaco de 1880 a 1920", *Revista Mexicana de Ciencias Políticas y Sociales* XXIV, núm. 91 (1994), pp. 121-136.

Benjamin, Thomas, "Revolución interrumpida. Chiapas y el interinato presidencial, 1911", *Historia Mexicana* XXX, núm. 1 (1980), pp. 79-98.

_____, *A Rich Land. A Poor People. Politics and Society in Modern Chiapas*, Albuquerque, University of New Mexico Press, 1989.

_____, *El camino a Leviatán. Chiapas y el Estado mexicano, 1891-1947*, traducido por Sara Sefchovich, México, CNCA, 1990.

_____, "¡Primero viva Chiapas! Local Rebellions and the Mexican Revolution in Chiapas", *Revista Europea de Estudios Latinoamericanos y del Caribe*, núm. 49 (1990), pp. 33-53.

_____, "Regionalizing the Revolution. The Many Mexicos in Revolutionary Historiography", en Thomas Benjamin y Mark Wasserman (eds.), *Provinces of the Revolution: Essays on Regional Mexican History, 1910-1929*, Albuquerque, University of New Mexico Press, 1990, pp. 319-357.

• Benjamin, Thomas y Mark Wasserman (eds.), *Provinces of the Revolution: Essays on Regional Mexican history, 1910-1929*, Albuquerque, University of New Mexico Press, 1990.

Blaisdell, Lowell, *The Desert Revolution: Baja California, 1911*, Madison, University of Wisconsin Press, 1962.

Blancarte, Roberto (ed.), *Diccionario biográfico e histórico de la Revolución mexicana en el Estado de México*, Zinacantepec, El Colegio Mexiquense, 1993.

Blanco, Mónica, "La participación popular en los procesos electorales durante la Revolución: el caso de Guanajuato", en María Eugenia Romero Sotelo *et al.* (eds.), *México entre dos revoluciones*, México, UNAM, 1993, pp. 63-82.

_____, *Revolución y contienda política en Guanajuato, 1908-1913*, México, El Colegio de México-UNAM, 1995.

Blázquez Domínguez, Carmen, "Siglo XIX y Revolución en Veracruz. Una bibliografía básica", *Secuencia*, núm. 6 (1986), pp. 61-98.

Bloch, Avital H. y Servando Ortoll, "¡Viva México! ¡Mueran los Yanquis!: The Guadalajara Riots of 1910", en *Riots in the Cities: Popular Politics and the Urban Poor in Latin America, 1765-1910*, Wilmington, Scholarly Resources, 1996, pp. 195-223.

Bolio Ontiveros, Edmundo, *Yucatán en la Dictadura y la Revolución*, México, INEHRM, 1967.

Boyer, Christopher R., "The Cultural Politics of Agrarismo: Agrarian Revolt, Village Revolutionaries, and State Formation in Michoacan, Mexico", tesis doctoral, Universidad de Chicago, 1997.

_____, "Old Loves, New Loyalties: Agrarismo in Michoacán, 1920-1929", *Hispanic American Historical Review* LXXVIII, núm. 3 (1998), pp. 419-456.

Bracamonte Allaín, Jorge, "Modernización y ciudadanía: la experiencia de la ciudad de México, 1870-1930", *Allpanchis* XXIX, núm. 49 (1997), pp. 87-113.

Brading, David (ed.), *Caudillo and Peasant in the Mexican Revolution,* Cambridge, Cambridge University Press, 1980.

Bravo Sandoval, Manuel, *Agustín Orozco Bravo: anécdotas de un jiquilpense,* México, INEHRM, 1998.

Bustillo Bernal, Ángel, *La Revolución mexicana en el Istmo de Tehuantepec y realidades en las muertes del C. Gral. don Jesús Carranza, su hijo y su sobrino y del C. Lic. d. José F. Gómez ("Ché Gómez"), caudillo juchiteco,* México, Editora Mexicana de Periódicos, Libros y Revistas, 1968.

Bustillos Carrillo, Antonio, *Yucatán al servicio de la patria y la Revolución,* México, Casa Ramírez Editores, 1959.

Buve, Raymond. "Peasant Movements, Caudillos and Land-Reform During the Revolution, 1910-1917: Tlaxcala, Mexico", *Boletín de Estudios Latinoamericanos y del Caribe,* núm. 18 (1975), pp. 112-152.

_____, "'Neither Carranza nor Zapata!': The Rise and Fall of a Peasant Movement that Tried to Challange Both, Tlaxcala, 1910-19", en Friedrich Katz (ed.), *Riot, Rebellion and Revolution: Rural Social Conflicts in Mexico,* Princeton, Princeton University Press, 1988, pp. 338-375.

_____, "Agricultores, dominación política y estructura agraria en la Revolución mexicana: El Caso de Tlaxcala (1910-1918)", *Revista Mexicana de Sociología* LI, núm. 2 (1989), pp. 181-236.

• _____, *El movimiento revolucionario en Tlaxcala,* Tlaxcala, Universidad Autónoma de Tlaxcala-Universidad Iberoamericana, 1994.

Calvillo Velasco, Max, *Gobiernos civiles del Distrito Norte de Baja California 1920-1923,* México, INEHRM, 1994.

Cantú Jiménez, Esteban, *Apuntes históricos de Baja California norte,* México, s. e., 1957.

Caraveo Estrada, Baudilio B., *Historias de mi odisea revolucionaria: la revolución en la sierra de Chihuahua y la Convención de Aguascalientes* (presentación de Jesús Vargas Valdez), Chihuahua, Doble Hélice Ediciones, 1996.

Carey, James C., *The Mexican Revolution in Yucatán, 1915-1924,* Boulder, Colorado Westview Press, 1984.

• Carr, Barry, *The Peculiarities of the Mexican North, 1880-1928: An Essay in Interpretation,* Glasgow, University of Glasgow Press, 1971.

_____, "Recent Regional Studies of the Mexican Revolution", *Latin American Research Review* XV, núm. 1 (1980), pp. 3-15.

Carrera Robles, Jorge (ed.), *Pancho Villa, la Revolución y la ciudad de Chihuahua,* Chihuahua Nuestra Ciudad. Chihuahua, H. Ayuntamiento de Chihuahua, 2000.

Carrillo Rojas, Arturo *et al., La revolución en Sinaloa,* Crónicas, Culiacán, Colegio de Bachilleres del Estado de Sinaloa, 1994.

Casillas de Alba, Martín, *La villa de Chapala: los promotores, sus inversiones y un inspirado escritor, 1895-1933,* México, Banca Promex, 1994.

Castellanos Suárez, José Alfredo, *Empeño por una expectativa agraria, experiencia ejidal en el municipio de Acolman, 1915-1940,* México, INEHRM-Universidad Autónoma de Chapingo, 1998.

Castillo, Porfirio del, *Puebla y Tlaxcala en los días de la Revolución,* México, Zavala Editor, 1953.

Castro López, Juan Carlos, "La vida cotidiana del obrero textil en la ciudad de México durante la Revolución mexicana (1910-1920)", tesis de licenciatura, UNAM, 1988.

Chacón, Ramón, "Yucatán and the Mexican Revolution: The Preconstitutional Years, 1910-1918", tesis doctoral, Universidad de Stanford, 1982.

Chasen, Francie R., "El maderismo en Oaxaca", en Enrique J. Alfaro Anguiano (ed.), *La Revolución en las regiones. Memorias,* I, Guadalajara, Instituto de Estudios Sociales de la Universidad de Guadalajara, 1986, pp. 195-241.

Chávez Montañez, Armando B., *Diccionario de hombres de la Revolución en Chihuahua,* Ciudad Juárez, Universidad Autónoma de Ciudad Juárez-Meridiano 107 Editores, 1990.

Coerver, Don M. y Linda B. Hall, *Texas y la Revolución mexicana. Un estudio sobre la política fronteriza nacional y estatal (1910-1920),* traducido por Carlos Valdés, Obras de Historia, México, Fondo de Cultura Económica, 1988.

Contreras, Jesús Ángeles, *Jesús Silva Espinosa: primer gobernador maderista del estado de Hidalgo,* Pachuca, Presidencia Municipal de Pachuca, 1994.

Cué Cánovas, Agustín, *Ricardo Flores Magón, la Baja California y los Estados Unidos,* México, Libro-Mex Editores, 1957.

Cuéllar Abaroa, Crisanto, *La Revolución en el estado de Tlaxcala,* 2 vols., México, INEHRM, 1975.

Cuéllar Valdés, Pablo, *Historia del estado de Coahuila,* Saltillo, Universidad Autónoma de Coahuila, 1979.

Cumberland, Charles, "The Sonora Chinese and the Mexican Revolution", *Hispanic American Historical Review,* XL, núm. 2 (1960), pp. 191-211.

Deeds, Susan M., "José María Maytorena and the Revolution in Sonora", *Arizona and the West,* XVIII, núm. 2 (1976), pp. 21-40.

Díaz, José y Román Rodríguez, *El movimiento cristero. Sociedad y conflicto en los Altos de Jalisco,* México, CIESAS-Nueva Imagen, 1979.

Domínguez Milián, Carlos, *Tuxpan, capital provisional del primer gobierno constitucionalista,* Xalapa, Universidad Veracruzana, 1964.

Dorador, Silvestre, *Mi prisión, la defensa nacional y la verdad del caso, una página para la historia de la Revolución constitucionalista en Durango,* México, Departamento de Talleres Gráficos de la Secretaría de Fomento, 1916.

Dorantes González, Alma, "La institucionalización revolucionaria: Un tropiezo regional", *Boletín del Fideicomiso Archivos Plutarco Elías Calles y Fernando Torreblanca,* núm. 17 (1994), pp. 1-32.

Duarte, José D., *¿Fatalismo...? Obra histórica que contiene: el movimiento delahuertista en Yucatán; salida del gobernador Carrillo Puerto y compañeros, captura de éstos, consejo sumarísimo, sentencia y ejecuciones,* Mérida, s. e., 1924.

Dueñas M., Francisco, *Datos para la historia de Baja California; del asalto a Mexicali en 1911,* México, Magisterio, 1978.

Echeverría, Pedro, *La política en Yucatán en el siglo xx (1900-1964),* Mérida, Maldonado Editores, 1985.

Enríquez Terrazas, Eduardo y José Luis García Valero, *Coahuila, una historia compartida,* México, Gobierno del Estado de Coahuila-Instituto Mora, 1989.

Enríquez Terrazas, Eduardo y José Luis García Valero (eds.), *Coahuila. Textos de su historia,* México, Gobierno del Estado de Coahuila-Instituto Mora, 1989.

Esparza, Manuel, *Gillow durante el Porfiriato y la Revolución en Oaxaca (1887-1922),* Tlaxcala, Talleres Gráficos de Tlaxcala, 1985.

Esparza Santibáñez, Xavier, *La Revolución en La Laguna, 1910-1913,* Saltillo, Universidad Autónoma de Coahuila, 1992.

Espinosa, Crispín, *Efemérides guanajuatenses,* 3 vols., Guanajuato, Imprenta de "El Comercio", 1917-1920.

Espinosa, Luis, *Rastros de sangre. Historia de la Revolución en Chiapas,* México, Imprenta de M. L. Sánchez, 1912.

Fabila, Alfonso, *Las tribus yaquis de Sonora; su cultura y anhelada autodeterminación,* México, Instituto Nacional Indigenista, 1978.

Falcón Vega, Romana, *Revolución y concentración de poder. La destrucción de los movimientos sociales independientes en México, el caso del agrarismo veracruzano, 1928-1935,* México, El Colegio de México, 1976.

_____, "Los orígenes populares de la Revolución de 1910: el caso de San Luis Potosí", *Historia Mexicana* XXIX, núm. 2 (1979), pp. 197-240.

_____, *Revolución y caciquismo: San Luis Potosí, 1910-1938,* México, El Colegio de México, 1984.

_____, "Charisma, Tradition, and Caciquismo: Revolution in San Luis Potosí", en Friedrich Katz (ed.), *Riot, Rebellion and Revolution: Rural Social Conflicts in Mexico,* Princeton, Princeton University Press, 1988, pp. 417-447.

• Falcón Vega, Romana y Soledad García, *La semilla en el surco. Adalberto Tejeda y el radicalismo en Veracruz, 1883-1960,* México, El Colegio de México, 1986.

Fallaw, Ben, "Peasants, Caciques, and Camarillas: Rural Politics and State-Formation in Yucatán, 1924-1940", tesis doctoral, Universidad de Chicago, 1995.

_____, "Dry Law, Wet Politics: Drinking and Prohibition in Post-revolutionary Yucatán, 1915-1935", *Latin American Research Review,* XXXVII, núm. 2 (2002), pp. 37-64.

Femat Romero, José Carlos, "Causas económicas de la Revolución mexicana: Morelos y La Laguna, principales actores del movimiento revolucionario mexicano", tesis de licenciatura, Instituto Tecnológico Autónomo de México, 1995.

Fernández, Raúl A., *The United States-Mexico Border: A Politic-Economic Profile,* Notre Dame, University of Notre Dame Press, 1977.

Fowler-Salamini, Heather, *Agrarian Radicalism in Veracruz, 1920-38,* Lincoln, University of Nebraska Press, 1971.

• _____, *Movilización campesina en Veracruz (1920-1938),* México, Siglo XXI, 1979.

_____, "The Boom in Regional Studies of the Mexican Revolution:

Where is it leading?", *Latin American Research Review*, XXVIII, núm. 2 (1993), pp. 175-182.

Franz, David Arthur, "Bullets and Bolshevists. A History of the Mexican Revolution in Yucatán, 1910-1924", tesis doctoral, Universidad de Nuevo México, 1973.

French, William E., "Progreso Forzado: Workers and the Inculcation of the Capitalist Work Ethic in the Parral Mining District", en William H. Beezley, Cheryl English Martin y William E. French (eds.), *Rituals of Rule, Rituals of Resistance. Public Celebration and Popular Culture in Mexico*, Wilmington, Scholarly Resources, 1994, pp. 191-212.

Frías Olvera, Manuel, *Historia de la Revolución mexicana en el estado de Puebla*, México, INEHRM, 1980.

Fuentes Díaz, Vicente, *Historia de la Revolución mexicana en el estado de Guerrero*, México, INEHRM, 1983.

Fuentes Mares, José, ... *y México se Refugió en el desierto; Luis Terrazas, historia y destino*, México, JUS, 1954.

Gamboa Ojeda, Leticia, "Manuel Rivero Collado. Negocios y política en Puebla, 1897-1916", *Historia Mexicana*, XLVIII, núm. 4 (1999), pp. 795-824.

_____, "Siluetas femeninas de la Revolución mexicana en Puebla", *Sólo Historia*, abril-junio 2000, pp. 34-40.

Gámiz Olivas, Everardo, *La Revolución en el estado de Durango*, México, INEHRM, 1963.

García de León, Antonio (ed.), *Ejército de ciegos: testimonios de la guerra chiapaneca entre carrancistas y rebeldes, 1914-1920*, México, Ediciones Toledo, 1991.

García, Ezequiel, *Los tlaxcaltecas en la etapa revolucionaria, 1910-1921*, Tlaxcala, Zavala Editor, 1961.

García J., Guadalupe, *La Sierra de Huautla en la gesta oaxaqueña. La soberanía de Oaxaca en los ideales de la Revolución*, México, s. e., 1955.

García Luna Ortega, Margarita, *Huelgas de mineros en El Oro, México, 1911-1920*, Toluca, Secretaría del Trabajo del Gobierno del Estado de México, 1993.

García Morales, Soledad, "Agentes confidenciales del tejedismo (1920-1924)", *Eslabones. Revista Semestral de Estudios Regionales*, núm. 2 (1991), pp. 163-168.

García Valero, José Luis, "La vida política en Coahuila, 1880-1991", tesis de licenciatura, UNAM, 1988.

Garner, Paul, "Autoritarismo revolucionario en el México provincial: el carrancismo y el gobierno preconstitucional en Oaxaca, 1915-1920", *Historia Mexicana*, XXXIV, núm. 2 (1984), pp. 238-299.

_____, "Federalism and Caudillismo in the Mexican Revolution: The Genesis of the Oaxaca Sovereignty Movement, 1915-1920", *Journal of Latin American Studies* XVII, núm. 1 (1985), pp. 111-133.

_____, *La Revolución en la provincia. Soberanía estatal y caudillismo en las montañas de Oaxaca (1910-1920)*, México, Fondo de Cultura Económica, 1988.

Garza Treviño, Ciro R., *La Revolución mexicana en el estado de Tamaulipas*, 2 vols., Biblioteca Mexicana, México, Porrúa, 1973-1975.

Ginzberg, Eitan, "Cárdenas y el movimiento del trabajo michoacano, 1928-1932: la formación de la estructura política para la revolución social en Michoacán", *Estudios Interdisciplinarios de América Latina y el Caribe,* II, núm. 1 (1991), pp. 39-60.

_____, "State Agrarianism versus Democratic Agrarianism: Adalberto Tejeda's Experiment in Veracruz, 1928-1932", *Journal of Latin American Studies,* XXX, núm. 2 (1998), pp. 341-372.

_____, "Abriendo nuevos surcos: ideología, política y labor social de Lázaro Cárdenas en Michoacán, 1928-1932", *Historia Mexicana,* XLVIII, núm. 3 (1999), pp. 567-633.

_____, "Formación de la infraestructura política para una reforma agraria radical: Adalberto Tejeda y la cuestión municipal en Veracruz, 1928-1932", *Historia Mexicana* XLIX, núm. 4 (2000), pp. 673-727.

Gobierno del Estado de Sonora (ed.), *Historia general de Sonora,* Hermosillo, Instituto Sonorense de Cultura, 1997.

González Calzada, Manuel, *Historia de la Revolución mexicana en Tabasco,* México, INEHRM, 1972.

González Flores, Enrique, *Chihuahua: De la Independencia a la Revolución,* México, Botas, 1949.

González Herrera, Carlos, "La formación y desarrollo de una élite política del occidente de Chihuahua. Los pueblos de la cuenca del Papigochic", tesis de licenciatura, Escuela Nacional de Antropología e Historia, 1986.

González Monroy, Jesús, *Ricardo Flores Magón y su actitud en la Baja California,* México, Academia Literaria, 1962.

González Padilla, Beatriz, *Yucatán. Política y poder (1897-1929),* Mérida, Maldonado Editores, 1985.

González Rodríguez, Blanca, Iván Franco Cáceres y Martha Medina, "Yucatán en la Revolución", en Enrique J. Alfaro Anguiano (ed.), *La Revolución en las regiones. Memorias,* II, Guadalajara, Instituto de Estudios Sociales de la Universidad de Guadalajara, 1986, pp. 429-460.

González y González, Luis, *Pueblo en vilo. Microhistoria de San José de Gracia,* México, El Colegio de México, 1968.

Goodman, Margaret Ann, "The Effectiveness of the Mexican Revolution as an Agent of Change in the State of Yucatán", tesis doctoral, Universidad de Columbia, 1971.

Guillén, Diana, *El maderismo en Chiapas. Matices regionales del acontecer revolucionario,* México, INEHRM, 1994.

Gutiérrez, Ángel et al., *La cuestión agraria: revolución y contrarrevolución en Michoacán* (tres ensayos), Morelia, Universidad Michoacana de San Nicolás de Hidalgo, 1984.

Gutiérrez Gómez, José Antonio, *El impacto del movimiento armado en el Estado de México (1910 a 1920),* Toluca, Instituto Mexiquense de Cultura, 1997.

Hall, Anita B., "The Mexican Revolution and its Aftermath. Perspectives from Regional Perspectives", *Mexican Studies/Estudios Mexicanos,* II, núm. 3 (1987), pp. 413-420.

_____, *Revolution on the border. Mexico and the United States, 1910-1920,* Albuquerque, University of New Mexico Press, 1988.

Henderson, Peter V. N., "Un gobernador maderista: Benito Juárez Maza y la Revolución de Oaxaca", *Historia Mexicana*, XXIV, núm. 3 (1975), pp. 372-389.

_____, "Modernization and change in Mexico: La Zacualpa Rubber Plantation, 1890-1920", *Hispanic American Historical Review*, LXXIII, núm. 2 (1993), pp. 235-260.

_____, "Recent Economics and Regional Histories of the Mexican Revolution", *Latin American Research Review*, XXX, núm. 1 (1995), pp. 236-246.

_____, "Un gobernador maderista: José María Maytorena y la Revolución en Sonora", *Historia Mexicana*, LI, núm. 2 (2001), pp. 51-186.

Henderson, Timothy John, "The Robber Queen: Rosalie Evans and the Mexican Revolution", tesis doctoral, Universidad de Carolina del Norte, 1994.

_____, *The Worm in the Wheat. Rosalie Evans and Agrarian Struggle in the Puebla-Tlaxcala Valley of Mexico, 1906-1927,* Durham, Duke University Press, 1998.

Hernández Chávez, Alicia, "La defensa de los finqueros en Chiapas, 1914-1920", *Historia Mexicana*, XXVIII, núm. 3 (1979), pp. 335-369.

_____, *Anenecuilco. Memoria y vida de un pueblo,* México, El Colegio de México-Fondo de Cultura Económica, 1993.

Herrera Pérez, Octavio, "Del señorío a la postrevolución. Evolución histórica de una hacienda en el noreste de México, el caso de la Sauteña", *Historia Mexicana*, XLIII, núm. 1 (1993), pp. 5-48.

Hu-DeHart, Evelyn, "Peasant Rebellion in the Northwest: The Yaqui Indians of Sonora, 1740-1976", en Friedrich Katz (ed.), *Riot, Rebellion and Revolution: Rural Social Conflicts in Mexico*, Princeton, Princeton University Press, 1988, pp. 141-175.

Illades, Carlos, "La frontera desde Chihuahua", *Eslabones. Revista Semestral de Estudios Regionales*, núm. 11 (1967), pp. 40-61.

Iturribarría, Jorge Fernando, *Oaxaca en la historia,* México, Stylo, 1955.

_____, *Breve historia de Oaxaca,* México, Secretaría de Educación Pública, 1994.

Jacobs, Ian, *Ranchero Revolt: the Mexican Revolution in Guerrero,* Austin, University of Texas Press, 1982.

Jordán, Fernando, *Crónica de un país bárbaro,* Chihuahua, Ediciones Asociación Mexicana de Periodistas, 1956.

Joseph, Gilbert M., "Revolution from without: the Mexican Revolution in Yucatán, 1915-1924", tesis doctoral, Universidad de Yale, 1978.

_____, "From Caste War to Class War: The Historiography of Modern Yucatán (c. 1750-1940)", *Hispanic American Historical Review*, LXV, núm. 1 (1985), pp. 111-134.

Juárez Martínez, Abel, "La Revolución en Veracruz, el caso del Valle de Perote, 1910-1820", en Enrique J. Alfaro Anguiano (ed.), *La Revolución en las regiones. Memorias*, II, Guadalajara, Instituto de Estudios Sociales de la Universidad de Guadalajara, 1986, pp. 375-398.

Katz, Friedrich, *Villa: el gobernador revolucionario de Chihuahua,* Chihuahua, Talleres Gráficos del Gobierno del Estado de Chihuahua, 1984.

Koreck, María Teresa, "Space and Revolution in Northeastern Chihuahua", en Daniel Nugent (ed.), *Rural Revolt in Mexico and U.S. Intervention*, La Jolla, Center for U.S.-Mexican Studies, 1988, pp. 127-148.

Koth, Karl B. "Madero, Dehesa y el cientificismo: el problema de la sucesión gubernamental en Veracruz, 1911-1913", *Historia Mexicana* XLVI, núm. 2 (1996), pp. 397-424.

LaFrance, David G., "Madero, Serdán y los albores del movimiento revolucionario en Puebla", *Historia Mexicana* XXIX, núm. 3 (1980), pp. 472-512.

_____, "A People Betrayed: Francisco I. Madero and the Mexican Revolution in Puebla", tesis doctoral, Universidad de Indiana, 1984.

_____, "Puebla, Breakdown of the Old Order", en Thomas Benjamin y William McNellie (eds.), *Other Mexicos: Essays on Regional Mexican History, 1876-1911*, Albuquerque, University of New Mexico Press, 1984.

_____, *The Mexican Revolution in Puebla, 1908-1913: the Maderista movement and the failure of liberal reform*, Wilmington, Scholarly Resources, 1989.

Lau, Rubén, "Iglesia y Estado en Chihuahua, 1880-1990", en Ricardo García León (ed.), *Actas del Segundo Congreso de Historia Regional Comparada 1990*, Ciudad Juárez, Universidad Autónoma de Ciudad Juárez, 1991, pp. 565-572.

Leal, Juan Felipe y Margarita Menegus Bornemann, "Inflación y Revolución. El caso de las haciendas de Mazaquiahuac y El Rosario", *Revista Mexicana de Ciencias Políticas y Sociales,* XXXI nueva época, núm. 122 (1985), pp. 57-80.

Lear, John Robert, "Workers, Vecinos and Citizens: the Revolution in Mexico City, 1909-1917", tesis doctoral, Universidad de California, 1993.

Lelo de Larrea, Mercedes, "La herencia de Coahuila", *Boletín del Fideicomiso Archivos Plutarco Elías Calles y Fernando Torreblanca*, núm. 1 (1990), pp. 1-24.

Leyva Velázquez, Gabriel, *Resonancias de la lucha. Ecos de la epopeya sinaloense, 1910*, México, Cortés, 1945.

Lloyd, Jean-Dale, "Rancheros and Rebellion: the Case of Northwestern Chihuahua, 1905-1909", en Daniel Nugent (ed.), *Rural Revolt in Mexico and U.S. Intervention*, La Jolla, Center for U.S.-Mexican Studies, 1988, pp. 87-112.

López González, Valentín, *El Cuartelazo: Morelos 1913,* México, Gobierno del Estado de Morelos, s. f.

López, Heliodoro, *Apuntes sobre la Revolución en Tenancingo,* Tenancingo, Tipografía Carvallo y Gamas, 1944.

Loveira, Carlos, *El obrerismo yucateco y la Revolución mexicana,* Washington D.C., The Law Reporting Printing Company, 1917.

Malpica Uribe, Samuel, "La Revolución mexicana y los obreros de la fábrica de Metepec, Atlixco (1902-1912)", en Enrique J. Alfaro Anguiano (ed.), *La Revolución en las regiones. Memorias,* II, Guadalajara, Instituto de Estudios Sociales de la Universidad de Guadalajara, 1986, pp. 321-336.

Marín, Mariano, *La rebelión delahuertista en Tamaulipas,* Ciudad Victoria, Universidad Autónoma de Tamaulipas, 1977.

Martínez Assad, Carlos, *El laboratorio de la Revolución: el Tabasco garridista,* México, Siglo XXI, 1979.

_____, "Las corrientes regionales de la Revolución mexicana", en Comisión Organizadora de los Festejos Conmemorativos del 75 Aniversario de la Apertura de la Universidad Nacional Autónoma de México (ed.), *Independencia y Revolución mexicanas,* México, UNAM, 1985, pp. 59-68.

_____, "Tabasco en dos tiempos", en Enrique J. Alfaro Anguiano (ed.), *La Revolución en las regiones. Memorias,* II, Guadalajara, Instituto de Estudios Sociales de la Universidad de Guadalajara, 1986, pp. 399-412.

_____, "Del fin del Porfiriato a la Revolución en el sur sureste de México", *Historia Mexicana* XLIII, núm. 3 (1993), pp. 487-504.

Martínez Guzmán, Gabino y Juan Ángel Chávez Ramírez, *Durango: un volcán en erupción,* México, Gobierno del Estado de Durango-Fondo de Cultura Económica, 1988.

Martínez Núñez, Eugenio, *La Revolución en el estado de San Luis Potosí,* México, INEHRM, 1964.

Martínez, Óscar J., *Border Boom Town: Ciudad Juárez since 1848,* Austin, University of Texas Press, 1978.

Martínez, Pablo L., *Historia de la Baja California,* México, Libros Mexicanos, 1956.

Melgarejo Vivanco, José Luis, *Breve historia de Veracruz,* Jalapa, Universidad Veracruzana, 1960.

Mena Brito, Bernardino, *Bolchevismo y democracia en México. Pugna entre dos partidos políticos en Yucatán durante la Revolución constitucionalista,* México, M. A. Mena, 1933.

_____, *Reestructuración histórica de Yucatán: influencia negativa de los políticos campechanos en los destinos de México y Yucatán de 1856 a 1913,* 3 vols., México, Editores Mexicanos Unidos, 1967.

Menéndez Mena, Carlos R., *La primera chispa de la Revolución mexicana: el movimiento de Valladolid en 1910,* Mérida, Revista de Yucatán, 1919.

Meyer Cosío, Francisco Javier, *El final del porfirismo en Guanajuato: élites en la crisis final, septiembre de 1910-junio de 1911,* Nuestra Cultura, Guanajuato, Gobierno del Estado de Guanajuato, 1993.

_____, *Tradición y progreso: la reforma agraria en Acámbaro, Guanajuato, 1915-1941,* México, INEHRM, 1993.

_____, *La minería en Guanajuato: denuncios, minas y empresas (1892-1913),* Zamora, Universidad de Guanajuato-Colegio de Michoacán, 1998.

Meyer, Eugenia *et al., Museo Histórico de la Revolución mexicana en el estado de Chihuahua,* 2 vols., México, Secretaría de la Defensa Nacional, 1982.

Meyer, Jean, "El conflicto religioso en Chihuahua, 1925-1929", en Ricardo León García (ed.), *Tercer Congreso Internacional de Historia Regional Comparada, 1991,* Ciudad Juárez, Universidad Autónoma de Ciudad Juárez, 1992, pp. 357-366.

Meyers, William K., "Politics, Vested Rights, and Economic Growth in Porfirian Mexico: the Company Tlahualillo in the Comarca Lagunera, 1885-1911", *Hispanic American Historical Review* LVII, núm. 3 (1977), pp. 425-454.

_____, *Interest Group Conflict and Revolutionary Politics; a Social History of la Comarca Lagunera, México, 1880-1911,* Chicago, University of Chicago Press, 1980.

• _____, *Forge of Progress, Crucible of Revolt: The Origins of the Mexican Revolution in La Comarca Lagunera, 1880-1911,* Albuquerque, University of New Mexico Press, 1994.

Mijangos Díaz, Eduardo Nomelí, "La nueva historiografía de la Revolución en Michoacán", *Relaciones,* XVIII, núm. 87 (1997), pp. 243-263.

_____, *La Revolución y el poder político en Michoacán, 1910-1920,* Morelia, Universidad Michoacana de San Nicolás de Hidalgo, 1997.

_____, "La revolución y el poder político en Michoacán, 1910-1920", tesis de licenciatura, Universidad Michoacana de San Nicolás de Hidalgo, 1997.

Moreno, Manuel M., *Historia de la Revolución en Guanajuato,* México, INEHRM, 1977.

Moscoso Pastrana, Prudencio, *El pinedismo en Chiapas, 1916-1920,* México, s. e., 1960.

Muriá, José María, *Bosquejo histórico de la Revolución en Jalisco,* Ensayos jaliscienses, Zapopan, El Colegio de Jalisco-Gobierno del Estado de Jalisco, 1994.

_____, "La Revolución en Jalisco y Colima", *Sólo Historia*, mayo-junio de 1999, pp. 32-35.

Muriá, José María *et al., La Revolución mexicana: síntesis de nuestra identidad nacional. La Revolución mexicana en Jalisco,* Guadalajara, UNED, 1990.

Murray, Scott Cooper, "Cristeros, Comunistas y Federales: Rural Unrest in Durango", tesis de maestría, Universidad de Houston, 2001.

Navarro Gallegos, César, "El agrarismo rojo de las llanuras duranguenses: movilización campesina y represión política en 1929", *Secuencia,* núm. 46 (2000), pp. 163-205.

Neal, Joe West, "State and Local Government in Northeastern Mexico: Nuevo León, Coahuila y Tamaulipas", tesis doctoral, Universidad de Texas, 1957.

Nickel, Herbert, "Agricultural Laborers in the Mexican Revolution (1910-1940), Some Hypotheses and Facts about Participation and Restraint in the Highlands of Puebla-Tlaxcala", en Friedrich Katz (ed.), *Riot, Rebellion and Revolution: Rural Social Conflicts in Mexico*, Princeton, Princeton University Press, 1988, pp. 376-416.

Ocampo, Manuel, *Historia de la Misión de la Tarahumara. 1900-1950,* México, Buena Prensa, 1950.

Ochoa Serrano, Álvaro, "La Revolución maderista en Michoacán", en Enrique J. Alfaro Anguiano (ed.), *La Revolución en las regiones. Memorias,* II, Guadalajara, Instituto de Estudios Sociales de la Universidad de Guadalajara, 1986, pp. 463-488.

Ochoa Serrano, Álvaro, *La violencia en Michoacán: ahí viene Chávez García,* Morelia, Gobierno del Estado de Michoacán-Instituto Michoacano de Cultura, 1990.

Oikión Solano, Verónica, *El constitucionalismo en Michoacán: el periodo de los gobiernos militares, 1914-1917,* México, Conaculta, 1992.

Okada, Atsumi, "El impacto de la Revolución mexicana: la compañía constructora Richardson en el Valle del Yaqui (1905-1928)", *Historia Mexicana,* L, núm. 1 (2000), pp. 91-144.

Olea, Héctor R., *Breve historia de la Revolución en Sinaloa,* México, INEHRM, 1964.

_____, *La revolución en Sinaloa,* Culiacán, Centro de Estudios Históricos del Noroeste, 1993.

O'Rourke, Gerald, *La persecución religiosa en Chihuahua, 1913-1938,* Centenario, Chihuahua, Camino, 1991.

Ortega C., Rafael, *Las luchas proletarias en Veracruz, historia y autocrítica,* México, Barricada, 1942.

Ortiz, Alfonso, *Episodios de la Revolución en Moroleón,* México, A. Ortiz Ortiz, 1976.

Padilla Rangel, Yolanda, *El catolicismo social y el movimiento cristero en Aguascalientes,* Aguascalientes, Instituto Cultural de Aguascalientes, 1992.

Padua, Cándido Donato, *Movimiento revolucionario, 1906 en Veracruz. Relación cronológica de las actividades del* PLM *en los ex cantones de Acayucan, Minatitlán, San Andrés Tuxtla y centro del país,* México, edición del autor, 1941.

Palacios Santillán, Vicente *et al., La Revolución mexicana en Veracruz: los hombres y sus obras,* Jalapa, Cambio XXI-Fundación Veracruz-Sección 32 del SNTE, 1992.

Paoli Bolio, Francisco José, *Yucatán y los orígenes del nuevo estado mexicano: gobierno del general Salvador Alvarado. 1915-1918,* México, Era, 1984.

_____, "La Revolución de Yucatán: sus gobernantes", en Enrique J. Alfaro Anguiano (ed.), *La Revolución en las regiones. Memorias,* II, Guadalajara, Instituto de Estudios Sociales de la Universidad de Guadalajara, 1986, pp. 413-428.

Paoli Bolio, Francisco José y Enrique Montalvo, *El socialismo olvidado en Yucatán. Elementos para una reinterpretación de la Revolución mexicana,* México, Siglo XXI, 1977.

Parra Durán, Lorenzo, *Cómo empezó la Revolución hace veinte años,* 2 vols., Mérida, Talleres de la Compañía Tipográfica Yucateca, 1930.

Pasquel, Leonardo, *La Revolución en el estado de Veracruz,* 2 vols., México, INEHRM, 1971-1972.

Pasztor, Suzanne B., "The Spirit of Hidalgo: The Mexican Revolution in Coahuila, 1910-1915", tesis doctoral, Universidad de Nuevo México, 1994.

_____, "El espíritu de Hidalgo. Obstáculos a la centralización porfiriana en Coahuila", *Eslabones. Revista Semestral de Estudios Regionales,* núm. 11 (1996), pp. 62-75.

_____, *The Spirit of Hidalgo. The Mexican Revolution in Coahuila,* Calgary, University of Calgary Press-Michigan State University Press, 2002.

Pazuengo, Matías, *Historia de la Revolución en Durango,* Durango, Comisión Editorial del Gobierno del Estado, 1988.

Pérez, Abel R., *Teodoro A. Dehesa, gobernante veracruzano,* México, Stylo, 1950.

Pérez Bertruy, Ramona Isabel, *Tomás Garrido Canabal y la conformación del poder revolucionario tabasqueño, 1914-1921,* Villahermosa, Gobierno del Estado de Tabasco, 1993.

Pérez Montfort, Ricardo, "Notas sobre la rebelión cedillista", en *Anuario del Colegio de Historia,* México, UNAM, 1984.

Pettus, Daisy Caden (ed.), *The Rosalie Evans Letters from Mexico,* Indianápolis, The Bobbs-Merrill Company, 1926.

Plana, Manuel, "La cuestión agraria en La Laguna durante la Revolución", *Historia Mexicana,* L, núm. 1 (2000), pp. 57-90.

Ponce de León, José María, *Resumen de la historia política de Chihuahua en la época colonial hasta 1921 y noticias cronológicas de los más notables sucesos ocurridos de noviembre de 1911 al año de 1919,* Chihuahua, Imprenta Gutenberg, 1922.

Pozas Horcasitas, Ricardo, "De la Revolución en las regiones a las regiones en revolución", en Enrique J. Alfaro Anguiano (ed.), *La Revolución en las regiones. Memorias,* II, Guadalajara, Instituto de Estudios Sociales de la Universidad de Guadalajara, 1986.

Purnell, Jennie, *Popular Movements and State Formation in Revolutionary Mexico: The "Agraristas" and "Cristeros" of Michoacán,* Durham, Duke University Press, 1999.

Quintero Ramírez, Cirila, "La organización laboral en la frontera este de México y Estados Unidos (1900-1940)", en Manuel Ceballos Ramírez (ed.), *Encuentro en la frontera: mexicanos y norteamericanos en un espacio común,* México, El Colegio de México-El Colegio de la Frontera Norte-Universidad Autónoma de Tamaulipas, 2001, pp. 373-408.

Radding, Cynthia, "Sonora y los sonorenses: el proceso social de la Revolución de 1910", *Secuencia,* núm. 3 (1985), pp. 17-28.

_____, "Revolucionarios y reformistas sonorenses: Las vías tendientes a la acumulación de capital en Sonora, 1913-1919", en Enrique J. Alfaro Anguiano (ed.), *La Revolución en las regiones. Memorias,* I, Guadalajara, Instituto de Estudios Sociales de la Universidad de Guadalajara, 1986, pp. 65-97.

Ramírez, Alfonso Francisco, *Historia de la Revolución mexicana en Oaxaca,* México, INEHRM, 1970.

Ramírez Flores, José, *La revolución maderista en Jalisco,* México, Universidad de Guadalajara-CEMCA, 1992.

Ramírez Hurtado, Luciano, "Diccionario biográfico e histórico de la Revolución mexicana en el estado de Aguascalientes", tesis de licenciatura, UNAM, 1990.

Ramírez, José Carlos, "El proyecto económico de los callistas en Sonora, 1930-1934", en Enrique J. Alfaro Anguiano (ed.), *La Revolución en las regiones. Memorias,* I, Guadalajara, Instituto de Estudios Sociales de la Universidad de Guadalajara, 1986, pp. 129-154.

Ramírez Rancaño, Mario, *La Revolución en los volcanes: Domingo y Cirilo Arenas,* México, UNAM, 1995.

Ravelo Lecuona, Renato, "Revolución campesina zapatista y contrarrevolución terrateniente maderista (El caso de Guerrero)", en Enrique J. Alfaro Anguiano (ed.), *La Revolución en las regiones. Memorias*, I, Guadalajara, Instituto de Estudios Sociales de la Universidad de Guadalajara, 1986, pp. 157-174.

Ravelo Lecuona, Renato, *La revolución zapatista de Guerrero, de la insurrección a la toma de Chilpancingo, 1910-1914*, Chilpancingo, Universidad Autónoma de Guerrero, 1990.

Rendón Garcini, Ricardo, *El Prosperato. El juego de equilibrios de un gobierno estatal (Tlaxcala de 1885 a 1911)*, México, Universidad Iberoamericana-Siglo XXI, 1993.

Reyes Pimentel, José, *Despertar lagunero. Libro que relata la lucha y triunfo de la Revolución en la Comarca Lagunera*, México, Talleres Gráficos de la Nación, 1937.

Reyna Muñoz, Manuel (ed.), *Actores sociales en un proceso de transformación: Veracruz en los años veinte*, Jalapa, Universidad Veracruzana, 1996.

Richmond, Douglas W., "Regional Aspects of the Mexican Revolution", *New Scholar*, I-II, núm. 7 (1979), pp. 279-304.

_____, "Factional Political Strife in Coahuila (1910-1920)", *Hispanic American Historical Review*, LX, núm. 1 (1980), pp. 49-68.

_____, "La Guerra de Texas se renova: Mexican Insurrection and Carrancista Ambitions, 1900-1920", *Aztlán* XI, núm. 1 (1980), pp. 1-32.

_____, "The Carrancista Struggle against Huertistas and Villistas in Coahuila 1910-1920", *Eslabones. Revista Semestral de Estudios Regionales*, núm. 157 (1988), pp. 32-47.

_____, "El régimen de Carranza y la frontera durante la Revolución mexicana", *Eslabones. Revista Semestral de Estudios Regionales*, núm. 11 (1996), pp. 88-103.

Rico Medina, Samuel, "La Revolución mexicana en Tabasco: un estudio sobre las élites políticas regionales, 1884-1921", tesis de maestría, Instituto Mora, 1993.

Rivera, Antonio G., *La Revolución en Sonora*, México, Arana, 1969.

Rocha Islas, Marta Eva, *Las defensas sociales en Chihuahua: una paradoja de la Revolución*, México, INAH, 1988.

Rocha, Rodolfo, "The Influence of the Mexican Revolution on the Mexico-Texas Border, 1910-1916", tesis doctoral, Universidad Tecnológica de Texas, 1981.

Rockwell, Elsie, "Schools of the Revolution: Enacting and Contesting State Forms in Tlaxcala, 1910-1930", en Gilbert M. Joseph y Daniel Nugent (eds.), *Everyday Forms of State Formation: Revolution and the Negotiation of Rule in Modern Mexico*, Durham, Duke University Press, 1994, pp. 170-208.

Rodríguez García, Rubén, *La Cámara Agrícola Nacional Jalisciense: una sociedad de terratenientes en la Revolución mexicana*, México, INEHRM, 1990.

Rojas Nieto, Beatriz, *La destrucción de la hacienda en Aguascalientes, 1910-1931*, Zamora, El Colegio de Michoacán, 1981.

_____, *La pequeña guerra. Los Carrera Torres y los Cedillo*, Zamora, El Colegio de Michoacán, 1983.

_____, "La guerrilla potosina, 1910-1920", en Enrique J. Alfaro Anguiano (ed.), *La Revolución en las regiones. Memorias,* I, Guadalajara, Instituto de Estudios Sociales de la Universidad de Guadalajara, 1986, pp. 245-259.

Romero Flores, Jesús, *Historia de la Revolución en Michoacán,* México, INEHRM, 1964.

Romero Ibarra, María Eugenia, *Manuel Medina Garduño, entre el Porfiriato y la Revolución en el Estado de México, 1852-1913,* México, INEHRM, 1998.

Romero, Laura, "Zunismo y movimientos sociales", en Enrique J. Alfaro Anguiano (ed.), *La Revolución en las regiones. Memorias,* II, Guadalajara, Instituto de Estudios Sociales de la Universidad de Guadalajara, 1986, pp 565-588.

Rouaix, Pastor, *La Revolución maderista y constitucionalista en Durango,* México, Cultura, 1931.

_____, *Régimen agrario del estado de Durango anterior a 1910,* Durango, Imprenta del Estado de Durango, 1937.

_____, *Diccionario geográfico, histórico y biográfico del estado de Durango,* México, Instituto Panamericano de Geografía e Historia, 1946.

Rubin, Jeffrey W., *Decentering the Regime: Ethnicity, Radicalism, and Democracy in Juchitán, México,* Durham, Duke University Press, 1997.

Rublúo, Luis, *Historia de la Revolución mexicana en el estado de Hidalgo,* México, INEHRM, 1983.

Rueda Smithers, Salvador, "Las causas del movimiento zapatista en Morelos. Desniveles históricos en el origen de un conflicto agrario", en Enrique J. Alfaro Anguiano (ed.), *La Revolución en las regiones. Memorias,* I, Guadalajara, Instituto de Estudios Sociales de la Universidad de Guadalajara, 1986, pp. 261-286.

Ruiz Cervantes, Francisco José, *La Revolución en Oaxaca. El movimiento de la soberanía (1915-1920),* México, UNAM-Fondo de Cultura Económica, 1986.

_____, "Notas sobre la Revolución y el movimiento de la soberanía en Oaxaca", en Enrique J. Alfaro Anguiano (ed.), *La Revolución en las regiones. Memorias,* I, Guadalajara, Instituto de Estudios Sociales de la Universidad de Guadalajara, 1986, pp. 175-193.

_____, "Ojos sobre el Sur, Carranza y los oaxaqueños", *Eslabones. Revista Semestral de Estudios Regionales,* núm. 2 (1991), pp. 134-140.

Ruiz, Joaquín, *La Revolución en Tabasco,* México, s. e., 1934.

Sabeski, Wayne A., "Nayarit and the Mexican Revolution, 1910-1920", tesis doctoral, Universidad de Manitoba, 1990.

Sánchez Díaz, Gerardo, "La contrarrevolución en el estado de Michoacán, 1912-1913", en Enrique J. Alfaro Anguiano (ed.), *La Revolución en las regiones. Memorias,* II, Guadalajara, Instituto de Estudios Sociales de la Universidad de Guadalajara, 1986, pp. 489-506.

Sánchez Rodríguez, Martín, *Grupos de poder y centralización política en México. El caso Michoacán 1920-1924,* México, INEHRM, 1994.

Sánchez Silva, Carlos, *Los oaxaqueños que se llevó la Revolución,* Oaxaca, Carteles Editores, 1990.

_____, *Crisis política y contrarrevolución en Oaxaca: (1912-1915),* México, INEHRM, 1991.

Sandels, Robert L., "Silvestre Terrazas, the Press and the Origins of the Mexican Revolution in Chihuahua", tesis doctoral, Universidad de Oregon, 1967.

_____, "Silvestre Terrazas and the Old Regime in Chihuahua", *The Americas,* XXVIII, núm. 2 (1971), pp. 191-205.

_____, "Antecedentes de la Revolución en Chihuahua", *Historia Mexicana,* XXIV, núm. 3 (1975), pp. 390-402.

Santiago, Myrna Isela, "Huasteca crude: Indians, Ecology, and Labor in the Mexican Oil Industry, Northern Veracruz, 1900-1938", tesis doctoral, Universidad de California, 1997.

Savarino Roggero, Franco, *Pueblos y nacionalismo, del régimen oligárquico a la sociedad de masas en Yucatán, 1894-1925,* México, INEHRM, 1997.

Schyer, Frans, "A Ranchero Economy in Nortwestern Hidalgo, 1888-1920", *Hispanic American Historical Review,* LXIX, núm. 3 (1979), pp. 418-443.

_____, *The rancheros of Pisaflores: The History of a Peasant Bourgeoisie in Twentieth-Century Mexico,* traducido por Ana María Palos, Toronto, University of Toronto Press, 1980.

Sepúlveda Otaiza, Ximena, *La Revolución en Bachíniva,* México, INAH, 1975.

Serrano Álvarez, Pablo, *La batalla del espíritu. El movimiento sinarquista en el Bajío (1932-1951),* 2 vols., México, Conaculta, 1992.

_____, "Colima en los vaivenes de la posrevolución, del callismo al cardenismo, 1926-1940", en *Estudios de Historia Moderna y Contemporánea de México,* XVII (1996), pp. 123-140.

_____, "El sinarquismo en el Bajío mexicano (1934-1951). Historia de un movimiento social regional", *Estudios de Historia Moderna y Contemporánea de México* XIX (1999), pp. 195-236.

_____, "Historiografía local y regional sobre la Revolución mexicana. Estado actual y perspectivas", *Sólo Historia,* octubre-diciembre de 2000, pp. 4-8.

Sims, Harold D., "Espejo de caciques. Los Terrazas de Chihuahua", *Historia Mexicana,* XVIII, núm. 3 (1969), pp. 379-399.

Snodgrass, Michael David, "Deference and Defiance in Monterrey: Workers, Paternalism and Revolution in Mexico, 1890-1942", tesis doctoral, Universidad de Texas, 1998.

Sosenski, Gregorio, *La cuarta frontera de Baja California y el gobierno sudpeninsular de Francisco J. Múgica. 1941-1945,* México, INEHRM, 2001.

Story, Victor Obe, "The Genesis of Revolution in the Tamaulipas Sierra: 'Campesinos' and Shopkeppers in the Carrera Torres Uprising, 1907-1911", tesis doctoral, Universidad de Carolina del Norte, 1991.

Tamayo, Jaime, "El enfrentamiento Zuno-Calles", en Enrique J. Alfaro Anguiano (ed.), *La Revolución en las regiones. Memorias,* II, Guadalajara, Instituto de Estudios Sociales de la Universidad de Guadalajara, 1986, pp. 507-530.

Taracena, Alfonso, *Historia de la Revolución en Tabasco,* 2 vols., México, Gobierno del Estado de Tabasco, 1981.

Taylor Hansen, Lawrence Douglas, *La campaña magonista de 1911 en*

Baja California: el apogeo de la lucha revolucionaria del Partido Liberal Mexicano, Tijuana, El Colegio de la Frontera Norte, 1992.

Taylor Hansen, Lawrence Douglas, "Gunboat Diplomacy's Last Fling in the New World: The British Seizure of San Quintin, April 1911", *The Americas,* LII, núm. 4 (1996), pp. 521-543.

_____, "El magonismo en la región fronteriza de Sonora-Arizona (1910-1913)", en Manuel Ceballos Ramírez (ed.), *Encuentro en la frontera: mexicanos y norteamericanos en un espacio común,* México, El Colegio de México-El Colegio de la Frontera Norte-Universidad Autónoma de Tamaulipas, 2001, pp. 315-342.

_____, "Dinamiteros en acción. La conjura contra el ferrocarril de Chihuahua en 1912", *Nuestro Siglo,* abril-junio de 2002, pp. 86-93.

Tecuanhuey Sandoval, Alicia, *Los conflictos electorales de la élite política en una época revolucionaria: Puebla, 1910-1917,* México, INEHRM, 2001.

Torre, Manuel A., *La ruina del henequén en Yucatán,* Mérida, Imprenta Universal, 1918.

Ulloa, Berta, *Veracruz, capital de la Nación, 1914-1915,* México, El Colegio de México, 1986.

Vaca, Agustín, Alma Dorantes González y Jaime Olveda, *La prensa jaliscience y la Revolución,* Divulgación, México, INAH-Unión Editorial, 1985.

Valencia Castrejón, Sergio, *Poder regional y política nacional. El gobierno de Maximino Ávila Camacho en Puebla (1937-1941),* México, INEHRM, 1996.

Vanderwood, Paul J., "Building Blocks but yet no Building: Regional History and the Mexican Revolution", *Mexican Studies/Estudios Mexicanos,* II, núm. 3 (1987), pp. 421-432.

Vargas Valdez, Jesús, "Los magonistas de Galeana, Chihuahua y la Revolución de 1910", *Cuadernos del Norte,* núm. 17 (1991), pp. 4-13.

Vargas-Lobsinger, María, *La Comarca Lagunera: de la Revolución a la expropiación de las haciendas, 1910-1940,* Serie de historia moderna y contemporánea, México, UNAM- INEHRM, 1999.

Vázquez Ramírez, Esther Martina, *Organización y resistencia popular en la ciudad de México,* México, INEHRM, 1996.

Villa, Guadalupe, "Durango y Chihuahua: los lazos financieros de una élite", en Ricardo León García (ed.), *Tercer Congreso Internacional de Historia Regional Comparada, 1991,* Ciudad Juárez, Universidad Autónoma de Ciudad Juárez, 1992, pp. 265-274.

Villarello Vélez, Ildefonso, *Historia de la Revolución mexicana en Coahuila,* México, INEHRM, 1970.

Vos, Jan de, "Una legislación de graves consecuencias. El acaparamiento de tierras baldías en México, con el pretexto de la colonización, 1821-1910", *Historia Mexicana,* XXXIC, núm. 1 (1984), pp. 76-80.

Walker, David W., "Homegrown Revolution: the Hacienda Santa Catalina del Alamo y Anexas and Agrarian Protest in Eastern Durango, Mexico, 1897-1913", *Hispanic American Historical Review,* LXXII, núm. 2 (1992), pp. 239-273.

Wasserman, Mark, *Capitalistas, caciques y Revolución. La familia Terrazas de Chihuahua, 1854-1911,* México, Grijalbo, 1978.

Wasserman, Mark, "The Social Origins of the 1910 Revolution in Chihuahua", *Latin American Research Review,* XV, núm. 1 (1980), pp. 15-38.

_____, "Strategies for Survival of the Porfirian Elite in Revolutionary Mexico: Chihuahua during the 1920s", *Hispanic American Historical Review,* LXVII, núm. 1 (1987), pp. 87-107.

_____, "Chihuahuan Politics in the Era of Transition", en Benjamin Thomas y Mark Wasserman (eds.), *Provinces of the Revolution: Essays on Regional Mexican History, 1910-1929,* Albuquerque, University of New Mexico Press, 1990, p. 220.

_____, "The Mexican Revolution: Region and Theory, Signifying Nothing?", *Latin American Research Review,* XXV, núm. 1 (1990), pp. 231-242.

_____, *Persistent Oligarchs: Elites and Politics in Chihuahua, Mexico, 1910-1940,* Durham, Duke University Press, 1993.

Wasserstrom, Robert, *Class Society and Society in Central Chiapas,* Berkeley, University of California Press, 1983.

Waterbury, Ronald, "Non-revolutionary Peasants: Oaxaca Compared to Morelos in the Mexican Revolution", *Comparative Studies in Society and History,* XVII, núm. 4 (1975), pp. 410-442.

Wells, Allen, *Yucatán's Gilded Age: Haciendas, Henequén and International Harvester. 1860-1915,* Albuquerque, University of New Mexico Press, 1984.

Wells, Allen y Gilbert M. Joseph, *Summer of Discontent, Seasons of Upheaval. Elite Politics and Rural Insurgency in Yucatán, 1876-1915,* Stanford, Stanford University Press, 1996.

Werne, Joseph Richard, "Esteban Cantú y la soberanía mexicana en Baja California", *Historia Mexicana,* XXX, núm. 1 (1980), pp. 1-32.

Zarauz López, Héctor, "El Porfiriato y la Revolución mexicana (1911-1912) en el Istmo de Tehuantepec", tesis de licenciatura, UNAM, 1993.

_____, "Heliodoro Charis y la Revolución en Juchitán (un proceso de rebelión e integración)", *Acervos,* II, núm. 6 (1997), pp. 19-23.

Zepeda Lecuona, Guillermo Raúl, *Constitucionalistas, Iglesia católica y derecho del trabajo en Jalisco,* México, INEHRM, 1997.

LA REVOLUCIÓN COMPARADA CON OTRAS REVOLUCIONES

Alperovich, M. S., "La Revolución mexicana en la interpretación soviética del periodo de la 'Guerra Fría'", *Historia Mexicana,* XLIV, núm. 4 (1995), pp. 677-690.

Blasier, Cole, "Studies of Social Revolution: Origins in Mexico, Bolivia and Cuba", *Latin American Research Review,* II, núm. 3 (1967), pp. 28-64.

Knight, Alan, "Social Revolution: a Latin American Perspective", *Bulletin of Latin American Research,* IX, núm. 2 (1990), pp. 175-202.

_____, "Revisionism and Revolution: Mexico Compared to England and France", *Past and Present,* núm. 134 (1992), pp. 159-199.

Migdal, Joe, *Peasants, Politics, and Revolutions: Pressures toward Political and Social Change in the Third World,* Princeton, Princeton University Press, 1974.

Tobler, Hans Werner, "La Revolución mexicana: algunas particularidades desde un punto de vista comparativo", *Revista Mexicana de Sociología,* LI, núm. 2 (1989), pp. 151-162.

Wolf, Eric, *Peasant Wars of the Twentieth Century,* Nueva York, Harper & Row, 1969.

Yánez Pineda, Juan, "La Revolución mexicana y las revoluciones marxistas", tesis de licenciatura, UNAM, 1979.

BIOGRAFÍAS

Salvador Alvarado

Alvarado, Salvador, *Mi actuación revolucionaria en Yucatán,* París, Librería de la Viuda de C. Bouret, 1918.

_____, *La reconstrucción de México; un mensaje a los pueblos de América,* 2 vols., México, J. Ballesca y Cía., 1919.

_____, *Actuación revolucionaria del general Salvador Alvarado en Yucatán,* México, Costa Amic, 1965.

Flores Vizcarra, Jorge y Otto Granados Roldán, *Salvador Alvarado y la Revolución mexicana,* Realidad Nacional, Culiacán, Universidad Autónoma de Sinaloa, 1980.

Orosa Díaz, Jaime, *Salvador Alvarado en la Revolución mexicana,* Mérida, Gobierno del Estado de Yucatán, 1980.

Paoli Bolio, Francisco José, *Yucatán y los orígenes del nuevo Estado mexicano: gobierno del general Salvador Alvarado. 1915-1918,* México, Era, 1984.

Tello Solís, Eduardo, *Gral. Salvador Alvarado, soldado y estadista,* Mérida, s. e., 1994.

Velázquez Estrada, Rosalía, *Salvador Alvarado,* Cuadernos Conmemorativos, Revolución, México, INEHRM, 1985.

Felipe Ángeles

Ángeles Contreras, Jesús, *El verdadero Felipe Ángeles,* Pachuca, Universidad Autónoma de Hidalgo, 1992.

Cervantes M., Federico, *Felipe Ángeles y la Revolución de 1913: biografía (1869-1919),* México, s. e., 1943.

Gálvez, Felipe, "Carta del General Felipe Ángeles en defensa del 'Charrito' Zapata, extraída de la Biblioteca de la Habana", *Proceso,* 21 de marzo de 1994, pp. 70-71.

Guilpain Peuliard, Odile, *Felipe Ángeles y los destinos de la Revolución mexicana* (prólogo de Adolfo Gilly), México, Fondo de Cultura Económica, 1991.

Hernández y Lazo, Begoña y Ramiro González, *Felipe Ángeles,* Cuadernos Conmemorativos, México, INEHRM, 1985.

Jackson, Byron, "The Political and Military Role of General Felipe Angeles in the Mexican Revolution", tesis doctoral, Universidad de Georgetown, 1976.

Lorenzo Monterrubio, Carmen, *Felipe Ángeles: una vida de controversia,* Los Ángeles, University of California Los Ángeles-University of California Irvine, 1990.

Matute Aguirre, Álvaro, *Documentos relativos a Felipe Ángeles,* México, Domés, 1982.

Mena Brito, Bernardino, *Felipe Ángeles, federal,* México, Publicaciones Herrerías, 1936.

_____, *El lugarteniente gris de Pancho Villa (Felipe Ángeles),* México, Distribuidora Casa Mariano Coll, 1938.

Luis Cabrera

Aguilar, José Ángel, *Luis Cabrera (semblanza y opiniones),* México, INEHRM, 1976.

Cabrera, Luis, *El pensamiento de Luis Cabrera,* México, INEHRM, 1960.

_____, *Obras completas,* 4 vols., México, Oasis, 1972-1975.

Luquín Romo, Eduardo (ed.), *El pensamiento de Luis Cabrera,* México, INEHRM, 1960.

• Meyer, Eugenia, "Los intelectuales de la Revolución: Luis Cabrera", *Revista Mexicana de Ciencias Políticas y Sociales,* XXXI, Nueva Época, núm. 122 (1985), pp. 81-89.

_____ (ed.), *Revolución e historia en la obra de Luis Cabrera: antología,* México, Fondo de Cultura Económica, 1994.

Uhthoff López, Luz María, "La situación financiera durante la Revolución mexicana, 1910-1920. El papel de Luis Cabrera y Rafael Nieto al frente de la Secretaría de Hacienda", tesis doctoral, UNAM, 1996.

_____, *Las finanzas públicas durante la Revolución: el papel de Luis Cabrera y Rafael Nieto al frente de la Secretaría de Hacienda,* México, Universidad Autónoma Metropolitana, 1998.

Lázaro Cárdenas

Anguiano Equihua, Victoriano, *Lázaro Cárdenas: su feudo y la política nacional,* México, Eréndira, 1951.

Bautista Zane, Refugio, *Educación y Revolución en Michoacán: la gubernatura del general Lázaro Cárdenas, 1928-1932,* México, Universidad Autónoma de Chapingo, 1991.

Benítez, Fernando, *Lázaro Cárdenas y la Revolución mexicana,* 3 vols., México, Fondo de Cultura Económica, 1984.

Cárdenas, Lázaro, *Seis años de gobierno al servicio de México, 1934-1940,* México, Talleres Tipográficos de El Nacional, 1940.

_____, *Ideario político,* México, Era, 1972.

_____, *Epistolario,* 2 vols., México, Siglo XXI, 1974.

_____, *Obras,* 6 vols., México, UNAM, 1976.

_____, *Palabras y documentos públicos, 1928-1970,* 2 vols., México, Siglo XXI, 1978-1979.

_____, *Apuntes* (prefacio de Gastón García Cantú. Introducción de Cuauhtémoc Cárdenas), 4 vols., Nueva Biblioteca Mexicana, México, UNAM, 1986.

Cortés Zavala, María Teresa, *Lázaro Cárdenas y su proyecto cultural en Michoacán, 1930-1950,* Centenario, Morelia, Universidad Michoacana de San Nicolás de Hidalgo, 1995.

Ginzberg, Eitan, "Integración social y política: Lázaro Cárdenas, gobernador de Michoacán", *Cuadernos Americanos,* LVIII, nueva época (1996), 60-91.

_____, "Ideología, política y la cuestión de las prioridades: Lázaro Cárdenas y Adalberto Tejeda, 1928-1934", *Mexican Studies / Estudios Mexicanos,* XIII, núm. 1 (1997), pp. 55-85.

_____, "Abriendo nuevos surcos: ideología, política y labor social de Lázaro Cárdenas en Michoacán, 1928-1932", *Historia Mexicana,* XLVIII, núm. 3 (1999), pp. 567-633.

_____, *Lázaro Cárdenas gobernador de Michoacán, 1928-1932,* Zamora, El Colegio de Michoacán-Universidad Michoacana de San Nicolás de Hidalgo, 1999.

González Navarro, Moisés, "La obra social de Lázaro Cárdenas", *Historia Mexicana,* XXXIV, núm. 2 (1984), pp. 353-374.

Guerra Manzo, Enrique, "La gubernatura de Lázaro Cárdenas en Michoacán (1928-1932), una vía agrarista moderada", *Secuencia,* núm. 45 (1999), pp. 131-166.

Hermida Ruiz, Ángel J., *Cárdenas, comandante del Pacífico,* Fragua Mexicana, México, El Caballito, 1982.

Krauze, Enrique, *Lázaro Cárdenas. General misionero,* Biografía del poder, México, Fondo de Cultura Económica, 1987.

Medin, Tzvi, *Ideología y praxis de Lázaro Cárdenas,* México, Siglo XXI, 1973.

Mentz, Brígida von, Daniela Spencer y Ricardo Pérez Montfort, *Los empresarios alemanes, el Tercer Reich y la oposición de derecha de Cárdenas,* 2 vols., México, CIESAS, 1988.

Michaels, Albert L., "Cárdenas y la lucha por la independencia económica de México", *Historia Mexicana,* XVIII, núm. 1 (1968), pp. 56-78.

Morgan, Hugh Joseph, "The United States Press Coverage of Mexico During the Presidency of Lázaro Cárdenas, 1934-1940", tesis doctoral, Universidad del Sur de Illinois, 1985.

Pérez Montfort, Ricardo, *Por la patria y por la raza. La derecha secular en el sexenio de Lázaro Cárdenas,* México, UNAM, 1993.

• Romero Flores, Jesús, *Lázaro Cárdenas: biografía de un gran mexicano,* México, Costa Amic, 1971.

Sierra Villarreal, José Luis, "Cárdenas y el reparto de los henequenales", *Secuencia,* núm. 6 (1986), pp. 33-60.

Sosenski, Gregorio, "Múgica, Cárdenas y Trotski. Correspondencia entre revolucionarios", *Sólo Historia,* abril-junio de 2001, 64-73.

Spencer, Allan Alexander, "The Mexican Revolution under Lázaro Cárdenas: Strategies of Institutionalization", Universidad de Pittsburgh, 1990.

• Townsend, William, *Lázaro Cárdenas, Mexican Democrat,* Ann Arbor, G. Wahr, 1952.

Venustiano Carranza

Aguirre Berlanga, Manuel, *Génesis legal de la Revolución constitucionalista,* México, Imprenta Nacional, 1918.

Amaya, Juan Gualberto, *Venustiano Carranza, caudillo constitucio-*

nalista: segunda etapa, febrero de 1913 a mayo de 1920, México, s. e., 1947.

Barragán Rodríguez, Juan, *Historia del ejército y de la Revolución constitucionalista,* 3 vols., México, INEHRM, 1985-1986.

Beezley, William H., "Governor Carranza and the Revolution in Coahuila", *The Americas,* XXXIII, núm. 1 (1976), pp. 50-61.

Benson, Nettie Lee, "The Preconstitutional Regime of Venustiano Carranza, 1913-1917", tesis de maestría, Universidad de Texas, 1936.

Beteta, Ramón, *Camino a Tlaxcalantongo,* México, Fondo de Cultura Económica, 1961.

Breceda, Alfredo, *Don Venustiano Carranza. Rasgos biográficos en 1912,* México, Talleres Gráficos de la Nación, 1930.

Bustillo Bernal, Ángel, *La Revolución mexicana en el Istmo de Tehuantepec y realidades en las muertes del C. Gral. don Jesús Carranza, su hijo y su sobrino y del C. Lic. d. José F. Gómez ("Ché Gómez"), caudillo juchiteco,* México, Editora Mexicana de Periódicos, Libros y Revistas, 1968.

Cárdenas García, Nicolás, "De Sonora a Palacio Nacional: el conflicto Carranza-Obregón", tesis de licenciatura, ENEP Acatlán, 1984.

Carranza Castro, Jesús, *Origen, destino y legado de Carranza,* México, Costa Amic, 1977.

Carranza, Venustiano, *Plan de Guadalupe. Decretos y Acuerdos, 1913-1917,* México, Secretaría de Gobernación, 1981.

_____, "Mensaje del Primer Jefe ante el Constituyente, 1916", en Felipe Tena Ramírez (ed.), *Leyes fundamentales de México, 1808-1999,* México, Porrúa, 1999, pp. 745-764.

Casasola, Gustavo, *Biografía ilustrada de don Venustiano Carranza,* México, G. Casasola, 1974.

Coahuila, Gobierno del Estado de (ed.), *Carranza, vigencia de una obra. Testimonio de un itinerario político,* Saltillo, Gobierno del Estado de Coahuila, 2001.

Cumberland, Charles, *Mexican Revolution. The Constitutionalist Years,* Austin, University of Texas Press, 1972.

Fabela, Isidro, *Biblioteca Isidro Fabela,* 17 vols., Toluca, Instituto Mexiquense de Cultura, 1994.

Falcón Vega, Romana, Javier Villarreal Lozano, Berta Ulloa *et al., Avances historiográficos en el estudio de Venustiano Carranza,* Saltillo, Fondo Editorial Coahuilense, 1996.

Gasque Sol, Jorge R., "Trascendencia del pensamiento social y jurídico de don Venustiano Carranza y su influencia en la integración del Derecho agrario de la Revolución mexicana", tesis de licenciatura, UNAM, 1969.

Gilderhus, Mark Theodore, "Carranza and the Decision to Revolt, 1913: A Problem in Historical Interpretation", *The Americas,* XXXIII, núm. 2 (1976), pp. 298-310.

González, Manuel W., *Con Carranza. Episodios de la Revolución constitucionalista, 1913-1914,* Monterrey, Talleres J. Cantú Leal, 1933.

Grieb, Kenneth, "The Causes of the Carranza Rebellion: A Reinterpretation", *The Americas,* XXV, núm. 1 (1968), pp. 25-32.

Hall, Linda B., "Obregón y Carranza: personalidad en el desenlace de la Revolución mexicana", *Secuencia,* núm. 3 (1985), pp. 29-36.

Irigoyen Millán, Patricia, "El Plan de Guadalupe. Continuación del movimiento revolucionario o de la consolidación de Carranza en el poder", *Sólo Historia,* mayo-junio de 1999, pp. 40-43.

Jeffries, William James, "The Program and Policies of Venustiano Carranza in the Mexican Revolution", tesis de maestría, Universidad de California, 1959.

José Valenzuela, Georgette, *Venustiano Carranza,* México, Instituto Nacional de Estudios Históricos de la Revolución mexicana, 1985.

Junco, Alfonso, *Carranza y los orígenes de su rebelión,* México, Botas, 1955.

Krauze, Enrique, *Venustiano Carranza. Puente entre siglos,* Biografía del poder, México, Fondo de Cultura Económica, 1987.

Martínez Colín, María Luisa de Fátima, "Carranza ante el problema de Columbus", *Sólo Historia,* mayo-junio de 1999, pp. 44-47.

Mellado, Guillermo, *Tres etapas políticas de don Venustiano; campañas del cuerpo del Ejército de Oriente,* México, s. e., 1916.

Mena Brito, Bernardino, *Carranza: sus amigos, sus enemigos,* México, Botas, 1935.

_____, *Ocho diálogos con Carranza,* México, Botas, 1964.

Moguel, Josefina (ed.), *Venustiano Carranza. Antología,* México, Gobierno del Estado de Querétaro-INEHRM, 1986.

_____, *Venustiano Carranza, primer jefe y presidente,* Saltillo, Consejo Editorial del Gobierno del Estado de Coahuila, 1995.

Osorio Marbán, Miguel, *Carranza, soberanía y petróleo,* México, PRI, 1994.

Reyes, Rodolfo, "Carranza sin ligas con Reyes", *El Nacional,* 1° de junio de 1949, pp. 1, 3.

_____, "Carranza reyista", *Todo,* 18 de marzo de 1954, p. 14.

Richmond, Douglas W., "El nacionalismo de Carranza y los cambios socioeconómicos, 1915-1920", *Historia Mexicana,* XXVI, núm. 1 (1976), pp. 107-131.

_____, "The First Chief and Revolutionary Mexico: The Presidency of Venustiano Carranza, 1915-1920", tesis doctoral, Universidad de Washington, D. C., 1976.

_____, "Carranza. The Authoritarian Populist as Nationalist President", en George Wolfskill y Douglas W. Richmond (eds.), *Essays on the Mexican Revolution: Revisionist Views of the Leaders,* Austin, University of Texas Press, 1979, pp. 47-80.

_____, *Venustiano Carranza's Nationalist Struggle, 1893-1920,* Lincoln, University of Nebraska Press, 1983.

_____, "The Carrancistas Struggle against Huertistas and Villistas in Coahuila, 1910-1920", *Eslabones. Revista Semestral de Estudios Regionales,* 15 (1998), pp. 32-47.

_____, "Venustiano Carranza ante la Revolución y ante el mundo", *Sólo Historia,* mayo-junio de 1999, pp. 10-17.

_____, "Carranza ante la historiografía y la historia", en Jaime Bailón Corres, Carlos Martínez Assad y Pablo Serrano Álvarez (eds.), *El siglo de la Revolución mexicana,* II, México, Instituto Nacional de Estudios Históricos de la Revolución mexicana, 2000, pp. 351-360.

Román, Julia, *Carranza. La Revolución constitucionalista,* México, s. e., 1981.

Ross, Stanley Robert, "La muerte de Jesús Carranza", *Historia Mexicana*, VII, núm. 1 (1957), pp. 20-44.

Ruiz Cervantes, Francisco José, "Ojos sobre el Sur, Carranza y los oaxaqueños", *Eslabones. Revista Semestral de Estudios Regionales*, núm. 2 (1991), pp. 134-140.

Solano Martino, Lucrecia, "La muerte de Venustiano Carranza: entre los recuerdos del porvenir y la memoria del pasado", tesis de maestría, Universidad Iberoamericana, 1999.

Taracena, Alfonso, *Carranza contra Madero*, México, Editorial Bolívar, 1934.

_____, *Venustiano Carranza*, México heroico, México, JUS, 1963.

Ulloa, Berta, "Carranza y el armamento norteamericano", *Historia Mexicana*, XVII, núm. 2 (1967), pp. 253-262.

Urquizo, Francisco Luis, *Don Venustiano Carranza: el hombre, el político, el caudillo*, Pachuca, Ediciones del Instituto Científico y Literario, 1935.

_____, *Asesinato de Carranza. Tenía una cita con la traición y la muerte en la serranía poblana*, México, Populibros La Prensa, 1969.

Felipe Carrillo Puerto

Betancourt Pérez, Antonio, *El asesinato de Carrillo Puerto: refutación a las tesis sustentadas por el escritor Roque Sosa Ferreyro en su libro 'El crimen del miedo'*, Mérida, Imprenta Zamora, 1974.

Bolio Ontiveros, Edmundo, *De la cuna al paredón. Anecdotario de la vida, muerte y gloria de Felipe Carrillo Puerto*, Mérida, Gobierno del Estado de Yucatán, 1973.

Castillo Torre, José, *A la luz del relámpago. Ensayo de biografía subjetiva de Carrillo Puerto*, México, Botas, 1934.

Cetina Sierra, José Adonai, *Felipe Carrillo Puerto. Demócrata, líder, maestro, hermano*, Mérida, Talleres Gráficos del Sureste, 1983.

Civeira Taboada, Miguel, *Felipe Carrillo Puerto. Mártir del proletariado nacional*, México, Liga de Economistas Revolucionarios, 1986.

Duarte, José D., *¿Fatalismo...? Obra histórica que contiene: el movimiento delahuertista en Yucatán; salida del gobernador Carrillo Puerto y compañeros, captura de éstos, consejo sumarísimo, sentencia y ejecuciones*, Mérida, s. e., 1924.

José Valenzuela, Georgette, *Felipe Carrillo Puerto*, Cuadernos Conmemorativos, Revolución, México, INEHRM, 1985.

Manzanilla Domínguez, Anastasio [Hugo Sol], *El comunismo en México y el archivo de Carrillo Puerto*, México, s. e., 1955.

Pacheco Cruz, Santiago, *Recuerdos de la propaganda constitucionalista en Yucatán, con una semblanza de la vida, actuación, y asesinato del gobernador Felipe Carrillo Puerto; apuntes históricos*, Mérida, s. e., 1953.

Sandoval, Guillermo y Jorge Mantilla Gutiérrez, *Felipe Carrillo Puerto. Ensayo biográfico. (Vida y obra)*, Mérida, Universidad Autónoma de Yucatán, 1994.

Sosa Ferreyro, Roque, *El crimen del miedo: reportaje histórico, cómo y por qué fue asesinado Felipe Carrillo Puerto*, México, Costa Amic, 1969.

Saturnino Cedillo

Ankerson, Dudley, *Agrarian Warlord: Saturnino Cedillo and the Mexican Revolution in San Luis Potosí,* DeKalb, Northern Illinois University Press, 1984.

• _____, *El caudillo agrarista: Saturnino Cedillo y la Revolución mexicana en San Luis Potosí,* México, Gobierno del Estado de San Luis Potosí, 1994.

Lerner Sigal, Victoria, "Los fundamentos socioeconómicos del cacicazgo en el México postrevolucionario. El caso de Saturnino Cedillo", *Historia Mexicana,* XXIX, núm. 3 (1980), pp. 376-446.

Martínez Assad, Carlos, *Los rebeldes vencidos: Cedillo contra el estado cardenista,* México, Fondo de Cultura Económica, 1990.

Pérez Montfort, Ricardo, "Notas sobre la rebelión cedillista", en *Anuario del Colegio de Historia,* México, UNAM, 1984.

Rojas Nieto, Beatriz, *La pequeña guerra. Los Carrera Torres y los Cedillo,* Zamora, El Colegio de Michoacán, 1983.

Plutarco Elías Calles

Amaya, Juan Gualberto, *Los gobiernos de Obregón, Calles y regímenes "peleles" derivados del callismo. Tercera etapa 1920 a 1935,* México, s. e., 1947.

Calles, Plutarco Elías, *Pensamiento político y social. Antología,* México, Patria, 1939.

Herrera Serna, Laura, "Plutarco Elías Calles y su política agraria", *Secuencia,* núm. 4 (1986), pp. 42-65.

José Valenzuela, Georgette, *De la Huerta contra Obregón y Calles,* México, UNAM, 1982.

Krauze, Enrique, *Plutarco Elías Calles. Reformar desde el origen,* Biografía del poder, México, Fondo de Cultura Económica, 1987.

Loyola Díaz, Rafael, *La crisis Obregón-Calles y el Estado mexicano,* México, Siglo XXI, 1980.

• Macías Richard, Carlos, *Vida y temperamento: Plutarco Elías Calles,* México, Instituto Sonorense de Cultura-Gobierno del Estado de Sonora-Fideicomiso Archivos Plutarco Elías Calles y Fernando Torreblanca-Fondo de Cultura Económica, 1995.

Ricardo Flores Magón

Albro, Ward S., *Always a Rebel: Ricardo Flores Magón and the Mexican Revolution,* Forth Worth, Christian University Press, 1992.

Barrera Fuentes, Florencio, *Ricardo Flores Magón. El apóstol cautivo,* México, INEHRM, 1973.

Bartra, Armando, "Ricardo Flores Magón en el centenario de su muerte", *Siempre,* 6 de diciembre de 1972, pp. I-VIII.

Blanquel F., Eduardo, "El pensamiento político de Ricardo Flores Magón, precursor de la Revolución mexicana", tesis de maestría, UNAM, 1963.

Cadenhead, Ivie, "Flores Magón y el periódico The Appeal to Reason", *Historia Mexicana*, XIII, núm. 1 (1964), pp. 88-93.

Carbó Darnaculleta, Margarita, "El magonismo en la Revolución mexicana", tesis de licenciatura, UNAM, 1964.

_____, "¡Viva la tierra y libertad!: la utopía magonista", *Boletín Americanista*, XXXVII, núm. 47 (1997), pp. 91-100.

Carrillo Azpeitia, Rafael, *Ricardo Flores Magón: esbozo biográfico*, México, Librería Navarro, 1945.

Cué Cánovas, Agustín, *Ricardo Flores Magón, la Baja California y los Estados Unidos*, México, Libro-Mex Editores, 1957.

England, Shawn Louis, "Anarchy, Anarcho-Magonismo, and the Mexican Peasant: The Evolution of Ricardo Flores Magon's Revolutionary Philosophy", tesis de maestría, Universidad de Calgary, 1995.

Escobedo Cetina, Humberto, *Ricardo Flores Magón: semblanza biográfica*, Oaxaca, H. Ayuntamiento de Oaxaca, 1997.

Flores Magón, Ricardo, *La Revolución mexicana*, ed. Adolfo Sánchez Rebolledo, México, Grijalbo, 1970.

_____, *1914: La intervención americana en México*, México, Ediciones Antorcha, 1981.

_____, *Artículos políticos, 1910*, México, Ediciones Antorcha, 1983.

Gómez Quiñones, Juan, *Sembradores: Ricardo Flores Magón y el Partido Liberal Mexicano. A Eulogy and Critique*, Los Ángeles, Aztlán Publications, 1973.

González Monroy, Jesús, *Ricardo Flores Magón y su actitud en la Baja California*, México, Academia Literaria, 1962.

• MacLachlan, Colin M., *Anarchism and the Mexican Revolution: The Political Trials of Ricardo Flores Magón in the United States* (prólogo de John Mason Hart), Berkeley, University of California Press, 1991.

Mendoza Tello, José Antonio, "La Revolución mexicana en la perspectiva del Partido Liberal Mexicano y el floresmagonismo 1905-1911", tesis de licenciatura, UNAM, 2000.

Turner, Ethel Duffy, *Ricardo Flores Magón y el Partido Liberal Mexicano*, Morelia, Avanti, 1960.

Valadés, José C., *El joven Ricardo Flores Magón*, México, Extemporáneos, 1983.

Tomás Garrido Canabal

Abascal, Salvador, *Tomás Garrido Canabal: sin Dios, sin curas, sin iglesias, 1919-1935*, México, Tradición, 1987.

González Calzada, Manuel, *Tomás Garrido (al derecho y al revés)*, México, Publicaciones y Ediciones Españolas, 1940.

Kirshner, Alan Michael, *Tomás Garrido Canabal y el movimiento de las camisas rojas*, México, Secretaría de Educación Pública, 1976.

• Pérez Bertruy, Ramona Isabel, *Tomás Garrido Canabal y la conformación del poder revolucionario tabasqueño, 1914-1921*, Villahermosa, Gobierno del Estado de Tabasco, 1993.

Ridgeway, Stanley Rex, "The Cooperative Republic of Tomas Garrido

Canabal: Developmentalism and the Mexican Revolution", tesis doctoral, Universidad de Carolina del Norte, 1996.

Adolfo de la Huerta

Arriola, Enrique, *La rebelión delahuertista,* México, Secretaría de Educación Pública-Martín Casillas, 1983.

Capetillo, Alonso, *La rebelión sin cabeza: génesis y desarrollo del movimiento delahuertista,* México, Botas, 1925.

Castro Martínez, Pedro Fernando, *Adolfo de la Huerta y la Revolución mexicana,* Biografías, México, INEHRM-Universidad Autónoma Metropolitana, 1992.

_____, "La intervención olvidada: Washington en la rebelión delahuertista", *Secuencia,* núm. 34 (1996), pp. 63-91.

_____, "Adolfo de la Huerta: imágenes de su penúltima rebelión (1923-1924)", *Secuencia,* núm. 45 (1999), pp. 101-130.

García Morales, Soledad, *La rebelión delahuertista en Veracruz, 1923,* Biblioteca Universidad Veracruzana, Xalapa, Universidad Veracruzana, 1986.

Hall, Linda B., "Obregón y De la Huerta", *Boletín del Fideicomiso Archivos Plutarco Elías Calles y Fernando Torreblanca,* núm. 8 (1992), pp. 1-32.

● José Valenzuela, Georgette, *De la Huerta contra Obregón y Calles,* México, UNAM, 1982.

Trujillo, Rafael, *Adolfo de la Huerta y los Tratados de Bucareli,* México, Porrúa, 1957.

Victoriano Huerta

Arenas Guzmán, Diego, *El régimen del general Huerta en proyección histórica,* México, INEHRM, 1970.

De cómo vino Huerta y cómo se fué...: apuntes para la historia de un régimen militar (prólogo de Luis Martínez Fernández del Campo), México, El Caballito, 1975.

Doblado, Manuel, *México para los mexicanos. El presidente Huerta y su gobierno; documentos para la historia de la tercera independencia mexicana,* México, Imprenta de Antonio Enríquez, 1913.

Grieb, Kenneth, *The United States and Huerta,* Lincoln, University of Nebraska Press, 1969.

Langle Ramírez, Arturo, *El militarismo de Victoriano Huerta,* México, UNAM, 1976.

● Meyer, Michael C., *Huerta. A Political Portrait,* Lincoln, University of Nebraska Press, 1972.

Rausch, George J. Jr., "The Exile and Death of Victoriano Huerta", *Hispanic American Historical Review,* XLII, núm. 2 (1962), pp. 133-151.

Ross, Stanley Robert, "Victoriano Huerta visto por su compadre", *Historia Mexicana,* XII, núm. 2 (1963), pp. 296-321.

● Sherman, William L. y Richard E. Greenleaf, *Victoriano Huerta: a reappraisal,* México, Centro de Estudios Mexicanos, 1960.

Francisco I. Madero

Aguilar y Santillán, Rafael, *Madero sin máscara,* México, Imprenta Popular, 1911.

Aguirre Benavides, Adrián, *Madero el inmaculado: historia de la Revolución de 1910,* México, Diana, 1962.

_____, *Errores de Madero,* México, JUS, 1980.

Aguirre Benavides, Luis, *De Francisco I. Madero a Francisco Villa,* México, Del Bosque Impresor, 1966.

Amaya, Juan Gualberto, *Madero y los auténticos revolucionarios de 1910, hasta la Decena Trágica y fin del general Pascual Orozco,* México, s. e., 1946.

Arnaiz y Freg, Arturo, *Madero y Pino Suárez en el cincuentenario de su sacrificio, 1913-1963. Testimonios históricos,* México, Secretaría de Educación Pública, 1963.

Boggs, Kevin William, "The Madero revolution: Overcoming Obstacles on both Sides of the Border", tesis de maestría, Universidad de Michigan, 1992.

Bonilla, Manuel, *Diez años de guerra: sinopsis de la historia verdadera de la Revolución mexicana. Primera parte 1910-1913,* Mazatlán, 1922.

Bonilla, Manuel, Jr., *El régimen maderista,* México, Talleres Linotipográficos de El Universal, 1922.

Calvert, Peter, "Francis Stronge en la Decena Trágica", *Historia Mexicana,* XV, núm. 1 (1965), pp. 47-68.

Canudas, Enrique, *1910: la elección de una muerte anunciada,* México, Universidad Autónoma Metropolitana, 1999.

Cárdenas García, Nicolás, *Francisco I. Madero,* Cuadernos Conmemorativos, México, INEHRM, 1985.

Cumberland, Charles, *Mexican Revolution. Genesis under Madero,* Austin, University of Texas Press, 1952.

Estrada, Roque, *La Revolución y Francisco I. Madero. Primera, segunda y tercera etapas,* Guadalajara, Imprenta Americana, 1912.

Fernández Guell, Rogelio, *El moderno Juárez. Estudio sobre la personalidad de Francisco I. Madero,* México, Tipografía Artística, 1911.

Fuentes Aguirre, Armando, *Madero. Caudillo civil de la Revolución,* México, INEHRM, 1973.

Garciadiego Dantán, Javier, "Las paradojas de Madero. ¿Político mediocre y/o personaje histórico?", *Nuestro Siglo,* abril-junio de 2002, pp. 50-63.

Gómez López, Carlos G., "Madero y el cuarto poder", tesis de licenciatura, UNAM, 1988.

González Navarro, Moisés, "El maderismo y la revolución agraria", *Historia Mexicana,* XXXVII, núm. 1 (1987), pp. 5-27.

Katz, Friedrich, "Madero y Villa: el nacimiento de una relación ambigua", *Milenio Semanal,* 12 de octubre de 1998, pp. 55-58.

Knudson, Jerry W., "When did Francisco I. Madero Decide on Revolution?", *The Americas,* XXX, núm. 4 (1974), pp. 529-534.

Krauze, Enrique, *Francisco I. Madero. Místico de la libertad,* Biografía del poder, México, Fondo de Cultura Económica, 1987.

LaFrance, David G., "Madero, Serdán y los albores del movimiento revolucionario en Puebla", *Historia Mexicana,* XXIX, núm. 3 (1980), pp. 472-512.

LaFrance, David G., "A People Betrayed: Francisco I. Madero and the Mexican Revolution in Puebla", tesis doctoral, Universidad de Indiana, 1984.

Lamicq, Pedro, *Madero por uno de sus íntimos,* México, Oficina Editorial Azteca, 1914.

List Arzubide, Germán, *El México de 1910: el maderismo* (prólogo de Luis Álvarez Barret), México, Ediciones Conferencia, 1963.

López Portillo y Rojas, José, *Madero,* México, Partido Revolucionario Institucional, 1976.

MacGregor, Josefina, "Madero es simplemente Madero, lo que no es poco", *Nuestro Siglo,* abril-junio de 2002, pp. 40-49.

Madero, Francisco I., *Epistolario,* 2 vols., México, Secretaría de Hacienda y Crédito Público, 1985.

Márquez Sterling, Manuel, "La democracia de Madero", *Nuestro Siglo,* abril-junio de 2002, pp. 70-75.

Martínez, Rafael, *Madero, su vida y su obra. Apuntes para un capítulo de la historia nacional contemporánea,* Monterrey, s. e., 1914.

Martínez, Rafael y Carlos Samper, *Páginas de verdad y de justicia. Madero, el sembrador de ideales. Alborada democrática. La Decena Roja. Epílogo de una infamia. Ante la Historia,* Laredo, Laredo Publishing Co., 1913.

Pérez Montfort, Ricardo, "Francisco I. Madero. 1908-1913. Una mirada desde las expresiones populares", *Nuestro Siglo,* abril-junio de 2002, pp. 14-31.

Rodríguez Kuri, Ariel, "El discurso del miedo: *El Imparcial* y Francisco I. Madero", *Historia Mexicana,* XL, núm. 4 (1989), pp. 697-740.

Romero Flores, Jesús, *Don Francisco I. Madero. Apóstol de la democracia,* México, INEHRM, 1973.

Rosales, José Natividad, *Madero y el espiritismo,* México, Posada, 1973.

• Ross, Stanley Robert, *Francisco I. Madero. Apostle of Mexican Democracy,* Nueva York, Columbia University Press, 1955.

Serrano Álvarez, Pablo, "Madero, el ideal democrático y la identidad histórica revolucionaria", *Nuestro Siglo,* abril-junio de 2002, pp. 32-39.

Taracena, Alfonso, *Carranza contra Madero,* México, Editorial Bolívar, 1934.

_____, *Madero, víctima del imperialismo yanqui,* México, Librera, 1960.

_____, *Francisco I. Madero,* México, Porrúa, 1969.

Valadés, José C., *Imaginación y realidad de Francico I. Madero,* 2 vols., México, Antigua Librería Robledo, 1960.

Vela González, Francisco, "La quincena trágica de 1913", *Historia Mexicana,* XII, núm. 3 (1963), pp. 440-453.

Francisco J. Múgica

Maria y Campos, Armando de, *Múgica, crónica biográfica,* México, Ediciones Populares, 1939.

Múgica Martínez, Jesús, *Francisco J. Múgica, constituyente 1916-1917,* Morelia, s. e., 1994.

Sosenski, Gregorio, *La cuarta frontera de Baja California y el gobierno sudpeninsular de Francisco J. Múgica. 1941-1945,* México, INEHRM, 2001.

_____, "Múgica, Cárdenas y Trotski. Correspondencia entre revolucionarios", *Sólo Historia,* abril-junio de 2001, pp. 64-73.

Álvaro Obregón

Acevedo de la Llata, Concepción, *Obregón, memorias inéditas,* México, Libro-Mex Editores, 1957.

_____, *Yo, la madre Conchita,* México, Contenido, 1974.

Aguilar Mora, Jorge, *Un día en la vida del general Obregón,* México, Universidad Pedagógica Nacional, 1992.

Amaya, Juan Gualberto, *Los gobiernos de Obregón, Calles y regímenes "peleles" derivados del callismo. Tercera Etapa 1920 a 1935,* México, s. e., 1947.

• Bassols, Narciso, *El pensamiento político de Álvaro Obregón,* México, Nuestro Tiempo, 1967.

Cárdenas García, Nicolás, "De Sonora a Palacio Nacional: el conflicto Carranza-Obregón", tesis de licenciatura, ENEP Acatlán, 1984.

Dillon, E. J., *President Obregón. A World Reformer,* Boston, Small, Maynard and Company, 1923.

Hall, Linda B. "Álvaro Obregón and the Mexican Revolution 1912-1920: The Origins of Institutionalization", tesis doctoral, Universidad de Columbia, 1976.

_____, *Álvaro Obregón. Power and Revolution in Mexico, 1911-1920,* College Station: Texas A&M University Press, 1981.

_____, "Obregón y Carranza: personalidad en el desenlace de la Revolución mexicana", *Secuencia,* núm. 3 (1985), pp. 29-36.

_____, "Obregón y De la Huerta", *Boletín del Fideicomiso Archivos Plutarco Elías Calles y Fernando Torreblanca,* núm. 8 (1992), pp. 1-32.

Hansis, Randall George, "Álvaro Obregón, the Mexican Revolution and the Politics of Consolidation, 1920-1924", tesis doctoral, Universidad de Nuevo México, 1971.

José Valenzuela, Georgette, *De la Huerta contra Obregón y Calles,* México, UNAM, 1982.

Krauze, Enrique, *Álvaro Obregón. El vértigo de la victoria,* Biografía del poder, México, Fondo de Cultura Económica, 1987.

Latapí de Kuhlmann, Paulina, "La testamentaría de Álvaro Obregón en una época de crisis", *Estudios de Historia Moderna y Contemporánea de México,* núm. 19 (1999), 159-176.

Loyola Díaz, Rafael, *La crisis Obregón-Calles y el Estado mexicano,* México, Siglo XXI, 1980.

Mena, Mario, *Álvaro Obregón. Historia militar y política, 1912-1929,* México, JUS, 1999.

Ortoll, Servando, "Rosalie Evans contra el gobierno de Álvaro Obregón", *Eslabones. Revista Semestral de Estudios Regionales,* núm. 2 (1991), pp. 98-107.

Prieto Riodelaloza, Raúl, *Álvaro Obregón resucita. De los Tratados de Bucareli al Tratado de Libre Comercio,* México, Daimon, 1993.

Randall, George, "Álvaro Obregón The Mexican Revolution and the Politics of Consolidation 1920-1924", tesis doctoral, Universidad de Nuevo México, 1971.

Rosas Sánchez, Javier, "Álvaro Obregón: el último caudillo de la Revolución mexicana", tesis de licenciatura, UNAM, 1971.

José María Pino Suárez

Poblet Miranda, Martha, *José María Pino Suárez. Semblanza,* México, INEHRM, 1986.

Bernardo Reyes

Ayón Zester, Francisco, *Reyes y el reyismo,* Guadalajara, Font, 1980.

• Benavides Hinojosa, Artemio, *El general Bernardo Reyes. Vida de un liberal porfirista,* Monterrey, Ediciones Castillo, 1998.

Bryan, Anthony, "Mexican Politics in Transition, 1900-1913: The Role of General Bernardo Reyes", tesis doctoral, Universidad de Nebraska, 1970.

Niemeyer, Víctor E., *El general Bernardo Reyes,* México, Gobierno del Estado de Nuevo León, 1966.

Sadler, Louis R., "The 1911 Reyes Conspiracy: The Texas Side", *South-Western Historical Quarterly,* LXXXIII, núm. 4 (1980), pp. 329-347.

José Vasconcelos

Bravo Ugarte, José. "Historia y odisea vasconcelista", *Historia Mexicana,* X, núm. 4 (1961), pp. 533-556.

• Fell, Claude, *José Vasconcelos: los años del águila, 1920-1925. Educación, cultura e iberoamericanismo en el México postrevolucionario,* México, UNAM, 1989.

Iglesias, Augusto, *Vasconcelos, Gabriela Mistral y Santos Chocano. Un filósofo y dos poetas en la encrucijada* (prólogo de Luis Javier Garrido), México, Clásica Selecta Editora Librera, 1967.

Krauze, Enrique, "Pasión y contemplación en Vasconcelos (primera parte)", *Vuelta,* mayo-junio de 1983, pp. 12-19.

_____, "Pasión y contemplación en Vasconcelos (segunda parte)", *Vuelta,* julio-agosto de 1983, pp. 16-26.

Marentes, Luis A., "Narrativizing the Storm: José Vasconcelos and the Writing of the Mexican Revolution", tesis doctoral, Universidad de Texas, 1994.

_____, *José Vasconcelos and the Writing of the Mexican Revolution,* Nueva York, Twayne Publishers, 2000.

Matute Aguirre, Álvaro, *José Vasconcelos y la Universidad de México,* México, UNAM-IPN, 1987.

Mendoza Escobar, Guillermo, "José Vasconcelos: un controvertido de la historia. Ensayo sobre su participación en la Revolución mexicana", tesis de licenciatura, UNAM, 1995.

Phillips, Richard Baker, "José Vasconcelos and the Mexican Revolution of 1910", tesis doctoral, Universidad de Stanford, 1953.

Puga, Cristina, "Los intelectuales de la Revolución: José Vasconcelos", *Revista Mexicana de Ciencias Políticas y Sociales,* XXXI, Nueva Época, núm. 122 (1985), pp. 94-97.

Rivas Mercado, Antonieta, *La campaña de Vasconcelos,* México, Oasis, 1982.

Ruiz D., Ángeles, "Vasconcelos durante la Revolución mexicana", tesina de maestría, Universidad de Chicago, 1982.

• Skirius, John, *José Vasconcelos y la cruzada de 1929,* traducido por Félix Blanco, México, Siglo XXI, 1978.

Taracena, Alfonso (ed.), *Cartas políticas de José Vasconcelos,* México, Clásica Selecta, 1959.

_____, *José Vasconcelos,* México, Porrúa, 1982.

Vasconcelos, José, *Obras completas,* México, Libreros Mexicanos Unidos, 1957-1961.

• _____, *Ulises criollo* (edición crítica de Claude Fell), México, Fondo de Cultura Económica, 2000.

Pancho Villa

Agetro, Leafar [Rafael Ortega C.], *Verdades históricas. ¿Quién es Francisco Villa?,* Dallas, Gran Imprenta Políglota, 1916.

Aguilar, José Ángel (ed.), *En el centenario del nacimiento de Francisco Villa,* México, INEHRM, 1978.

Aguilar Mora, Jorge, "Villa. El hombre raro ese: una visión del guerrero", *Proceso,* 27 de agosto de 1984, pp. 60-61.

Aguirre Benavides, Luis, *De Francisco I. Madero a Francisco Villa,* México, Del Bosque Impresor, 1966.

Aguirre Benavides, Luis y Adrián Aguirre Benavides, *Las grandes batallas de la División del Norte al mando de Pancho Villa,* México, Diana, 1964.

Alba, Víctor, *Pancho Villa y Zapata: águila y sol de la Revolución mexicana,* Barcelona, Planeta, 1994.

Alonso Cortés, Rodrigo, *Francisco Villa, el quinto jinete del Apocalipsis,* México, Diana, 1972.

Arriaga Jordán, Guillermo, *Esplendores y miserias del Escuadrón Guillotina y de cómo participó en la leyenda de Francisco Villa,* México, Planeta, 1991.

Arrioja Vizcaíno, Adolfo, *El sueco que se fue con Pancho Villa. Aventuras de un mercenario en la Revolución mexicana,* México, Océano, 2000.

Arvide, Isabel, "Pancho Villa: la invasión a Columbus", *Cuadernos del Tercer Mundo,* II, núm. 12 (1977), pp. 62-65.

Barrientos, Herlinda, María Dolores Cárdenas y Guillermo González Cedillo, *Con Zapata y Villa: tres relatos testimoniales,* México, INEHRM, 1991.

Beltrán, Enrique, "Fantasía y verdad de Francisco Villa", *Historia Mexicana,* XVI, núm. 1 (1966), pp. 71-84.

Blanco Moheno, Roberto, *Pancho Villa, que es su padre,* México, Diana, 1969.

Braddy, Haldeen, *Pershing's Expedition in Mexico,* El Paso, Texas Western Press, 1966.

_____, *The Paradox of Pancho Villa,* El Paso, Texas Western Press, 1978.

Brondo Whitt, E., *La División del Norte (1914) por un testigo presencial,* México, Lumen, 1940.

Bullock, Marion Dorothy, "Pancho Villa and Emiliano Zapata in the Literature of the Mexican Revolution", tesis doctoral, Universidad de Georgia, 1982.

Campobello, Nellie, "Perfiles de Villa", *Revista de Revistas,* 7 de agosto de 1932, pp. 14-15.

_____, *Apuntes sobre la vida militar de Francisco Villa,* México, Ediapsa, 1940.

Cantú y Cantú, Carlos, *Los Halcones dorados de Villa,* México, Diana, 1969.

Carrera Robles, Jorge (ed.), *Pancho Villa, la Revolución y la ciudad de Chihuahua,* Chihuahua Nuestra Ciudad, Chihuahua, H. Ayuntamiento de Chihuahua, 2000.

Casasola, Gustavo, *Biografía ilustrada del general Francisco Villa,* México, G. Casasola, 1994.

Ceja Reyes, Víctor, *Yo maté a Villa,* México, Populibros La Prensa, 1960.

_____, *Cabalgando con Villa,* México, Talleres Editora de Periódicos, 1961.

_____, *La cabeza de Villa,* Toluca, Instituto Mexiquense de Cultura, 1999.

Cervantes M., Federico, *Villa y la Revolución,* México, Ediciones Alonso, 1960.

Clendenen, Clarence, *The United States and Pancho Villa. A Study in Unconventional Diplomacy,* Ithaca, Cornell University Press, 1961.

Corral vda. de Villa, Luz, *Pancho Villa en la intimidad* (prólogo de José Vasconcelos), México, edición de la autora, 1948.

Deac, Wilfred P., "Manhunt for Pancho Villa", *Military History,* XIX, núm. 5 (2002), pp. 50-56, 90, 93.

Fogelquist, Donald Frederick, "The Figure of Pancho Villa in the Literature of the Mexican Revolution", tesis doctoral, Universidad de Wisconsin, 1941.

Foix, Pere, *Pancho Villa,* México, Trillas, 1960.

Gámiz Fernández, Everardo, *Villa, caudillo de la Revolución,* Semblanzas Históricas, México, PRI, 1994.

Garfias M., Luis, *Verdad y leyenda de Pancho Villa. Vida y hechos del famoso personaje de la Revolución mexicana,* México, Panorama, 1985.

Gómez, Marte R., *La Reforma Agraria en las filas villistas, años 1913 a 1915 y 1920,* México, INEHRM, 1966.

_____, *Pancho Villa: un intento de semblanza,* Tezontle, México, Fondo de Cultura Económica, 1972.

_____, *Pancho Villa,* Lecturas Mexicanas, México, Fondo de Cultura Económica-Secretaría de Educación Pública, 1985.

Harris, Charles Houston, III, y Louis R. Sadler, "Pancho Villa and the

Columbus Raid: The Missing Documents", *The New Mexico Historical Review*, L (1975), pp. 335-346.

Herrera, Celia, *Francisco Villa ante la historia*, México, Libros de México, 1964.

Hines, Calvin W., "The Mexican Punitive Expedition in 1916", tesis doctoral, Universidad de Trinity, 1961.

Jaurrieta, José María, *Seis años con el general Francisco Villa*, México, Ediciones de "El Instante", Artes Gráficas Mexicanas, S. C. L., 1935.

Katz, Friedrich, "Alemania y Francisco Villa", *Historia Mexicana*, XII, núm. 1 (1962), pp. 88-102.

_____, "Pancho Villa and the Attack on Columbus, New Mexico", *The American Historical Review*, LXXXIII, núm. 1 (1978), 101-130.

_____, *Pancho Villa y el ataque a Columbus, Nuevo México* (prólogo de Rubén Osorio), Chihuahua, Litográfica Regma, 1979.

_____, *Villa: el gobernador revolucionario de Chihuahua*, Chihuahua, Talleres Gráficos del Gobierno del Estado de Chihuahua, 1984.

_____, "From Alliance to Dependency: the Formation and Deformation of an Alliance between Francisco Villa and the United States", en Daniel Nugent (ed.), *Rural Revolt in Mexico and U. S. Intervention*, La Jolla, Center for U.S.-Mexican Studies, 1988, pp. 229-249.

_____, "La guerra de las viudas", *Sólo Historia*, noviembre-diciembre de 1988, pp. 12-15.

_____, "Pancho Villa y la Revolución mexicana", *Revista Mexicana de Sociología*, LI, núm. 2 (1989), pp. 87-114.

_____, "La última gran campaña de Francisco Villa", *Boletín del Fideicomiso Archivos Plutarco Elías Calles y Fernando Torreblanca*, núm. 5 (1991), pp. 1-32.

_____, "Villa y los Estados Unidos", en Ricardo León García (ed.), *Tercer Congreso Internacional de Historia Regional Comparada, 1991*, Ciudad Juárez, Universidad Autónoma de Ciudad Juárez, 1992, pp. 157-166.

_____, *The Life and Times of Pancho Villa*, Stanford, Stanford University Press, 1998.

_____, "Madero y Villa: el nacimiento de una relación ambigua", *Milenio Semanal*, 12 de octubre de 1998, pp. 55-58.

_____, "El asesinato de Pancho Villa", *Boletín del Fideicomiso Archivos Plutarco Elías Calles y Fernando Torreblanca*, núm. 32 (1999), p. 40.

_____, *Imágenes de Pancho Villa*, traducido por Marcelo Uribe, México, Era-INAH, 1999.

Krauze, Enrique, *Francisco Villa. Entre el ángel y el fierro*, Biografía del poder, México, Fondo de Cultura Económica, 1987.

Langle Ramírez, Arturo, *El ejército villista*, México, INAH, 1961.

_____, *Los primeros cien años de Pancho Villa*, México, Costa Amic, 1980.

López de Lara, Laura (ed.), *El agrarismo en Villa*, México, Centro de Estudios del Agrarismo en México, 1982.

López González, Valentín, *El Pacto de Xochimilco entre Zapata y Villa*,

Cuadernos zapatistas, México, Gobierno del Estado Libre y Soberano de Morelos, 1979.

Lozoya Cigarroa, Manuel, *Francisco Villa. El grande,* Durango, Impresiones Gráficas México, 1988.

Magaña, Gildardo, *Así nació la División del Norte,* Cuadernos Mexicanos, México, Secretaría de Educación Pública-Conasupo, 1981.

Martínez Solares, Ignacio, *Columbus,* México, Alfaguara, 1996.

Marvin, George, "Villa", *World Works,* XXVII (1914), pp. 269-284.

Mejía Prieto, Jorge, *Las dos almas de Pancho Villa,* México, Diana, 1990.

_____, *Yo, Pancho Villa,* Memoria de la Historia, México, Planeta, 1992.

Meyer, Eugenia, Víctor Alba, Ximena Sepúlveda y María Isabel Souza, "La vida con Villa en Canutillo", *Secuencia,* núm. 5 (1986), pp. 170-183.

Meyer, Michael C., "Villa, Sommerfield, Columbus y los alemanes", *Historia Mexicana,* XXVIII, núm. 4 (1979), pp. 546-566.

Meyers, William K., "Pancho Villa and the Multinationals: United States Mining Interests in Villista Mexico, 1913-1915", *Journal of Latin American Studies,* XXIII, núm. 2 (1991), pp. 339-363.

Moreno de Alba, José G., "Villa y Zapata: sus estereotipos en la literatura", *Universidad de México,* julio-agosto de 1998, pp. 10-19.

Muñoz, Rafael F., *Pancho Villa. Rayo y azote,* México, Populibros La Prensa, 1955.

Naylor, Thomas H., "Massacre at San Pedro de la Cueva: The Significance of Pancho Villa's Disastrous Sonora Campaign", *Western Historical Quarterly,* VIII, núm. 2 (1977), pp. 125-150.

Orellana, Margarita de, *Villa y Zapata. La Revolución mexicana,* México, Rei, 1984.

Ortiz, Orlando, *Los dorados: Pancho Villa y la División del Norte,* México, Secretaría de Educación Pública, 1982.

Osorio Zúñiga, Rubén, *La correspondencia de Francisco Villa. Cartas y telegramas de 1912 a 1923,* Chihuahua, Gobierno del Estado de Chihuahua, 1988.

_____, "Villismo, Nationalism and Popular Mobilization", en Daniel Nugent (ed.), *Rural Revolt in Mexico and U. S. Intervention,* La Jolla, Center for U.S.-Mexican Studies, 1988, pp. 149-166.

_____, *Pancho Villa, ese desconocido: entrevistas en Chihuahua a favor y en contra* (prólogo de Friedrich Katz), Chihuahua, Gobierno del Estado de Chihuahua, 1991.

_____, *La familia secreta de Pancho Villa: una historia oral,* Chihuahua, Gobierno del Estado de Chihuahua, 2000.

Oudin, Bernard, *Villa, Zapata et le Mexique en feu,* Histoire, París, Decouvertes Gallimard, 1989.

Peterson, Jessica y Thelma Cox Knoles (eds.), *Pancho Villa: Intimate Recollections by People who Knew Him,* Nueva York, Hastings House, 1977.

Pierri, Ettore, *Pancho Villa, la verdadera historia,* México, Editores Mexicanos Unidos, 1979.

Pinchon, Edgcum, *Viva Villa. A Recovery of Real Pancho Villa, Peon, Bandit, Soldier, Patriot,* Nueva York, Harcourt, Brace and Company, 1933.

Plana, Manuel, *Pancho Villa and the Mexican Revolution,* Nueva York, Interlink Book, 2002.

Puente, Ramón, *Villa, sus auténticas memorias,* Los Ángeles, Mexican American Publishing Co., 1931.

_____, *Villa en pie,* Biblioteca de Estudios Históricos, México, Castalia, 1966.

_____, "Villa en la memoria popular", en *Tres revoluciones, tres testimonios* (prólogo de Octavio Paz), I, 133-205, México, Instituto Mora, 1986.

Puig, Carlos, "Villa no era un bandido, su fuerte no estaba en la estrategia, no respetaba mucho a Zapata y era un genio en el manejo de la prensa: Friedrich Katz", *Proceso,* 14 de marzo de 1994, pp. 62-65.

Quintero Corral, Lucio, *Pancho Villa derrotado en Tepehuanes Dgo., al intentar tomar la Cd. de Durango, 1918,* Ciudad Juárez, edición del autor, 1990.

Reyes, Aurelio de los, *Con Villa en México. Testimonios de camarógrafos norteamericanos en la Revolución, 1911-1916,* México, UNAM, 1985.

Rouverol, Jean, *Pancho Villa: A Biography,* Nueva York, Doubleday, 1972.

Salcido Gómez, José Socorro, *Luz y sombras en la muerte del general Francisco Villa: un crimen de Estado,* Chihuahua, CEDIC, 1999.

Salmerón Sanguinés, Pedro, "Pensar el villismo", *Estudios de Historia Moderna y Contemporánea de México,* XX (2000), pp. 101-128.

Santa María, Luis, *Aventuras y romances de Pancho Villa,* México, Laboratorios Picot, 1929.

Schulze, Karl Willheim, "Las leyes agrarias del villismo", en Ricardo León García (ed.), *Actas del Segundo Congreso de Historia Regional Comparada 1990,* Ciudad Juárez, Universidad Autónoma de Ciudad Juárez, 1991, pp. 385-395.

Schuster, Ernest Otto, *Pancho Villa's Shadow: The True Ttory of Mexico's Robin Hood, as Told by his Interpreter,* Nueva York, Exposition Press, 1947.

Sepúlveda, Irma Sabina, *Los cañones de Pancho Villa,* Monterrey, Sistemas y Servicios Técnicos, 1969.

Taibo, Paco Ignacio, II, "Notas para una novela villista", *Vientos del Sur. Revista de Ideas, Historia y Política,* julio de 1994, pp. 35-39.

Terrazas, Silvestre, *El verdadero Pancho Villa,* México, Era, 1985.

Tompkins, Frank, *Chasing Villa; the Story behind the Story of Pershing's Expedition into Mexico,* Harrisburg, The Military Service Publishing Company, 1934.

Torres, Elías, *20 vibrantes episodios de la vida de Villa,* México, Sayrls, 1934.

_____, *La cabeza de Pancho Villa y 20 episodios más,* México, Tatos, 1938.

Trujillo Herrera, Rafael, *Cuando Villa entró a Columbus,* México, Porrúa, 1973.

Tuck, Jim, *Pancho Villa and John Reed,* Tucson, University of Arizona Press, 1994.

Turner, John Kenneth, "¿Quién es Francisco Villa? (introducción de Javier Garciadiego)", *Trimestre Político,* I, núm. 3 (1976), pp. 172-177.

Vargas Arreola, Juan Bautista, *A sangre y fuego con Pancho Villa,*

Vida y Pensamientos de México, México, Fondo de Cultura Económica, 1988.

Vargas Valdez, Jesús, *Corridos, poemas, sotol. Recital homenaje al general Francisco Villa,* México, Confederación Nacional Campesina, 1992.

_____, *Francisco Villa. El Agua Fuerte de la Revolución. Apuntes sobre la vida revolucionaria y la muerte del general Francisco Villa,* Estudios Históricos del Agrarismo en Chihuahua, Ciudad Juárez, Universidad Autónoma de Ciudad Juárez-Instituto Chihuahuense de Cultura, 1995.

Velázquez, Primo Feliciano, *La División del Nordeste: capítulo de un libro inédito* (introducción, transcripción e iconografía de Alberto Alcocer Andalón), Biblioteca de Historia Potosina, Serie Cuadernos, San Luis Potosí, Evolución, 1976.

Vilanova, Antonio, *Muerte de Villa,* México, Editores Mexicanos Unidos, 1966.

Villa, Guadalupe, "Francisco Villa. Historia, leyenda y mito", tesis de licenciatura, UNAM, 1976.

Villa Guerrero de Mebius, Rosa Helia, *Itinerario de una pasión. Los amores de mi general,* México, Plaza Janés, 1999.

Warrebey, Glenn Van, *Las tácticas gerenciales de Pancho Villa,* México, Panorama, 1994.

White, E. Bruce, "The Muddied Waters of Columbus, New Mexico", *The Americas,* XXXII, núm. 1 (1975), pp. 72-98.

Womack, John, Jr., "Villa y Katz, historias paralelas", en *Letras Libres,* marzo de 1999.

Emiliano Zapata

Aguilar, José Ángel, *Zapata (selección de textos),* México, INEHRM, 1980.

Alba, Víctor, *Pancho Villa y Zapata: águila y sol de la Revolución mexicana,* Barcelona, Planeta, 1994.

Ávila Espinosa, Felipe Arturo, *Los orígenes del zapatismo,* México, El Colegio de México-UNAM, 2001.

Ayala Anguiano, Armando, *Zapata y las grandes mentiras de la Revolución mexicana,* México, Diana, 1991.

Barrientos, Herlinda, María Dolores Cárdenas y Guillermo González Cedillo, *Con Zapata y Villa: tres relatos testimoniales,* México, INEHRM, 1991.

Brunk, Samuel, "Zapata: Revolution and Betrayal in Mexico", tesis doctoral, Universidad de Nuevo México, 1992.

_____, *Emiliano Zapata: Revolution and Betrayal in Mexico,* Albuquerque, University of New Mexico Press, 1995.

_____, "Zapata and the City Boys: in Search of a Piece of the Revolution", *Hispanic American Historical Review,* LXXIII, núm. 1 (1995), pp. 33-65.

_____, "Remembering Emiliano Zapata: Three Moments in the Posthumous carrer of the Martyr of Chinameca", *Hispanic American Historical Review,* LXXVIII, núm. 3 (1998), pp. 457-490.

Bullock, Marion Dorothy, "Pancho Villa and Emiliano Zapata in the Literature of the Mexican Revolution", tesis doctoral, Universidad de Georgia, 1982.

Buttrey, Adon Gordus, "The Silver Coinage of Zapata, 1914-1915", *Hispanic American Historical Review*, LII, núm. 3 (1972), pp. 456-462.

Carbó Darnaculleta, Margarita, "¡Viva la tierra y libertad!: la utopía magonista", *Boletín Americanista*, XXXVII, núm. 47 (1997), pp. 91-100.

Casasola, Gustavo, *Biografía ilustrada del general Emiliano Zapata*, México, G. Casasola, 1994.

Díaz Soto y Gama, Antonio, *La revolución agraria del sur y Emiliano Zapata su caudillo*, México, Policromía, 1960.

Espejel López, Laura, *El cuartel general zapatista, 1914-1915: documentos del Fondo Emiliano Zapata del Archivo General de la Nación*, 2 vols., México, INAH, 1995.

_____, *Estudios sobre el zapatismo*, Historia, México, INAH, 2000.

Gálvez, Felipe, "Carta del General Felipe Ángeles en defensa del 'Charrito' Zapata, extraída de la Biblioteca de la Habana", *Proceso*, 21 de marzo de 1994, pp. 70-71.

Krauze, Enrique, *Emiliano Zapata. El amor a la tierra*, Biografía del poder, México, Fondo de Cultura Económica, 1987.

López González, Valentín, *El Pacto de Xochimilco entre Zapata y Villa*, Cuadernos zapatistas, México, Gobierno del Estado Libre y Soberano de Morelos, 1979.

_____, *El Plan de Ayala*, Cuernavaca, Centro de Estudios Históricos, 1990.

Magaña, Gildardo, *Emiliano Zapata y el agrarismo en México*, 5 vols., Revolución mexicana, México, Ruta, 1951.

Martínez Escamilla, Ramón, *Emiliano Zapata, escritos y documentos*, México, Editores Mexicanos Unidos, 1980.

Martínez Martínez, Guillermo y Álvaro López Mirates. *Figueroismo versus zapatismo*, Chilpancingo, Universidad Autónoma de Guerrero, 1976.

Millon, Robert Paul, *Zapata. The Ideology of a Peasant Revolutionary*, Nueva York, International Publishers, 1969.

Moctezuma Barragán, Pablo, *Vida y lucha de Emiliano Zapata: vigencia histórica del héroe mexicano*, México, Grijalbo, 2000.

Moreno de Alba, José G., "Villa y Zapata: sus estereotipos en la literatura", *Universidad de México*, julio-agosto de 1998, pp. 10-19.

Newell, Peter E., *Zapata of Mexico*, Montreal, Black Rose Books, 1997.

Orellana, Margarita de, *Villa y Zapata. La Revolución mexicana*, México, Rei, 1984.

Oudin, Bernard, *Villa, Zapata et le Mexique en feu*, Histoire, París, Decouvertes Gallimard, 1989.

Palacios, Porfirio, *Emiliano Zapata. Datos biográficos históricos*, México, Libro-Mex Editores, 1960.

Pierri, Ettore, *Vida, pasión y muerte de Emiliano Zapata*, México, Editores Mexicanos Unidos, 1979.

Pineda Gómez, Francisco, *La irrupción zapatista, 1911*, México, Era, 1997.

Sotelo Inclán, Jesús, *Raíz y razón de Zapata*, México, Comisión Federal de Electricidad, 1970.

Taracena, Alfonso, *Zapata (fantasía y realidad)*, México, Costa Amic, 1970.

Warman, Arturo, "The Political Project of Zapatismo", en Friedrich Katz (ed.), *Riot, Rebellion and Revolution: Rural Social Conflicts in Mexico*, Princeton, Princeton University Press, 1988, pp. 321-337.

• Womack, John, Jr., *Zapata and the Mexican Revolution*, Nueva York, Knopf, 1968.

Otros personajes

Acuña, Rodolfo, *Caudillo sonorense: Ignacio Pesqueira y su tiempo*, México, Era, 1981.

Almada, Francisco R., *Vida, proceso y muerte de Abraham González*, México, INEHRM, 1967.

Altamirano Cozzi, Grazziela, "Pedro Lascuráin, un episodio en la Revolución mexicana", tesis de licenciatura, UNAM, 1979.

Arenas Guzmán, Diego, *Alfredo Robles Domínguez en Jornadas Culminantes de la Revolución*, 2 vols., México, INEHRM, 1974.

Beezley, William H., "Revolutionary Governor: Abraham González and the Mexican Revolution in Chihuahua, 1909-1913", tesis doctoral, Universidad de Nebraska, 1969.

_____, *Insurgent Governor: Abraham González and the Mexican Revolution in Chihuahua*, Lincoln, University of Nebraska Press, 1973.

Cárdenas García, Nicolás, *Belisario Domínguez*, Cuadernos Conmemorativos, México, INEHRM, 1985.

Conn, Robert Thompson, "Alfonso Reyes: Exile and Intellectual Traditions", tesis doctoral, Universidad de Princeton, 1993.

Corzo Ramírez, Ricardo *et al.*, *...nunca un desleal: Cándido Aguilar (1889-1960)*, México, El Colegio de México-Gobierno del Estado de Veracruz, 1986.

Cruz, Salvador, *Vida y obra de Pastor Rouix*, México, INAH, 1980.

Deeds, Susan M., "José María Maytorena and the Revolution in Sonora", *Arizona and the West*, XVIII, núm. 2 (1976), pp. 21-40.

Falcón Vega, Romana y Soledad García, *La semilla en el surco. Adalberto Tejeda y el radicalismo en Veracruz, 1883-1960*, México, El Colegio de México, 1986.

Flores Magón, Enrique, *Práxedis G. Guerrero. Artículos literarios y de combate; pensamientos, crónicas revolucionarias*, México, Ediciones del Grupo Cultural "Ricardo Flores Magón", 1924.

Garciadiego Dantán, Javier, *Política y literatura. Las vidas paralelas de los jóvenes Rodolfo y Alfonso Reyes*, México, Condumex, 1990.

Garza, María Teresa, *Abraham González*, Cuadernos Conmemorativos, Serie Revolución, México, INEHRM, 1985.

Gaxiola, Francisco Javier, *El presidente Rodríguez, 1932-1934*, México, Cultura, 1938.

Girón, Nicole, *Heraclio Bernal: ¿bandolero, cacique o precursor de la Revolución?*, México, INAH, 1976.

González Marín, Silvia, "Heriberto Jara: luchador obrero en la Revolución mexicana, 1879-1917", tesis de maestría, UNAM, 1983.

Hanrahan, Gene Z., *The Rebellion of Félix Díaz*, Salisbury, Documentary, 1983.

Hefley, James C., *Aarón Sáenz, México's Revolutionary Capitalist*, Waco, Texas Word Books, 1970.

Henderson, Peter V. N., *Félix Díaz, the Porfirians, and the Mexican Revolution*, Lincoln, University of Nebraska Press, 1981.

_____, *In the Absence of Don Porfirio: Francisco León de la Barra and the Mexican Revolution*, Wilmington, Scholarly Resources, 2000.

_____, "Un gobernador maderista: José María Maytorena y la Revolución en Sonora", *Historia Mexicana*, LI, núm. 2 (2001), pp. 151-186.

Hernández Z., Enrique, *Juan Espinosa Bávara: soldado de la Revolución, constituyente de Querétaro y periodista liberal*, Historia, Tepic, Cambio XXI-Fundación Nayarit, 1993.

Keyser, Cambell Dirck, *Emilio Portes Gil and Mexican Politics*, Charlotesville, C. D. Keyser, 1995.

Koth, Karl B., "Crisis Politician and Political Counterweight: Teodoro A. Dehesa in Mexican Federal Politics", *Mexican Studies/Estudios Mexicanos*, XI, núm. 2 (1995), pp. 243-271.

Liceaga, Luis, *Félix Díaz*, México, JUS, 1958.

Loaeza, Soledad. "Los orígenes de la propuesta modernizadora de Manuel Gómez Morín", *Historia Mexicana*, XLVI, núm. 2 (1996), pp. 425-478.

López Portillo y Rojas, José, *Elevación y caída de Porfirio Díaz*, México, Librería Española, 1921.

Loyo Camacho, Martha Beatriz, *Joaquín Amaro y el proceso de institucionalización del ejército mexicano, 1917-1931*, México, Fondo de Cultura Económica-UNAM-Archivos Calles-Torreblanca- INEHRM, 2003.

Loyola Díaz, Rafael, "Ezequiel Padilla. Un campeón posrevolucionario", *Historia y Grafía*, núm. 3 (1994), pp. 35-60.

Mansur Ocaña, Justo, *La revolución permanente: vida y obra de Cándido Aguilar*, México, Costa Amic, 1972.

María y Campos, Armando de, *La vida del general Lucio Blanco*, México, INEHRM, 1963.

Martínez Mújica, Apolinar, *Primo Tapia. Semblanza de un revolucionario michoacano*, México, El Libro Perfecto, 1946.

Martínez Núñez, Eugenio, *La vida heroica de Práxedis Guerrero*, México, INEHRM, 1960.

_____, *Juan Sarabia. Apóstol y mártir de la Revolución mexicana*, México, INEHRM, 1965.

Meyer, Michael C., *Mexican Rebel: Pascual Orozco and the Mexican Revolution, 1910-1915*, Lincoln, University of Nebraska Press, 1967.

Ontiveros, Francisco P., *Toribio Ortega y la Brigada González Ortega*, Chihuahua, Imprenta del Norte, 1914.

Pérez, Abel R., *Teodoro A. Dehesa, gobernante veracruzano*, México, Stylo, 1950.

Ponce de León, Gregorio, *El interinato presidencial de 1911*, México, Imprenta de la Secretaría de Fomento, 1912.

Puente, Ramón, *Pascual Orozco y la revuelta de Chihuahua*, México, Eusebio Gómez de la Puente, 1912.

Ramírez Rancaño, Mario, *La revolución en los volcanes: Domingo y Cirilo Arenas*, México, UNAM, 1995.

Ross, Stanley Robert, "Un manifiesto de Aquiles Serdán", *Historia Mexicana*, V, núm. 1 (1955), pp. 86-91.

Salmerón Sanguinés, Pedro, *Aarón Sáenz Garza. Militar, diplomático, político, empresario*, México, Porrúa, 2001.

Sánchez Azcona, Juan, *En el centenario del nacimiento de Juan Sánchez Azcona*, México, INEHRM, 1975.

Sandels, Robert L., "Silvestre Terrazas, the Press and the Origins of the Mexican Revolution in Chihuahua", tesis doctoral, Universidad de Oregon, 1967.

_____, "Silvestre Terrazas and the Old Regime in Chihuahua", *The Americas*, XXVIII, núm. 2 (1971), pp. 191-205.

Sandoval Abarca, Elsa María, "Práxedis Gilberto Guerrero en el pensamiento y acción de la Revolución mexicana", tesis de licenciatura, UNAM, 1970.

Sapia-Bosch, Alfonso Franco, "The Role of General Lucio Blanco in the Mexican Revolution, 1913-1922", tesis doctoral, Universidad de Georgetown, 1977.

Serrano Álvarez, Pablo, "Basilio Vadillo: revolucionario, político, intelectual y diplomático del occidente mexicano, 1885-1935", tesis doctoral, UNAM, 1996.

Serrano Migallón, Fernando, *Isidro Fabela y la diplomacia mexicana*, México, Secretaría de Educación Pública, 1981.

Valadés, José C., *Las caballerías de la Revolución. Hazañas del general Buelna*, México, Botas, 1937.

Villegas Moreno, Gloria, "Roque Estrada, un revolucionario evolucionista. Análisis historiográfico", en Saúl Jerónimo Romero y Carmen Valdez Vega (eds.), *Memorias. Primer Encuentro de Historiografía*, México, Universidad Autónoma Metropolitana, 1997, pp. 315-340.

Werne, Joseph Richard. "Esteban Cantú y la soberanía mexicana en Baja California", *Historia Mexicana*, XXX, núm. 1 (1980), pp. 1-32.

BIBLIOGRAFÍA GENERAL

Abad de Santillán, Diego, *Historia de la Revolución mexicana* (con ensayos de Fredo Arias de la Canal y Fredo Arias King), México, Frente de Afirmación Hispanista, 1992.

Aguilar Camín, Héctor, "Ovación, denostación y prólogo", en *Interpretaciones de la Revolución mexicana*, México, UNAM-Nueva Imagen, 1979, pp. 11-20.

_____, *Saldos de la Revolución*, México, Nueva Imagen, 1982.

Aguilar Cerrillo, Edingardo y Patricia Salcido Cañedo, "Desde la microhistoria, referencias bibliográficas en torno a la Revolución mexicana", *Revista Mexicana de Ciencias Políticas y Sociales*, XXXI, nueva época, núm. 122 (1985), pp. 167-180.

Aguilar, José Ángel, *Anecdotario de la Revolución*, México, INEHRM, 1983.

Baerlein, Henry, *Mexico, the Land of Unrest: Being Chiefly an Account of what Produced the Outbreak in 1910,* Londres, Herbert & Daniel, 1913.

Barrón, Luis, "Historiografía de la Revolución mexicana", *Provincias Internas,* II, núm. 7-8 (2003), pp. 33-56.

Bazant, Jean, "Tres revoluciones mexicanas", *Historia Mexicana,* X, núm. 2 (1960), pp. 220-242.

Bell, Edward I., *The Political Shame of Mexico,* Nueva York, McBride, Nast & Co., 1914.

Bello Hidalgo, Luis, *Antropología de la Revolución; de Porfirio Díaz a Gustavo Díaz Ordaz,* México, Costa Amic, 1966.

Blasco Ibáñez, Vicente, Arthur Livingston y José Padín, "Mexico in Revolution", *Hispanic American Historical Review,* V, núm. 1 (1922), pp. 88-89.

Bojórquez, Juan de Dios, *Los forjadores de la Revolución mexicana,* México, INEHRM, 1960.

_____, *Hombres y aspectos de México,* México, INEHRM, 1963.

Bonnell, Victoria y Lynn Hunt (eds.), *Beyond the Cultural Turn. New Directions in the Study of Society and Culture,* Berkeley, University of California Press, 1999.

Bulmer-Thomas, Victor, *The Economic History of Latin America since Independence,* Cambridge, Cambridge University Press, 1994.

Burke, Peter, *Varieties of Cultural History,* Ithaca, Cornell University Press, 1997.

Cabrera, Luis, "El balance de la Revolución", en *Obras completas,* III. *Obra política,* México, Oasis, 1975, pp. 649-694.

_____, "La herencia de Carranza", en *Obras completas,* III. *Obra política,* México, Oasis, 1975, pp. 441-538.

_____, "La Revolución es la Revolución", en *Obras completas,* III. *Obra política,* México, Oasis, 1975, pp. 255-278.

Cabrera, Luis y José Vasconcelos, *Cómo opinan de la Revolución algunos de los que la hicieron. Hablan los licenciados Luis Cabrera (Blas Urrea) y José Vasconcelos,* México, s. e., 1936.

Camp, Roderic Ai, *Mexican Political Biographies, 1884-1934,* Austin, University of Texas Press, 1991.

_____, *Mexican Political Biographies, 1935-1993,* Austin, University of Texas Press, 1995.

Cárdenas García, Nicolás, "Reseña sobre Jonathan C. Brown: *Oil and Revolution in México*", *Historia Mexicana,* XLV, núm. 1 (1995), pp. 175-183.

Chakravorty Spivak, Gayatri, "Subaltern Studies: Deconstructing Historiography", en Ranajit Guha y Gayatri Chakravorty Spivak (eds.), *Selected Subaltern Studies,* Oxford, Oxford University Press, 1988, pp. 3-32.

Chartier, Roger, *Cultural History: Betweeen Practices and Representations,* Ithaca, Cornell University Press, 1988.

Cheibub, José Antonio, "Mobilizing and Sustaining Collective Action in the Mexican Revolution", *Political Social Sage,* XXIII, núm. 2 (1995), pp. 243-258.

Cline, Howard F., *Mexico: Revolution to Evolution, 1940-1960,* Nueva York, Oxford University Press, 1962.

Cosío Villegas, Daniel, "La crisis de México", *Cuadernos Americanos,* VI (1947).

_____, "The Mexican Revolution, Then and Now", en *Change in Latin America: The Mexican and Cuban revolutions. 1960 Montgomery Lectureship on Contemporary Civilization,* Lincoln, University of Nebraska Press, 1961, pp. 23-37.

_____, "Mexico's Crisis", en Stanley Robert Ross (ed.), *Is the Mexican Revolution Dead?,* Nueva York, Knopf, 1966.

Creel, George, "The People Next Door: An Interpretative History of Mexico and the Mexicans", *Hispanic American Historical Review,* VII, núm. 3 (1927), p. 345.

Creelman, James, *Porfirio Díaz Master of Mexico,* Nueva York, Appleton, 1911.

Cumberland, Charles (ed.), *The Meaning of the Mexican Revolution,* Boston, Heath, 1967.

_____, *Mexico: The Struggle for Modernity,* Londres, Oxford University Press, 1968.

Deans-Smith, Susan y Gilbert M. Joseph, "The Arena of Dispute", *Hispanic American Historical Review,* LXXIX, núm. 2 (1999), pp. 203-208.

Dulles, John W. F., *Yesterday in Mexico,* Austin, University of Texas Press, 1961.

Fernández, José Diego, *Discursos en el Senado. La Revolución de 1910. Golpe de Estado en Morelos,* México, Tipográfica Económica, 1914.

Fernández Rojas, José, *De Porfirio Díaz a Victoriano Huerta, 1910-1913,* Guadalajara, Tipografía de la Escuela de Artes y Oficios del Estado, 1913.

Figueroa Domenech, J. y Antonio P. González, *La Revolución y sus héroes. Crónica de los sucesos políticos ocurridos en México desde octubre de 1910 a mayo de 1911,* México, Herrero Hermanos, 1911.

Figueroa Uriza, Arturo, *Ciudadanos en armas. Antecedencia y datos para la Historia de la Revolución mexicana,* México, Costa Amic, 1960.

Frías Olvera, Manuel, *Aquiles de México,* México, INEHRM, 1978.

Fuentes, Carlos, "La Revolución perdurable", *Sólo Historia,* enero-marzo de 2000, pp. 7-11.

Fyfe, Hamilton, *The Real Mexico: A Study on the Spot,* Londres, Heinemann, 1914.

Galeana, Patricia, "El tejido de la historia", *Nuestro Siglo,* enero-marzo de 2002, pp. 4-13.

García Cantú, Gastón, "El joven Valadés", *Nuestro Siglo,* enero-marzo de 2002, pp. 56-65.

García Gómez, María José, "Nos vamos a México. Itinerarios del general Raúl Madero González", *Nuestro Siglo,* abril-junio de 2002, pp. 80-85.

García Granados, Ricardo, *Historia de México desde la restauración de la República en 1867 hasta la caída de Porfirio Díaz,* 4 vols., México, Botas, 1923-1929.

Garciadiego Dantán, Javier, "Comentario a la ponencia de Enrique Krauze: 'Francisco Villa. Entre el fierro y el ángel' ", en Comisión Organizadora de los Festejos Conmemorativos del 75 Aniversario de la Apertura de la Universidad Nacional Autónoma de México (ed.), *Independencia y Revolución mexicanas,* México, UNAM, 1985, pp. 55-58.

Garciadiego Dantán, Javier, "Duelo de gigantes", *Boletín del Fideicomiso Archivos Plutarco Elías Calles y Fernando Torreblanca,* núm. 11 (1992), pp. 1-30.

García-Robles, Jorge, "La Revolución no es una novela", *Revista Mexicana de Ciencias Políticas y Sociales,* XXXI, Nueva época, núm. 122 (1985), pp. 101-103.

Geertz, Clifford, *The Interpretation of Cultures. Selected Essays by Clifford Geertz,* Nueva York, Basic Books, 1973.

Gill, Mario, *Del Porfiriato al cardenismo,* México, INEHRM, 2003.

Ginzburg, Carlo, "Revisar la evidencia: el juez y el historiador", *Historias,* núm. 26 (1991), pp. 14-27.

Goldfrank, Walter Lewis, "The Causes of the Mexican Revolution", tesis doctoral, Universidad de Columbia, 1973.

Gómez Morín, Manuel, *Cuando por la raza habla el espíritu,* México, UNAM, 1995.

González Blanco, Pedro, *De Porfirio Díaz a Carranza,* Villahermosa, Gobierno del Estado de Tabasco, 1980.

Goodwin, Jeff, *No Other Way Out. States and Revolutionary Movements, 1945-1991,* Cambridge, Cambridge University Press, 2001.

Gruening, Ernest, *Mexico and his Heritage,* Nueva York, New York Century Co., 1928.

Grupo Latinoamericano de Estudios Subalternos, "Manifiesto inaugural", en Santiago Castro-Gómez y Eduardo Mendieta (eds.), *Teorías sin disciplina. Latinoamericanismo, poscolonialismo y globalización en debate,* México, University of San Francisco-Porrúa, 1998, pp. 85-100.

Guerra, François-Xavier, "La révolution mexicaine: d'abord une révolution minière?", *Annales, E. S. C.* XXXVI, núm. 5 (1981), pp. 785-814.

_____ , "Teoría y método en el análisis de la Revolución mexicana", *Revista Mexicana de Sociología,* LI, núm. 2 (1989), pp. 3-24.

Guha, Ranajit y Gayatri Chakravorty Spivak (eds.), *Selected Subaltern Studies,* Oxford, Oxford University Press, 1988.

Gutiérrez Álvarez, Coralia, "Sobre David G. LaFrance: The Mexican Revolution in Puebla, 1908-1913. The Maderista Movement and the Failure of Liberal Reform", *Historia Mexicana,* XL, núm. 3 (1991), pp. 564-567.

Guzmán, Martín Luis, *Obras completas,* México, Compañía General de Ediciones, 1961.

Haber, Stephen H., "Anything Goes: Mexico's 'New' Cultural History", *Hispanic American Historical Review,* LXXIX, núm. 2 (1999), pp. 309-329.

Hernández Martínez, Alfonso, "La Revolución mexicana inconclusa", tesis de licenciatura, UNAM, 1977.

Hernández Martínez, Rubén, "La teoría de la revolución y la Revolución mexicana", tesis de licenciatura, UNAM, 1987.

Hunt, Lynn (ed.), *The New Cultural History. Essays,* Berkeley, University of California Press, 1989.

Iduarte, Andrés, *Un niño en la Revolución mexicana,* México, Ruta, 1951.

Jones, Chester Lloyd, *Mexico and its Reconstruction*, Nueva York, Appleton, 1921.

Katz, Friedrich, "Reseña sobre Lorenzo Meyer, 'Su Majestad Británica contra la Revolución mexicana, 1900-1950. El fin de un imperio informal'", *Historia Mexicana*, XLII, núm. 1 (1992), pp. 152-157.

_____, *Ensayos mexicanos*, México, Alianza Editorial, 1994.

Kenny, Michael, *No God Next Door; Red Rule in Mexico and our Responsibility*, Nueva York, William J. Hirten, 1935.

Knight, Alan, "La révolution mexicaine: révolution minière ou révolution serrano?", *Annales, E. S. C.*, XXXVIII, núm. 2 (1983), pp. 449-549.

_____, "The Mexican Revolution: Burgeois? Nationalist? Or just a Great Rebellion?", *Bulletin of Latin American Research*, IV, núm. 2 (1985), pp. 1-37.

Kuntz Ficker, Sandra, "¿Qué nos dejó la Revolución mexicana?", en *Universidad de México*, núm. 617 (2002), pp. 23-30.

Lara Pardo, Luis, *De Porfirio Díaz a Francisco I. Madero. La sucesión dictatorial de 1911*, Nueva York, Polyglot Publishing & Commercial Co., 1912.

Lerner Sigal, Victoria, "La Revolución mexicana y el siglo XX en México", *Sólo Historia*, enero-marzo de 2000, pp. 16-23.

Link, Arthur S., Jr., *Woodrow Wilson and the Progressive Era, 1910-1917*, New American nation series, Nueva York, Harper, 1954.

Llaguno Ledezma, Araceli. "Tres visiones de la Revolución mexicana", tesis de licenciatura, UNAM, 1994.

Llanos Sanabria, Eduardo Antonio, "La Revolución mexicana murió en 1917, al nacimiento de la declaración de los derechos sociales, a la luz de la teoría integral", tesis de licenciatura, UNAM, 1976.

Lomnitz, Claudio, "Barbarians at the Gate? A Few Remarks on the Politics of the 'New Cultural History of Mexico'", *Hispanic American Historical Review*, LXXIX, núm. 2 (1999), pp. 367-383.

Mallon, Florencia, "Time on the Wheel: Cycles of Revisionism and the 'New Cultural History'", *Hispanic American Historical Review*, LXXIX, núm. 2 (1999), pp. 331-351.

Manzanilla Domínguez, Anastasio [Hugo Sol], *El bolchevismo criminal de Yucatán: documentos y apuntes para la historia trágica del estado peninsular*, México, El Hombre Libre, 1921.

Maqueo Castellanos, Esteban, *Algunos problemas nacionales*, México, Eusebio Gómez de la Puente, 1909.

Márquez, J. M., *El Veintiuno; Hombres de la Revolución y sus hechos. Apuntes sobre el General Jesús Castro, Jefe de la División "Veintiuno", Primera del Cuerpo del Ejército del Sureste, y demás ciudadanos que lo han acompañado desde 1910*, México, s. e., 1916.

Martínez Assad, Carlos, *Los sentimientos de la región. Del viejo centralismo a la nueva pluralidad*, México, INEHRM-Océano, 2001.

Martínez Núñez, Eugenio, *Historia de la Revolución mexicana. Los mártires de San Juan de Ulúa*, México, INEHRM, 1968.

Mastretta, Ángeles, *Mal de amores. Dos pasiones entretejidas en una revolución*, México, Alfaguara, 1995.

Matute Aguirre, Álvaro, *La Revolución mexicana: actores, escenarios y acciones; vida cultural y política, 1901-1929*, México, INEHRM, 1993.

Matute Aguirre, Álvaro, "Bucareli en el Debate Histórico", *Secuencia,* núm. 28 (1994), pp. 65-79.

Mazín Cervantes, Miguel, *La Revolución extraviada,* México, Botas, 1935.

McBride, George McCutchen, *The Land Systems of Mexico,* Nueva York, American Geographical Society, 1927.

Medina Peña, Luis, "Historia contemporánea de México. ¿Tema de historiadores?" en Gisela von Wobeser (ed.), *Cincuenta años de Investigación Histórica en México,* México, UNAM-Universidad de Guanajuato, 1998, pp. 295-311.

Mendieta Alatorre, Ángeles, *La dignidad humana y las causas morales de la Revolución,* México, INEHRM, 1974.

Mendieta y Núñez, Lucio, "Un Balance Objetivo de la Revolución mexicana", *Revista Mexicana de Sociología,* XXII, núm. 2 (1960), pp. 529-542.

Mereles de Ogarrio, Norma, "El fideicomiso Archivos Plutarco Elías Calles y Fernando Torreblanca: una alianza entre gobierno y sociedad civil", en *Memorias del Primer Coloquio Internacinal de Archivos y Bibliotecas Privados,* México, Asociación Mexicana de Archivos y Bibliotecas Privados A. C., 1997, pp. 67-69.

Mereles de Ogarrio, Norma *et al., Memorias del Primer Coloquio Internacional de Archivos y Bibliotecas Privados,* México, Asociación Mexicana de Archivos y Bibliotecas Privados A. C., 1997.

Meyer, Eugenia, "Cabrera y Carranza: hacia la creación de una ideología oficial", en Roderic Ai Camp *et al.* (ed.), *Los intelectuales y el poder en México,* México, El Colegio de México-University of California Los Angeles, 1991, pp. 237-257.

_____, "Exigencias, necesidades y garantías de la Revolución. La responsabilidad histórica de Madero", *Nuestro Siglo,* abril-junio de 2002, pp. 4-13.

Meyer, Jean, "Comentario a la ponencia de Luis González y González: 'La Revolución mexicana desde el punto de vista de los revolucionados'", en Comisión Organizadora de los Festejos Conmemorativos del 75 Aniversario de la Apertura de la Universidad Nacional Autónoma de México (ed.), *Independencia y Revolución mexicanas,* México, UNAM, 1985, pp. 149-153.

Meyer, Lorenzo, *La segunda muerte de la Revolución mexicana,* México, Cal y Arena, 1992.

Moreno, Francisco Martín, *México secreto. ¿Por qué México fue el detonador de la primera Guerra Mundial?,* México, Joaquín Mortiz, 2002.

Muñoz, Rafael F., *Relatos de la Revolución,* México, Secretaría de Educación Pública, 1971.

Nakamura, Yuko, "Dos corrientes de la Revolución mexicana", tesis de licenciatura, Universidad de Estudios Extranjeros de Tokio, 1981.

Nervin, Gordon L. Jr., *Woodrow Wilson and World Politics: America's Response to War and Revolution,* Nueva York, Oxford University Press, 1968.

Noriega Gayol, María Elena Clara, "Íñigo Noriega Laso: un indiano durante el Porfiriato y la Revolución mexicana", tesis de licenciatura, UNAM, 2002.

O'Hea, Patrick, *A Reminiscence of the Mexican Revolution,* México, Centro Anglo-Mexicano del Libro, 1966.

Olea, Heliodoro, *Apuntes Históricos de la Revolución mexicana de 1910-1911,* Chihuahua, Impresora Alffer, 1961.

O'Shaughnessy, Edith Louise, *Intimate Pages of Mexican History,* Nueva York, George H. Doran and Company, 1920.

Palacios, Guillermo, "Estado de las ciencias sociales y de las humanidades en el fin de siglo mexicano: el caso de la historia", en Miguel J. Hernández Madrid y José Lameiras Olvera (eds.), *Las ciencias sociales y humanas en México,* Zamora, El Colegio de Michoacán, 2000, pp. 59-75.

Palavicini, Félix F., *Grandes de México,* México, Sociedad Bolivariana, 1948.

Palomares, Justino N., *Anecdotario de la Revolución,* México, edición del autor, 1954.

Pani, Alberto J., *En camino hacia la democracia,* México, Departamento de Aprovisionamientos Generales, Dirección de Talleres Gráficos, 1918.

Pavletich, Esteban, "La Revolución mexicana, ¿revolución socialista?", *Amauta,* septiembre-octubre de 1929, pp. 57-58.

Peña de Villarreal, Consuelo, *La Revolución en el Norte,* Puebla, Periodística e Impresora de Puebla, 1968.

Piccato, Pablo, "Conversación con los difuntos: una perspectiva mexicana ante el debate sobre la historia cultural", *Signos Históricos,* núm. 8 (2002), pp. 13-41.

Pla, Dolores, Guadalupe Zárate *et al.,* "Españoles en México (1821-1990). Bibliografía", *Secuencia,* núm. 24 (1992), pp. 159-216.

_____, *Extranjeros en México (1821-1924) Bibliografía,* México, INAH, 1993.

Plasencia de la Parra, Enrique, "El porfirismo: historia de un régimen y la vida de un historiador", *Nuestro Siglo,* enero-marzo de 2002, pp. 46-55.

Portilla G., Santiago, "¿Debemos seguir reflexionando sobre la Revolución mexicana?", *Sólo Historia,* enero-marzo de 2000, pp. 1-3.

Prida, Ramón, *¡De la dictadura a la anarquía! Apuntes para la historia política de México durante los últimos cuarenta y tres años, 1871-1913,* 2 vols., El Paso, El Paso del Norte, 1914.

Prieto, Luis R. *et al., Un México a través de los Prieto. Cien años de opinión y participación política,* México, Centro de Estudios de la Revolución mexicana "Lázaro Cárdenas", 1987.

Puente, Ramón, *La dictadura, la Revolución y sus hombres (Bocetos),* México, Imprenta Manuel León Sánchez, 1938.

Puig Casauranc, José Manuel, *Galatea rebelde a varios pigmaliones. De Obregón a Cárdenas (Antecedentes y fenómeno actual),* México, Impresores Unidos, 1938.

Ramírez Plancarte, Francisco, *La Revolución mexicana. Interpretación independiente,* México, Costa Amic, 1948.

Reed, John, *Insurgent Mexico,* Nueva York, Appleton, 1914.

Rudenko, B. T., *México en vísperas de la revolución democrático burguesa de 1910-1917,* México, Ediciones Arguial, 1958.

Ruiz Malerva, Demetrio, "Ensayo sociológico jurídico de la Revolución mexicana", tesis de licenciatura, UNAM, 1969.

Sánchez Azcona, Juan, *La etapa maderista de la Revolución mexicana* (prólogo de Salvador Azuela), México, INEHRM, 1960.

Sefchovich, Sara, "La ficción del espionaje", *Eslabones. Revista Semestral de Estudios Regionales,* núm. 2 (1991), pp. 16-22.

_____, *La suerte de la consorte,* México, Océano, 1999.

Semo, Enrique, *Un pueblo en su historia,* 8 vols., Puebla, Universidad Autónoma de Puebla-Nueva Imagen, 1981-1990.

_____, "La cuarta vida de la Revolución mexicana", *Sólo Historia,* enero-marzo de 2000, pp. 12-15.

_____, "Izquierda, sí; cardenismo, no", *Proceso,* 17 de agosto de 2003, pp. 11-15.

Serrano Robles, Martha Alicia y Patricia Catalina Serrano Robles, "La Revolución mexicana de 1910", tesis de especialidad, Universidad Autónoma de Baja California, 1983.

Silva Herzog, Jesús, "La Revolución mexicana es ya un hecho histórico", *Cuadernos Americanos,* XLVII (1949), pp. 7-16.

Socolow, Susan, "Putting the 'Cult' in Culture", *Hispanic American Historical Review,* LXXIX, núm. 2 (1999), pp. 355-365.

Sosa de León, Mireya, "Un enfoque metodológico para una interpretación de la Revolución mexicana", tesis de maestría, Universidad Católica Andrés Bello, 1992.

Teja Zabre, Alfonso, *Teoría de la Revolución,* México, Botas, 1936.

Tello Díaz, Carlos, *El exilio: un relato de familia,* México, Cal y Arena, 1993.

Terrazas, Ana Cecilia, "José C. Valadés por Diego Valadés", *Nuestro Siglo,* enero-marzo de 2002, pp. 66-73.

Torres Pares, Javier, "Comentario a la ponencia de Pierre-Charles Gérard: 'América Latina a la hora de la Revolución mexicana'", en Comisión Organizadora de los Festejos Conmemorativos del 75 Aniversario de la Apertura de la Universidad Nacional Autónoma de México (ed.), *Independencia y Revolución mexicanas,* México, UNAM, 1985, pp. 97-100.

Torresarpi de Estévez, María Eugenia, "Militares y comerciantes en vuelo", *Boletín del Fideicomiso Archivos Plutarco Elías Calles y Fernando Torreblanca,* núm. 2 (1990), pp. 1-31.

Trujillo Moreno, Mario Guadalupe, "La Revolución mexicana. Una revolución social o una revolución política", tesis de licenciatura, UNAM, 1987.

Turner, John Kenneth, *Barbarous Mexico,* Chicago, S. H. Kern, 1911.

_____, *Hands off Mexico,* Nueva York, The Rand School of Social Studies, 1920.

Valadés, José C., *El porfirismo, historia de un régimen,* Nueva Biblioteca Mexicana, México, UNAM, 1977.

Van Young, Eric (ed.), *Mexico's Regions. Comparative History and Development,* La Jolla, Center for U.S.-Mexican Studies, 1992.

_____, "The New Cultural History Comes to Old Mexico", *The Hispanic American Historical Review,* LXXIX, núm. 2 (1999), pp. 211-247.

_____, *The Other Rebellion. Popular Violence, Ideology, and the Mexican Struggle for Independence, 1810-1821,* Stanford, Stanford University Press, 2001.

Vasconcelos, José y Manuel Gamio, *Aspects of Mexican Civilization,* Chicago, University of Chicago Press, 1926.

Villegas Moreno, Gloria, "Dictadura y Revolución", en *México y su historia,* IX, México, UTEHA, 1984, pp. 1159-1295.

Zincúnegui Tercero, Leopoldo, *Anecdotario prohibido de la Revolución,* México, s. e., 1936.

Este libro se terminó de imprimir en diciembre de 2004 en los talleres de Impresora y Encuadernadora Progreso, S. A. de C. V. (IEPSA), Calz. San Lorenzo, 244; 09830 México, D. F. En su composición, parada en el Departamento de Integración Digital del FCE, se emplearon tipos New Century School Book de 9:12, 8:10 y 7:8 puntos. La edición consta de 2 000 ejemplares.

Tipografía: *Guillermo Carmona Vargas*
Cuidado editorial: *Rubén Hurtado López*